RENCONTRES
386

Série *Études de philosophie*
8

La Générosité à l'œuvre

La Générosité à l'œuvre

Hommage à Jean-Marie Beyssade

Sous la direction de Chantal Jaquet

PARIS
CLASSIQUES GARNIER
2019

Chantal Jaquet est professeure à l'université Paris 1 – Panthéon-Sorbonne. Ses recherches portent sur la philosophie moderne (Spinoza et Bacon), sur la philosophie du corps (l'odorat, l'art contemporain olfactif), et sur la philosophie sociale (les transclasses). Elle a publié de nombreux ouvrages, dont *Spinoza à l'œuvre* (Paris, 2017) et *Philosophie du* kôdô (Paris, 2018).

ISBN 978-2-406-08219-4 (livre broché)
ISBN 978-2-406-08220-0 (livre relié)
ISSN 2103-5636

FIG. 1 – Jean-Marie Beyssade.

La générosité est un pari, constitutif de sa propre liberté, sur la liberté d'autrui, sur sa bonne volonté possible.
Jean-Marie BEYSSADE, *Descartes. Correspondance avec Élisabeth, Introduction.*

ABRÉVIATIONS

PPC	*Principes de la philosophie de Descartes*
PM	*Pensées métaphysiques*
CT	*Court Traité*
TRE	*Traité de la réforme de l'entendement*
TTP	*Traité théologico-politique*
E	*Éthique*
TP	*Traité politique*
L	*Lettres*
G	*Spinoza Opera, édition C. Gebhardt*
p	*proposition*
c	*corollaire*
d	*démonstration*
déf	*définition*
da	*Définitions des Affects*
s	*scolie*

Conventions dans les notes :

CT	*Court Traité*
*E*2p3s	*Éthique* II, proposition III, scolie.
*TTP*2/16	*Traité théologico-politique*, chapitre II, § 16
*TP*2/16	*Traité politique*, chapitre II, § 16

PRÉFACE

Historien de la philosophie, Jean-Marie Beyssade est avant tout connu pour ses immenses travaux sur Descartes ; il a marqué des générations de jeunes chercheurs, séduits par sa capacité à embrasser aussi bien la philosophie première que la morale et les passions de l'âme, et sensibles à une démarche soucieuse de prendre en compte « le vrai homme[1] », la « personne entière[2] » et d'ouvrir la métaphysique de l'ego cogito à l'alter ego en pensant l'amitié et l'écriture à deux voix[3]. Mais il a formé également un grand nombre d'historiens de la philosophie spinoziste, si l'on en croit la liste des thèses qu'il a dirigées. La majorité de ses doctorants a soutenu une thèse sur Spinoza, bien loin devant les travaux portant sur Descartes, Malebranche ou Rousseau. C'est tout autant au directeur de thèse bienveillant qu'au philosophe exigeant qu'il fut que nous, ses anciens doctorants spinozistes, souhaitons rendre hommage dans ce volume.

À la différence de certains commentateurs cartésiens ou spinozistes, Jean-Marie Beyssade n'était pas animé par une logique agonistique et ne cherchait jamais à jouer un auteur contre un autre. Ni zèle dévot contre l'infâme Spinoza, petit cartésien renégat, ni mépris sourcilleux d'un Descartes, dualiste incorrigible, misérable suppôt de la glande pinéale et de son cortège d'interactions occultes. Dépourvu de toute vision hagiographique, il cherchait à renouer les fils d'un dialogue prétendument rompu entre Descartes et Spinoza, à comprendre le passage de l'un à l'autre, plutôt que la rupture. À plusieurs reprises, au cours de séminaires et de conversations privées, il avait comparé Descartes et Spinoza à deux montagnes reliées par un col qu'il fallait trouver.

1 *Discours de la Méthode* V, AT VI, 59, l.18.

2 Lettre à Élisabeth, 28 juin 1643, AT III, 694, l. 2-3.

3 Voir son analyse de la correspondance avec Élisabeth dans *Descartes, Correspondance avec Élisabeth et autres lettres*, Introduction, Philosopher par lettres, Paris, 1989, GF-Flammarion, p. 9-36.

Ce n'était donc pas tant tel ou tel sommet de la pensée que la chaîne entière qu'il entendait contempler et donner à voir d'un seul coup d'œil en intégrant les brèches et les cols. Les travaux des docteurs spinozistes qu'il a formés portent tous peu ou prou les traces de cette approche et témoignent de ce libre va-et-vient entre Descartes et Spinoza, que ce soit à l'occasion d'un livre entier, d'un chapitre d'ouvrage ou d'un article particulier. Cette marque de fabrique est sans doute l'une de ses plus belles réussites, car elle brise avec la dialectique guerrière des camps philosophiques et le désir infantile de certains commentateurs qui cherchent souvent à se glorifier eux-mêmes à travers la fétichisation de « leur » auteur, au détriment des autres.

S'il avait entrepris la traduction de l'*Éthique* sans pouvoir achever ce projet qui lui tenait à cœur, Jean-Marie Beyssade n'a jamais livré une interprétation d'ensemble de la pensée de Spinoza. Il l'abordait avec Descartes en arrière-fond et séjournait le plus souvent dans l'entre-deux de la comparaison. Il a pourtant laissé des articles spécifiquement dédiés à l'élucidation de la doctrine spinoziste, qui ont fait date parce qu'ils sont exemplaires de sa démarche d'historien de la philosophie et de l'efficacité de sa méthode d'analyse des textes. Plutôt que de reconstituer l'architectonique d'un système et ses structures, Jean-Marie Beyssade se focalisait sur ses points aveugles, ses ellipses ou ses membres manquants, en prêtant une attention minutieuse au détail du texte, à son lexique précis et à ses fines nuances. Il s'inscrivait davantage dans la lignée d'Henri Gouhier et de Ferdinand Alquié, et revendiquait du reste cette filiation, en prenant souvent ses distances avec le modèle de l'ordre des raisons promu par Martial Gueroult. Son minimalisme méthodologique produisait un maximum d'effets spéculatifs, en ébranlant les interprétations les mieux établies et en invitant à les revoir au profit d'une analyse plus conforme à l'esprit de la doctrine. À cet égard, l'article intitulé « *Vix*, (*Éthique* IV, appendice, chapitre 7), ou peut-on se sauver tout seul[4] ? » restera un modèle du genre. En attirant l'attention sur la présence de cet adverbe négligé par les commentateurs, aussi bien dans le chapitre 7 que dans le scolie d'*Éthique* IV, 35, Jean-Marie Beyssade a remis en cause le présupposé généralement admis selon lequel l'homme chez Spinoza est *nécessairement* un animal social et ne peut jamais subsister et accomplir son salut sans les autres. À peine le peut-il, mais il le peut.

4 Paru dans la *Revue de métaphysique et de morale*, n° 4/1994, p. 493-503.

Petites causes, grands effets, dirait Pascal. Ce petit *vix* est comme le grain de sable dans l'urètre du chameau, qui vient enrayer les grandes machines interprétatives. Ce respect scrupuleux de la lettre du texte a donc permis de déconstruire des échafaudages boiteux qui finissaient par faire écran à la lecture.

À défaut de pouvoir en explorer ici toutes les facettes, son apport au commentaire sur Spinoza ne s'est pas borné à cette *pars destruens*. Alliant la plus grande prudence à la plus grande audace, il a aussi entrepris, par exemple, dans l'un de ses articles les plus fameux[5], de reconstruire rigoureusement la doctrine des modes en allant plus loin que Spinoza lui-même dans ses réponses à Tschirnhaus, qui lui demandait par l'entremise de Schuller de bien vouloir lui donner des exemples de choses immédiatement produites par Dieu et de celles qui le sont par une modification infinie[6]. À la recherche d'une prothèse qui puisse faire pendant à la *facies totius universi* dans l'attribut étendue, il a jeté une nouvelle lumière sur la théorie énigmatique des modes infinis médiats en démontrant que l'amour intellectuel de Dieu peut faire office de candidat légitime dans l'attribut pensée. Sans multiplier les exemples, Jean-Marie Beyssade constitue indéniablement un modèle d'histoire de la philosophie conciliant exactitude et inventivité.

Quelles que soient leurs orientations philosophiques actuelles, ses anciens doctorants spinozistes restent tributaires de ce legs précieux qui les unit au-delà du temps et ils ont éprouvé le désir commun de lui rendre un hommage particulier. Les différentes contributions rassemblées dans ce volume sont autant de tentatives pour exprimer cet héritage de façon spéculative. Laissant de côté les témoignages personnels et l'évocation de souvenirs singuliers, elles procèdent *à la manière de* Jean-Marie Beyssade et s'inspirent librement de sa recherche et de son enseignement, selon trois modalités principales, nullement exclusives les unes des autres. Premièrement, elles se situent dans l'entre-deux Spinoza/Descartes ou Spinoza/Bergson, privilégiant les points de passage et de discussion plutôt que de rupture. C'est le cas aussi bien de l'article de Marcos Gleizer, « Spinoza et la théorie cartésienne de la libre création des vérités éternelles », que celui de Yannis Prelorentzos, « Le rôle et les

5 « Sur le mode infini médiat dans l'attribut de la pensée. Du problème (Lettre 64) à une solution, (*Éthique* V, 36) », *Revue philosophique* n°I/1994, p. 23-26.

6 Voir la Lettre LXIII.

usages de Spinoza dans la philosophie de Bergson ». Les contributions, deuxièmement, prennent appui sur un article de Jean-Marie Beyssade, soit pour amplifier sa thèse et écarter les objections en lui donnant une autre portée, soit pour transposer son schéma d'étude et l'appliquer à un thème analogue. C'est ce que font Lia Levy dans « *Affectio* et *affectus*, commentaires sur l'unité architectonique de l'*Éthique* » et Ulysses Pinheiro, dans « La mort de Spinoza selon Lucas et ses enjeux philosophiques, la gloire en tant que définition génétique du salut. » Elles se focalisent, troisièmement, sur des concepts précis, leurs paradoxes et leurs tensions, qu'il s'agisse d'honorer la mémoire de Jean-Marie Beyssade à travers l'analyse par Chantal Jaquet de « La reconnaissance ou gratitude chez Spinoza », ou de lui dédier, à l'image de Charles Ramond, un exposé intitulé « Préférence et justification. Propositions spinozistes pour une séparation du théologique et du politique ».

À travers ces multiples voix, puisse résonner encore un peu celle d'un maître qui ne cherchait pas à faire de nous ses disciples parce que sa générosité était avant tout un pari ouvert sur notre liberté.

Chantal JAQUET

SPINOZA ET LA THÉORIE CARTÉSIENNE DE LA LIBRE CRÉATION DES VÉRITÉS ÉTERNELLES

INTRODUCTION

Dans les inoubliables cours et séminaires de Jean-Marie Beyssade que j'ai eu le bonheur de suivre pendant mes années de doctorat à Paris, la question du rapport entre Spinoza et Descartes a toujours occupé une position très importante. Beyssade appliquait son immense savoir, sa connaissance profonde des textes et la pénétration de son esprit de lumière dans un effort toujours renouvelé pour éclairer la richesse et l'ambiguïté enveloppées dans ce rapport. Celui-ci, disait-il, ne peut en aucune façon être réduit à une relation de simple exclusion, car l'écart qui sépare Spinoza de Descartes n'est pas l'écart d'une rupture mais celui d'une continuité. Il s'agit d'un rapport où proximité et distance s'articulent d'une façon complexe, toute la difficulté consistant à déterminer avec précision les éléments de proximité et de distance dont l'enchevêtrement constitue exactement la complexité de ce rapport.

Cette complexité renvoie avant tout à la complexité de l'œuvre de Descartes, œuvre pleine de tensions sur lesquelles Spinoza a beaucoup réfléchi aussi bien en tant qu'historien de la philosophie cartésienne qu'en tant que philosophe. On connait bien, en effet, l'importance capitale que la réflexion sur la pensée de Descartes a exercée dans l'élaboration de la philosophie de Spinoza. Pour rappeler cette importance, il suffit de signaler ici que le seul ouvrage de Spinoza publié sous son nom de son vivant a été consacré à Descartes – ce sont *Les Principes de la philosophie de Descartes démontrés selon la méthode géométrique* –, et que Descartes est le seul philosophe nommé dans l'*Éthique*. Cette réflexion néanmoins n'a jamais impliqué de la part de Spinoza une adhésion à la philosophie cartésienne, mais a été marquée dès le début par une perspective critique. En effet, si Descartes est présenté dans la Préface aux *Principes de la philosophie de Descartes*[1] comme « l'astre le plus éclatant du siècle », la même Préface souligne que Spinoza non seulement n'est pas d'accord avec toutes les thèses de Descartes qu'il expose, mais aussi qu'il juge que la voie démonstrative choisie par cet « astre éclatant » ne lui a pas permis d'éclairer les choses « les plus élevées et subtiles » et l'a conduit à soutenir que « telle ou telle chose est au-dessus de l'humaine compréhension ». Meyer écrit à ce propos :

> Je ne dois pas non plus passer sous silence qu'il faut porter au même compte, c'est-à-dire considérer comme exprimant la pensée de Descartes seulement, ce qui se trouve en quelques passages, à savoir que « telle ou telle chose est au-dessus de l'humaine compréhension ». On doit se garder, en effet, d'entendre cela comme si notre Auteur l'avançait parce que tel est son sentiment. Car il juge que toutes ces choses, et même beaucoup d'autres plus élevées et plus subtiles, non seulement peuvent être conçues par nous clairement et distinctement, mais qu'il est même possible de les expliquer très commodément, pourvu que l'entendement humain se dirige dans la poursuite de la vérité et la connaissance des choses par une autre voie que celle qui a été ouverte et frayée par Descartes[2].

Ce passage souligne avec force le refus de toute limitation « de droit » de la portée de notre connaissance claire et distincte, et l'adhésion de Spinoza au principe de l'intelligibilité intégrale du réel. C'est l'adhésion à ce principe, et donc le refus d'accorder une place dans la philosophie à des aspects du réel qui seraient « au-dessus de l'humaine compréhension », qui sous-tend sa perspective critique et qui est à la racine de ses divergences avec Descartes. Cela ressort aussi clairement d'un passage de la Préface de la cinquième partie de l'*Éthique* où, après avoir exposé l'opinion de Descartes sur la manière dont l'esprit peut acquérir un pouvoir absolu sur ses passions, Spinoza écrit :

---

1 Cette Préface a été écrite par Louis Meyer, mais a été corrigée et approuvée par Spinoza. *Cf.* lettre 15 du 3 août 1663 in *Baruch Spinoza, Correspondance*, présentation et traduction par M. Rovere, Garnier Flammarion, Paris, 2010. Toutes les citations des *Principes de la philosophie de Descartes*, ainsi que des *Pensées métaphysiques*, sont extraites de *Baruch Spinoza, Œuvres 1*, trad. et notes de Ch. Appuhn, Garnier Flammarion, Paris, 1964.

2 *Cf. PPC*, Préface (GI/132-133).

> Tel est l'avis de cet homme clarissime (pour autant que je le conjecture de ses propos) et j'eusse eu peine à croire qu'il eût été soutenu par un si grand homme, s'il n'avait été si aigu. Et je ne puis assez m'étonner, certainement, de voir un philosophe, après avoir fermement décidé de ne rien déduire que des principes connus par soi, et de ne rien affirmer qu'il ne perçût clairement et distinctement, et après avoir si souvent reproché aux scolastiques de vouloir expliquer les choses obscures par des qualités occultes, adopter une hypothèse plus occulte que toute qualité occulte. Qu'est-ce qu'il entend, je le demande, par union de l'Esprit et du Corps ? Quel concept clair et distinct a-t-il, dis-je, de la pensée très étroitement unie à certaine petite portion de quantité[3] ?

Ce passage montre bien la déception de Spinoza par rapport à ce qu'il considère comme une infidélité de Descartes à sa promesse d'observer la règle de l'évidence, infidélité d'où résulte l'acceptation en métaphysique de certaines thèses et notions plus obscures que « toute qualité occulte ». C'est l'adhésion ferme à la demande cartésienne de clarté et distinction, et sa conséquente transformation dans une exigence intransigeante d'intelligibilité adéquate du réel, qui introduit entre eux l'écart dans la continuité, et marque la distance principielle par laquelle Spinoza retravaille et s'approprie la pensée de Descartes. C'est elle donc qui fournit le filtre avec lequel Spinoza sépare les thèses cartésiennes qui peuvent être activement appropriées, transformées et intégrées dans la construction d'un système philosophique rigoureux, de celles qui doivent être rejetées et combattues comme des obstacles à la concrétisation de cette entreprise.

Or, parmi les thèses métaphysiques de Descartes, il y a une en particulier qui pose un obstacle apparemment insurmontable à la demande d'intelligibilité intégrale du réel, car elle pose comme incompréhensible ce qui est à la source même de toute intelligibilité. Cette thèse, connue sous le nom de doctrine de la libre création des vérités éternelles, est ainsi annoncée par Descartes dans une lettre à Mersenne du 15 avril 1630 :

> Les vérités mathématiques, lesquelles vous nommez éternelles, ont été établies de Dieu et en dépendent entièrement, aussi bien que tout le reste des créatures. C'est, en effet, parler de Dieu comme d'un Jupiter ou Saturne, et l'assujettir au Styx et aux Destinées, que de dire que ces vérités sont indépendantes de lui. Ne craignez point, je vous prie, d'assurer et de publier partout que c'est

---

3 *Cf.* EV, Préface (GII/279). Les citations de l'*Éthique* sont extraites de *Baruch Spinoza, Éthique*, présenté et traduit par B. Pautrat, Éditions du Seuil, Paris, 1999.

> Dieu qui a établi ces lois en la nature, ainsi qu'un roi établit des lois en son royaume[4].

Cette thèse hétérodoxe soutient que rien ne peut s'imposer à la toute-puissance infinie et incompréhensible de Dieu, et que Dieu crée par un acte libre et absolument indifférent aussi bien les essences que les existences des choses. Par son acte créateur Dieu n'est pas seulement la cause efficiente et totale des existences contingentes, mais aussi des essences, c'est-à-dire des vérités éternelles[5]. Bien que toutes ces vérités procèdent de la plus éternelle des vérités, à savoir, l'existence de Dieu[6], Descartes souligne qu'il « ne les conçoit pas comme émanant de Dieu comme les rayons du soleil[7] », mais comme créées ou établies par un acte volontaire, comme l'indique l'analogie avec les décrets d'un roi utilisée dans la lettre à Mersenne. Cette analogie, néanmoins, doit être prise avec beaucoup de précautions, car l'indifférence qui convient à la liberté de l'homme est fort différente de celle qui convient à la liberté de Dieu. En effet, cette différence renvoie non seulement à la différence de puissance entre l'être infini et l'être fini, mais aussi (et surtout) à la thèse cartésienne de la simplicité ou unité absolue de Dieu, selon laquelle « c'est en Dieu une même chose de vouloir, d'entendre et de créer, sans que l'une précède l'autre, *ne quidem ratione*[8] ». De cette thèse découle qu'on ne peut concevoir aucune priorité entre l'entendement et la volonté de Dieu.

La thèse de la simplicité de Dieu joue un rôle central dans la justification philosophique de la thèse de la libre création des vérités

4 *Cf.* F. Alquié, I, p. 259-260. Les citations de Descartes ont été extraites de F. Alquié, (éd.), *Œuvres Philosophiques*, 3 tomes, Garnier, Paris, 1963/1973.

5 *Cf.* lettre à Mersenne du 27 mai 1630, F. Alquié, I, p. 267 : « Vous me demandez *in quo genere causae Deus disposuit aeternas veritates* ? Je vous réponds que c'est *in eodem genere causae* qu'il a créé toutes choses, c'est-à-dire *ut efficiens & totalis causa*. Car il est certain qu'il est aussi bien auteur de l'essence comme de l'existence des créatures : or cette essence n'est autre chose que ces vérités éternelles ».

6 *Cf.* la lettre à Mersenne du 6 mai 1630, F. Alquié, I, p. 265.

7 *Cf.* la lettre à Mersenne du 27 mai 1630, F. Alquié, I, p. 267.

8 *Cf.* lettre à Mersenne du 27 mai 1630, F. Alquié, I, p. 268. *Cf.* aussi la lettre à Mesland du 2 mai 1644 (F. Alquié, I, p. 75), et le point 6 des *Réponses aux Sixièmes objections* (F. Alquié, III, p. 872-874) où Descartes rend clair qu'il exclut non seulement la priorité temporelle, impensable dans un être éternel, mais aussi toute priorité « d'ordre, de nature ou de raison raisonnée », celle-ci étant, selon l'usage de l'École, une distinction de raison *cum fundamento in re*.

éternelles, car elle explique pourquoi Descartes présente cette thèse comme la seule capable de sauvegarder la toute-puissance de Dieu et d'empêcher de le soumettre aux vérités éternelles comme « un Jupiter aux Destinées ». En effet, on pourrait croire, en principe, qu'il nous est parfaitement possible de nier l'indépendance de ces vérités par rapport à Dieu sans que nous soyons nécessairement conduits à les considérer comme des créatures. Pour éviter cette conclusion, il suffirait de bien distinguer entre « être indépendant de Dieu » et « être indépendant de la volonté de Dieu ». Ainsi, Thomas d'Aquin et Leibniz, pour prendre deux exemples classiques, nient que les essences soient créées sans soutenir qu'elles soient pour autant indépendantes de Dieu, car les essences incréées habitent l'entendement divin et en dépendent entièrement. La raison fondamentale en vertu de laquelle Descartes refuse ce type de solution, c'est qu'elle repose sur une distinction inacceptable à ses yeux entre les facultés divines, car elle contrarie la simplicité absolue de Dieu. Puisqu'il n'y a aucun fondement en Dieu pour soutenir une distinction entre ses facultés, Descartes peut donc soutenir, contre ceux qui soumettent la volonté de Dieu à son entendement, que si une vérité était indépendante de la volonté de Dieu elle devrait être aussi indépendante de son entendement, et si elle dépend de son entendement, elle doit également dépendre de sa volonté. Cette thèse exclut ainsi qu'on puisse établir une hiérarchie entre les facultés, car il ne peut y avoir ni subordination de l'entendement à la volonté ni de la volonté à l'entendement. Néanmoins, comme le remarque Alquié, une fois que « nous ne pouvons nous représenter cette unité qu'à partir de notre propre expérience, qui est précisément celle de la séparation des deux facultés[9] », il nous faut choisir un langage pour la décrire, et il est clair que Descartes manifeste une nette préférence pour le langage de la volonté que pour celui de l'entendement. Cette préférence le conduit à caractériser la liberté divine comme liberté d'indifférence et la modalité de l'action divine comme un acte de création qui établit arbitrairement les vérités éternelles. En effet, puisque l'action divine ne peut pas être motivée par des considérations préalables d'ordre moral ou rationnel qui seraient dictées par l'entendement divin, Descartes la décrit comme une action qui institue d'une façon totalement gratuite aussi bien les essences que les existences.

9 *Cf.* F. Alquié, II, p. 872, note 2.

La thèse de la libre création des vérités éternelles soulève plusieurs difficultés interprétatives et philosophiques[10]. Puisque l'indifférence divine ne s'exerce pas à partir d'alternatives préalablement données, peut-on la représenter comme un pouvoir de choix entre contraires ? S'il n'est pas adéquat de la représenter ainsi, l'analogie dont on est parti pour penser l'acte créateur ne débouche-t-elle pas alors sur l'équivocité ? En plus, comment une volonté libre peut-elle créer le nécessaire ? De l'indifférence divine ne devrait-il pas suivre la contingence intrinsèque des vérités nécessaires ? Or, comment penser que les nécessités devant lesquelles notre intellect s'incline ont pour origine la contingence radicale de l'acte de libre création ? Peut-on fonder la valeur objective de notre science, comprise comme la connaissance indubitable de l'essence des choses, à partir de la connaissance d'un Dieu incompréhensible et indifférent aux exigences de la rationalité finie ? Cette indifférence ne constitue-t-elle pas, comme le dira Spinoza dans l'*Éthique*, un *magnum scientiae obstaculum*[11] ? Enfin, quel statut ontologique, logique et épistémologique les vérités nécessaires acquièrent-elles du fait d'avoir été librement créées ? Ces questions, parmi d'autres, ont été abordées par les divers philosophes et commentateurs qui se sont penchés sur cette thèse hétérodoxe qui, selon Descartes, est imposée par la plus claire et distincte de nos idées, à savoir, l'idée qui nous fait savoir positivement que Dieu est incompréhensible[12]. C'est d'ailleurs parce que cette incompréhensibilité, comme l'a bien montré Beyssade[13], est ce qui constitue la marque distinctive de notre idée de l'être infini (celle-ci étant claire

10 Pour une analyse de ces difficultés, *cf.* Marcos André Gleizer, "Descartes e a livre criação das verdades eternas" in *Metafísica e Conhecimento : Ensaios sobre Descartes e Espinosa*, Eduerj, Rio de Janeiro, 2014.

11 *Cf.* *E*Ip33s2.

12 *Cf.* *Troisième Méditation* (AT-IX-37) : « il est de la nature de l'infini, que ma nature, qui est finie et bornée, ne le puisse comprendre ; et il suffit que je conçoive bien cela, et que je juge que toutes les choses que je conçois clairement, et dans lesquelles je sais qu'il y a quelque perfection, et peut-être aussi une infinité d'autres que j'ignore, sont en Dieu formellement ou éminemment, afin que l'idée que j'en ai soit la plus vraie, la plus claire et la plus distincte de toutes celles qui sont dans mon esprit ».

13 *Cf.* Jean-Marie Beyssade, "On the Idea of God : incomprehensibility or incompatibilities ?" in Voss, Stephen (Ed.). *Essays on the Philosophy and the Science of René Descartes*. Oxford University Press, Oxford, 1993 : "[...] the divine incomprehensibility does not only have the negative function of limiting our knowledge of God by the recognition of something beyond our grasp. In a positive way, it introduces into our idea of God the original and true knowledge of an incommensurable distance" (p. 87). "[...] it reveals God in his truth, in his real and positive transcendence. [...] The truth of my idea is

et distincte non *malgré* cette incompréhensibilité, mais *grâce* à elle), que la thèse cartésienne semble lancer un défi plus radical pour la raison humaine que celui lancé par l'hypothèse, finalement réfutable, d'un Dieu trompeur. Cette hypothèse, en effet, n'est qu'une opinion préconçue qui ne trouble notre esprit que tant que sa confusion n'est pas dissipée, tandis que la thèse de la libre création des essences repose sur l'intellection du vrai Dieu.

Mon objectif dans cet article est d'examiner comment cette thèse de Descartes a été reçue et travaillée par Spinoza, aussi bien comme interprète de la philosophie cartésienne que comme philosophe. On s'attendrait à la voir rejetée en bloc par lui, car elle heurte le principe de l'intelligibilité intégrale qui régit sa pensée et à partir duquel il se rapporte à la pensée de Descartes. Or, curieusement, la distance principielle que ce principe introduit entre eux n'empêche pas Spinoza de reconnaître une proximité par rapport à certains éléments de cette thèse et à les intégrer dans son système. Cette proximité est explicitement revendiquée par Spinoza à la fin du scolie 2 de la proposition 33 de l'*Éthique* I, le même scolie où il avait au début affirmé que la thèse de l'indifférence divine est un « grand obstacle à la science[14] ». En effet, Spinoza affirme :

> J'avoue que l'opinion qui soumet tout à certaine volonté indifférente de Dieu, et pose que tout dépend de son bon plaisir, s'écarte moins du vrai que l'opinion de ceux qui posent que Dieu agit en tout en tenant compte du bien. Car ceux-ci semblent poser en dehors de Dieu quelque chose, qui ne dépend pas de Dieu, auquel Dieu, à titre de modèle, prête attention en opérant, ou bien auquel, à titre de but précis, il vise. Ce qui n'est assurément rien d'autre que soumettre Dieu au destin, ce qu'il est on ne peut plus absurde de soutenir de Dieu, dont nous avons montré qu'il est, de toutes choses, tant de leur essence que de leur existence, la première et unique cause libre.

Dans ce passage, qui renvoie évidemment à la lettre de Descartes à Mersenne citée plus haut, Spinoza fait sienne la position de Descartes selon laquelle « rien n'est plus absurde que de soumettre Dieu au destin ». En plus, il soutient que la conception cartésienne de la « volonté

ensured *thanks* to this lack of comprehension, this intellectual understanding of the incomprehensibility, and not in *spite* of it" (p. 89).

14 Dans la proposition 33, d'ailleurs, l'objectif de Spinoza est de supprimer toute contingence de la Nature (et non seulement dans la Nature, comme c'était l'intention de la proposition 29), car elle établit que « les choses n'ont pu être produites par Dieu d'aucune autre manière, ni dans aucun autre ordre, qu'elles ont été produites » (GII/73).

indifférente de Dieu » est moins loin de la vérité que les positions de ceux qui adoptent un modèle finaliste de l'exercice de la liberté divine (comme ce sera le cas de Leibniz), car la position de Descartes contient la thèse vraie selon laquelle Dieu est l'unique cause libre non seulement des existences, mais aussi des essences des choses. Spinoza valorise et incorpore cette thèse dans son système, car il va démontrer que « Dieu n'est pas seulement cause efficiente de l'existence des choses, mais aussi de leur essence[15] ». Néanmoins, cette proximité avec Descartes n'est pas dépourvue de distance, car pour intégrer le noyau vrai contenu dans la thèse cartésienne Spinoza va lui faire subir tout un travail critique et reconstructif qui permet de dissocier ce noyau de tout ce que cette thèse contient d'inadéquat. Ce travail libère la notion de nécessité de son association exclusive avec celle de soumission (comprise comme une détermination externe) et remplace le modèle imaginatif de la majesté divine, avec sa toute-puissance incompréhensible et sa liberté d'indifférence absolue, par un modèle rationnel dans lequel les notions de liberté et de nécessité s'articulent clairement et confèrent à l'action causale de Dieu son adéquate intelligibilité. Cette intelligibilité adéquate, enfin, renvoie elle-même au rapport complexe de proximité et distance qui lie Spinoza à Descartes, car elle renvoie à la radicalité de la réflexion spinoziste sur la pensée cartésienne de la *causa sui*, radicalité qui conduit Spinoza à remplacer la transcendance de la libre création par l'immanence de la libre production.

Examinons donc les principales étapes du parcours par lequel la thèse hétérodoxe de la libre création des vérités éternelles a été d'abord reçue par Spinoza comme interprète de Descartes et ensuite comment il se l'est appropriée et l'a transformée dans sa thèse hérétique selon laquelle Dieu est cause immanente de toutes choses (essences et existences) « au même sens où il est dit cause de soi[16] ».

---

15 *Cf.* *E*Ip25.

16 *Cf.* *E*Ip25s.

SPINOZA INTERPRÈTE DE DESCARTES
La réception de la thèse cartésienne dans les *Principes de la philosophie de Descartes* et dans les *Pensées métaphysiques*

LA RÉCEPTION DE LA THÈSE DANS LES *PRINCIPES DE LA PHILOSOPHIE DE DESCARTES*

Commençons par examiner comment Spinoza interprète cette thèse en tant qu'historien de la philosophie cartésienne. Dans la Préface des *Principes de la philosophie de Descartes*, Meyer affirme que l'objectif de Spinoza dans cet ouvrage a été « d'exposer les idées de Descartes et leurs démonstrations, telles qu'on les trouve dans ses écrits, ou telles que des principes établis on les peut déduire par légitime conséquence », et souligne qu'il « se fit une religion de ne pas s'en écarter de la largeur d'un ongle et de ne rien dicter qui ne répondît pas ou fût contraire aux enseignements de ce philosophe[17] ». Malgré cette déclaration de fidélité, la phrase « telles que des principes établis on les peut déduire par légitime conséquence » indique bien que l'exposé de Spinoza n'a pas l'intention d'être un simple résumé littéral de la doctrine cartésienne, mais enveloppe un travail d'interprétation dans lequel il pratique ce qu'on appelle aujourd'hui une reconstruction rationnelle.

Ce travail suscite une controverse parmi les commentateurs concernant le degré de fidélité de Spinoza à la pensée de Descartes. Certains, comme Gilson, considèrent que les *Principes de la philosophie de Descartes* offrent un modèle d'exposé rigoureux de la pensée de Descartes[18]. D'autres, néanmoins, cherchent à montrer comment la rigueur géométrique de

17 *Cf. PPC*, Préface (GI/131).

18 *Cf.* Étienne Gilson, *Études sur le rôle de la Pensée Médiévale dans la Formation du Système Cartésien*, Vrin, Paris, 1984, p. 299-300 : « Lorsqu'il s'agit de la métaphysique de Descartes, nous disposons d'un commentateur incomparable, qui, avant de construire son œuvre propre, a pensé, médité et vécu la doctrine du maître, c'est Spinoza. Écrits d'abord pour enseigner le cartésianisme à un élève, complété ensuite à la demande instante de Louis Meyer, les *Principia Philosophiae Cartesianae* sont un exposé du système dont la densité et les fortes articulations méritent de retenir l'historien de la philosophie ; nulle part, et non pas même toujours dans le texte de Descartes, l'enchaînement des idées fondamentales n'apparaît avec une telle rigueur et une telle netteté ».

cet exposé synthétique produit des effets de déplacement par rapport à la doctrine, effets qui découlent soit de l'altération de l'ordre de la démonstration, soit de la formulation de démonstrations alternatives à celles fournies par Descartes, soit de la présentation de démonstrations pour des thèses non démontrées par Descartes, soit, enfin, des aspects de la doctrine cartésienne qui sont accentués et ceux qui sont occultés dans l'exposé[19].

En ce qui concerne la thèse de la libre création des vérités éternelles, il est clair que l'adoption du principe de l'intelligibilité intégrale du réel qui préside à l'exposé synthétique produit des effets de déplacement. L'adoption de ce principe conduit Spinoza à supprimer tout renvoi à l'incompréhensibilité de la toute-puissance de Dieu, à accorder une préférence pour le langage de l'entendement par rapport à celui de la volonté dans l'explication de l'acte de création et à exploiter ensuite (surtout dans les *Pensées métaphysiques*) les conséquences nécessitaristes de la thèse cartésienne de la simplicité de Dieu (donc, de l'identité entre l'entendement et la volonté) pour son interprétation du statut ontologique des notions modales (nécessité, possibilité, contingence).

Les passages concernant la thèse de la création des essences sont contenus dans le petit traité de théologie naturelle que Spinoza insère dans la première partie des *Principes de la philosophie de Descartes*[20]. La thèse est explicitement introduite dans le corollaire 2 de la proposition 12 : « les choses n'ont d'elles-mêmes aucune essence qui soit cause d'une

---

19 *Cf.* Marilena Chaui : "Fidelidade infiel : Espinosa comentador dos *Princípios da Filosofia de Descartes*", in *Revista Analytica*, vol. 3, n° 1, 1998 ; Chantal Jaquet, "L'erreur dans les *Principes de la philosophie de Descartes* de Spinoza, I, XV", in *Revista Analytica*, vol. 13, n°2, 2009, p. 13-27 ; Yannis Prelorentzos : « Volonté et liberté : de Descartes à Spinoza à travers les *Principes de la philosophie de Descartes* et les *Pensées métaphysiques* », in C. Jaquet, (éd.), *Les Pensées métaphysiques de Spinoza*, Publications de la Sorbonne, Paris, 2004, p. 97-122 et Emanuela Scribano : « Invention et interprétation dans la réécriture spinozienne de la métaphysique des "*Principia philosophiae*" », in *Revue d'histoire des sciences*, vol. 58, n°1, (janvier-juin 2005), p. 67-85. Dans son article, Scribano soutient que, dans le cas spécifique de la thèse de la libre création des vérités éternelles, Spinoza « démontre qu'il est possible non seulement de réécrire Descartes en améliorant ses argumentations, mais aussi d'écrire une nouvelle métaphysique à partir de Descartes » (2005, p. 85). Cette métaphysique nouvelle, construite avec des éléments de Descartes, est une métaphysique que « Descartes aurait pu et aurait peut-être dû écrire, mais qui, malheureusement, n'a pas été écrite » (2005, p. 85).

20 Ce petit traité, comme le baptise et remarque avec justesse Scribano (2005), est inséré dans les propositions 7 à 14 et 16 à 20 des *PPC*. Spinoza y trace un tableau des attributs de Dieu qui remplace les articles 22 et 23 des *Principes* de Descartes, tableau qui s'appuie sur la théorie de la libre création des vérités éternelles.

connaissance contenue en Dieu ; mais au contraire Dieu est cause des choses en ce qui concerne aussi leurs essences ». Sa démonstration s'appuie sur la thèse selon laquelle « il ne se trouve en Dieu aucune perfection qui ne soit pas de Dieu » (par *PPC*, proposition 10), pour conclure que « les choses n'ont d'elles-mêmes aucune essence qui puisse être cause d'une connaissance contenue en Dieu », mais, au contraire, c'est Dieu qui cause leurs essences par une action créatrice qui « ne reconnaît aucune cause sinon la cause efficiente ». Dieu n'est donc soumis à aucune essence, mais en est la seule cause efficiente, de même qu'il crée tout ce qui existe. Le mot « incompréhensible » ne figure nulle part dans cette démonstration (ni d'ailleurs dans aucune proposition, aucun corollaire ou scolie de ce traité de théologie rationnelle). Quant à la toute-puissance, elle y est présente implicitement grâce à la notion des perfections par soi qui, en Dieu, sont de Dieu (*PPC*, proposition 10). En effet, par cette notion la démonstration de la thèse renvoie au lemme 2 de la proposition 7 où Spinoza retravaille en profondeur le thème cartésien du pouvoir de se conserver qui est introduit par la deuxième preuve *a posteriori* de l'existence de Dieu et le connecte explicitement à la notion positive de *causa sui* (comprise comme ce dont l'essence enveloppe l'existence nécessaire). En plus, la démonstration de la thèse de la création des essences fait appel explicitement à la connaissance divine et non à la volonté divine. Dans tous les passages du traité dans lesquels les attributs de l'entendement et de la volonté sont mentionnés, l'entendement (donc, la connaissance divine) est toujours cité en premier[21]. Cela ne signifie pas que Spinoza ignore la thèse cartésienne de la simplicité de Dieu, car il va la démontrer dans la proposition 17 et en conclure, dans son corollaire, que « l'entendement de Dieu, sa volonté, ou son décret, et sa puissance ne se distinguent de son essence que par une distinction de raison ». Spinoza ne subordonne donc pas la volonté à l'entendement comme s'ils étaient deux facultés réellement ou modalement distinctes, mais accepte entièrement la doctrine cartésienne de l'unité absolue des facultés en Dieu. Néanmoins, contrairement à Descartes, il manifeste ici une nette préférence pour le langage de l'entendement dans sa présentation de la thèse de la création des essences. Or, cette préférence n'est pas anodine. Elle lui permet d'éviter stratégiquement l'usage du mot « indifférence » (que Descartes choisit en fonction de la préférence qu'il accorde au vocabulaire de la volonté

21 *Cf.* p9, p11, p12c2, p17c, p19 et p20.

pour décrire la causalité divine comme libre création) et de s'approcher de l'immanence par le langage de l'émanation[22] que Descartes avait rejeté dans sa lettre du 27 mai 1630, après l'avoir côtoyé dans la lettre du 6 mai 1630 par le biais de l'expression « procèdent » qu'il utilise pour exprimer la production des vérités éternelles par Dieu. On voit par-là que la doctrine de la simplicité de Dieu nous permet aussi bien de parler de la libre création des vérités éternelles (langage de la volonté) que de la vérité éternelle des décrets de Dieu (langage de l'entendement).

Or, ce dernier langage a été approché « dangereusement » par Descartes dans un passage de *l'Entretien avec Burman* qui, malgré la « dissonance » qu'il introduit par rapport aux autres textes de Descartes, est défendu avec force par Beyssade comme une expression authentique du noyau invariant de la doctrine cartésienne[23]. Ce passage contient la réponse de Descartes à une question sur l'article 23 de la première partie des *Principes* qui porte précisément sur la simplicité de Dieu :

> Rien de ce qui est en Dieu n'est réellement différent de Dieu, bien plus, tout ce qui est en Dieu est toujours Dieu lui-même[24]. Commençons par les décrets déjà exécutés : là Dieu est tout à fait immuable, et il est métaphysiquement impossible de se représenter les choses autrement. [...] Et il ne sert à rien d'objecter que ces décrets auraient pu être séparés de Dieu [...] quoique Dieu soit indifférent à toutes choses, c'est pourtant de façon nécessaire qu'il les a ainsi décrétées, car il a voulu nécessairement le meilleur, quoique ce soit par sa volonté qu'il l'ait fait tel. On ne devrait pas ici disjoindre nécessité et indifférence dans les décrets de Dieu : quoiqu'il ait tout fait avec la plus entière indifférence, cependant il l'a fait en même temps avec la plus entière nécessité [...] ce qui implique entre les décrets de Dieu et Dieu lui-même une distinction de raison certes ; mais non pas une distinction réelle, [...] on voit [...] comment Dieu fait tout par une action unique[25].

22 *Cf. PPC*, p12c3 : « Il suit de là clairement que Dieu ne sent et à proprement parler ne perçoit rien ; car son entendement n'est déterminé par aucune chose extérieure à lui, mais tout *coule* de lui » (GI/171).

23 *Cf.* Jean-Marie Beyssade : *La Philosophie Première de Descartes*, Flammarion, Paris, 1979, chapitre II. Pour la défense de l'authenticité de ce texte « à d'infimes nuances près » (p. 124), voir tout l'item IV de ce chapitre.

24 Cette phrase ressemble énormément à la proposition 10 des *PPC* utilisée par Spinoza pour établir la thèse de la création des essences dans la proposition 12, car cette proposition énonce que : « tout ce qui se trouve de perfection en Dieu est de Dieu ». La démonstration de la proposition 10 complète que tout ce qui est en Dieu est non seulement de Dieu, mais est Dieu.

25 *Cf.* Descartes, *L'Entretien avec Burman*, édition, traduction et annotation par Jean-Marie Beyssade, PUF, Paris, 1981, texte 38, p. 96-98.

Dans son riche commentaire de ce texte, Beyssade souligne son accent « presque spinoziste ». En effet, dit-il : « l'égalité de toutes les créatures devant le Créateur implique, comme contrepartie, qu'elles peuvent toutes être dites "nécessaires", si l'on prend garde à l'acte unique et très simple dont elles procèdent toutes également, les plus modestes des choses existantes comme les plus fondamentales des vérités éternelles. Créer ne se distingue pas réellement en Dieu de vouloir ni vouloir d'entendre, ce qui autorise à parler d'une absolue nécessité de tout ce qui existe ou peut exister. Si rien n'émane de Dieu, tout en procède[26] ». Si Beyssade soutient l'authenticité de ce texte où la nécessité est fortement accentuée c'est parce que ce texte préserve le noyau invariant qu'il dégage des variations subies par la formulation de la thèse de 1630 à 1648, à savoir, l'absolue indépendance de Dieu par rapport à toutes les créatures (essences et existences). C'est cette indépendance absolue qui constitue à ses yeux l'essentiel de la thèse cartésienne : « indifférence, nécessité ne constituent pas l'essentiel. L'essentiel est que tout ce qui n'est pas Dieu a avec Dieu un seul et même rapport, que tout en dépend "en même façon", et qu'il ne dépend lui-même de rien[27] ». Or, cette lecture proposée par Beyssade me semble coïncider avec le cœur de la manière dont Spinoza (qu'il considérait comme un excellent historien de la philosophie de Descartes[28]) interprète lui aussi Descartes et s'approprie la thèse de la libre création des vérités éternelles. En effet, Spinoza reconnaît et préserve toujours ce noyau invariant (dont il reconnaît la vérité même dans l'*Éthique*), tout en effaçant les préjugés qui font obstacle à sa pleine intelligibilité, à savoir, l'incompréhensibilité de la toute-puissance divine et l'indifférence de sa volonté. En plus, l'accent mis par Spinoza sur la thèse de la simplicité de Dieu et sa préférence pour le langage de l'entendement dans sa reconstruction de la thèse de la libre création lui permettent de développer la lecture nécessitariste de l'action causale de Dieu, lecture qui sera explicitement exploitée ensuite dans les *Pensées métaphysiques*.

---

26 *Cf.* Beyssade (1979), p. 121.
27 *Cf.* Beyssade (1979), p. 107.
28 *Cf.* Beyssade (1979), p. 185, note 3.

LA RÉCEPTION DE LA THÈSE DANS LES *PENSÉES MÉTAPHYSIQUES*

Les *Pensées métaphysiques* sont un ouvrage complexe dont le statut problématique, comme l'a remarqué Chantal Jaquet, est rebelle à toute catégorisation[29]. Bien que cet Appendice aux *Principes de la philosophie de Descartes* soit placé par Meyer sous la tutelle de Descartes et soumis à la même grille de lecture que cet ouvrage[30], Jaquet a bien montré qu'on ne peut pas accepter totalement cette grille de lecture. En effet, les *Pensées métaphysiques* lui échappent aussi bien par sa forme (il n'est pas un exposé géométrique, mais un ouvrage qui reprend les divisions des ouvrages scolastiques) que par son contenu (il n'est pas un commentaire de Descartes, mais une discussion avec plusieurs auteurs sur des questions de métaphysique générale et spéciale). Néanmoins, même si les *Pensées métaphysiques* ne sont pas un ouvrage d'historien de la philosophie cartésienne, plusieurs de ses discussions s'articulent explicitement à certaines thèses des *Principes de la philosophie de Descartes* (comme le montrent assez les renvois fréquents entre ces deux ouvrages), et il est parfois très clair que Spinoza travaille d'une façon originale des thèses d'origine cartésienne. Cette appropriation originale, d'ailleurs, ne l'éloigne pas forcément de l'esprit de l'interprétation pratiquée dans les *Principes de la philosophie de Descartes*, car, comme nous l'avons vu plus haut, Spinoza ne s'en tient pas toujours à la lettre des enseignements cartésiens qu'il retravaille. Parmi ces thèses, celle concernant la création des essences et le statut des modalités créées apparaît fréquemment dans les *Pensées métaphysiques*. Si nous prenons en considération, comme le souligne encore Jaquet[31], la fonction polémique jouée par les appendices chez

---

29 *Cf.* Jaquet (2004), Préface, p. 11 : « Ni scolastique, ni cartésien, ni spinoziste, cet ouvrage inclassable est rebelle à toute catégorisation et fait voler en éclats le concept d'auteur, tant il est difficile de savoir à qui imputer les pensées exprimées ».

30 *PPC*, Préface (GI/131) : « Dans tout l'ouvrage, aussi bien dans la première partie et la deuxième des *Principes* et dans le fragment de la troisième, que dans ses *Pensées métaphysiques*, notre auteur a seulement voulu exposer les idées de Descartes et leurs démonstrations, telles qu'on les trouve dans ses écrits, ou telles que des principes établis on les peut déduire par légitime conséquence [...] ».

31 *Cf.* Jaquet (2004), p. 13 : « Ce n'est pas sans doute un hasard si les *Pensées métaphysiques* se présentent sous la forme d'un Appendice, à l'instar du texte qui clôt la partie I de l'*Éthique*, Comme tous les appendices spinozistes, il a une fonction polémique et explicative, car il vise à extirper les préjugés au sujet de Dieu et de l'homme en exhibant leurs causes, et constitue cette *pars destruens* nécessaire au renforcement de la puissance de l'entendement et

Spinoza, à savoir, celle d'extirper certains préjugés et préparer l'esprit à la réception d'idées nouvelles, il semble bien que la présence insistante de la thèse de la libre création des vérités éternelles et la conséquence nécessitariste que Spinoza en déduit dans cet Appendice relève d'un travail d'appropriation qui prépare l'intégration postérieure de son noyau vrai dans l'*Éthique*.

Cette thèse apparaît aussi bien dans la première partie des *Pensées métaphysiques*, consacrée aux questions de la métaphysique générale, que dans la seconde partie, consacrée à la métaphysique spéciale. Dans la première partie elle est explicitement énoncée dans le chapitre 3, dédié à l'explication « de ce qui est Nécessaire, Impossible, Possible et Contingent », bref à l'explicitation du statut ontologique des notions modales. Après avoir expliqué que les choses sont dites nécessaires ou impossibles soit en vertu de leur essence soit en vertu de leur cause, et avoir soutenu, en raison de l'application universelle du principe de causalité[32], que ce qui n'existe pas en vertu de son essence existe nécessairement en vertu de la force de sa cause externe, à savoir, « Dieu, le créateur de toutes choses », Spinoza écrit que « les choses créées dépendent de Dieu quant à l'essence et quant à l'existence ». En effet, dit-il :

> Il faut noter encore que non seulement l'existence des choses créées mais encore, ainsi que nous le démontrerons plus tard dans la deuxième partie avec la dernière évidence, leur essence et leur nature dépend du seul décret de Dieu. D'où il suit clairement que les choses n'ont d'elles-mêmes aucune nécessité : puisqu'elles n'ont d'elles-mêmes aucune essence et n'existent pas par elles-mêmes[33].

Le décret de Dieu n'est donc soumis à rien, puisqu'il n'y a aucune chose extérieure qui puisse le déterminer. Bien que Spinoza ne démontre pas cette thèse ici, son anticipation témoigne assez de l'importance qu'il lui attribue et il en déduit déjà (en conjonction avec la thèse de la création continuée) une conséquence nécessitariste, car du statut de créature accordé aux essences et

---

à l'édification du savoir ». Cette même fonction, comme le soulignait aussi avec fréquence Beyssade, est jouée par les préfaces et par certains scolies dans l'*Éthique*. C'est ce qui se passe pour la thèse de la libre création des vérités éternelles avec le scolie de l'*E*Ip17 et le second scolie de l'*E*Ip33.

32 *Cf.* Appuhn I, p. 345 : « Il est de soi évident qu'il est impossible qu'une chose existe si elle n'a de cause ni interne ni externe d'existence », la cause externe unique de toute chose étant la « force du décret divin ».

33 *Cf.* Appuhn, I, p. 346 (GI/241).

aux existences Spinoza dérive leur égale soumission à la nécessité qui leur est octroyée par la force créatrice et conservatrice de Dieu. Les essences et les existences créées reçoivent leur nécessité de Dieu, la nécessité des premières dépendant des seules lois éternelles de la Nature et celle des secondes de la succession et de l'ordre des causes. Il faut remarquer que cette distinction, introduite à l'intérieur de ce qui est nécessaire en vertu de sa cause externe, n'est pas une distinction entre deux types de nécessité avec des forces inégales, comme si Spinoza introduisait ici une distinction de style leibnizien entre une nécessité absolue ou logique et une nécessité relative ou causale grâce à laquelle se glisserait subrepticement une certaine forme de contingence pour les existences. La nécessité relative aux essences et celle relative aux existences des choses créées est « une même sorte de nécessité qui est dans les choses créées par la force de leur cause », à savoir, la force de l'acte absolument simple par lequel Dieu, comme cause efficiente, crée toutes choses. De la simplicité de cet acte découle l'égale dépendance des essences et des existences par rapport à Dieu et l'univocité du concept de nécessité qui leur est appliqué. C'est ce que Spinoza rend clair à deux reprises dans ce chapitre dont nous citons le passage suivant :

> Nous disons aussi que la nécessité d'exister réellement ne se distingue pas de la nécessité de l'essence (chap. 9, partie II) ; c'est-à-dire quand nous disons que Dieu a décrété que le triangle doit être, nous ne voulons pas dire autre chose sinon que Dieu a établi l'ordre de la Nature et des causes de telle sorte qu'à tel instant le triangle doive être nécessairement ; et par suite, si nous connaissions l'ordre des causes tel qu'il a été établi par Dieu, nous trouverions que le triangle doit exister réellement à tel instant avec *la même nécessité* que nous trouvons maintenant, quand nous avons égard à sa nature, que ses trois angles doivent être égaux à deux droits[34].

Il en découle comme corollaire que « la possibilité et la contingence ne sont rien que des défauts de notre entendement ». Cette affirmation implique non seulement que les choses créées sont toutes créées comme

34 *Cf.* Appuhn, I, p. 348, (GI/243), souligné par nous. Pour l'autre passage, *cf.* Appuhn, I, p. 346 (GI/241-242). Le passage du chapitre 9, partie II, auquel Spinoza nous renvoie ici renforce encore cette compréhension univoque de la nécessité : « si les hommes connaissaient clairement tout l'ordre de la Nature, ils trouveraient toutes choses aussi nécessaires que toutes celles dont il est traité dans les Mathématiques ». *Cf.* Appuhn, I, p. 375-376 (GI/266). Pour une analyse détaillée du nécessitarisme de Spinoza, *cf.* Marcos André Gleizer, "O necessitarismo de Espinosa" in *Metafísica e Conhecimento : Ensaios sobre Descartes e Espinosa*, Eduerj, Rio de Janeiro, 2014.

nécessaires, mais aussi que l'acte créateur lui-même ne peut pas être décrit comme contingent, car, comme le souligne encore Spinoza :

> Comme en Dieu il n'y a ni inconstance ni changement (par la p18 et le corollaire de la p20, partie I), il a dû décréter de toute éternité qu'il produirait les choses qu'il produit actuellement [...]. Et nous ne pouvons pas dire que ces choses sont contingentes parce que Dieu aurait pu décréter autre chose ; car, n'y ayant dans l'éternité ni *quand*, ni *avant*, ni *après*, ni aucune affection temporelle, on ne peut pas dire que Dieu existât avant ces décrets de façon à pouvoir décréter autre chose[35].

Cet argument (qui sera repris et développé dans le scolie 2 de la proposition 33 de l'*Éthique* I) fondé sur l'immutabilité et l'éternité de Dieu permet de comprendre pourquoi le décret créateur n'est pas décrit comme indifférent, mais seulement comme non nécessité par des choses extérieures. Quant à l'incompréhensibilité mobilisée par Descartes pour sauvegarder la nécessité des vérités créées contre la menace de contingence, elle n'est pas non plus utilisée par Spinoza pour caractériser la thèse de la création des essences, son seul usage dans ce chapitre étant son application au problème de la conciliation de la liberté de notre arbitre avec la prédestination de Dieu.

Dans la deuxième partie des *Pensées métaphysiques* la thèse de la création des essences est présentée dans les chapitres 4 (sur l'immutabilité de Dieu)[36], 7 (sur l'entendement de Dieu)[37], 8 (sur la volonté de

35 *Cf.* Appuhn, I, p. 348 (GI/243).

36 *Cf.* Appuhn, I, p. 365 (GI/257), note en marge de la traduction hollandaise : « [...] la volonté de Dieu par laquelle il a créé les choses ne diffère pas de son entendement par lequel il les connaît. Et c'est tout un de dire que Dieu connaît que les trois angles d'un triangle égalent deux droits ou de dire que Dieu a voulu ou décrété que les trois angles d'un triangle fussent égaux à deux droits ; par suite il doit nous être aussi impossible de concevoir que Dieu puisse changer ses décrets que de penser que les trois angles d'un triangle n'égalent pas deux droits ».

37 *Cf.* Appuhn, I, p. 369-370 (GI/261) : « Il suit encore de la perfection de Dieu que ses idées ne sont pas déterminées, comme les nôtres, par des objets placés hors de lui. Mais au contraire les choses créées par Dieu, hors de Dieu, sont déterminées par l'entendement de Dieu (*), car autrement les objets auraient par eux-mêmes leur nature et leur essence et seraient antérieurs, au moins par nature, à l'entendement divin ; ce qui est absurde ». Le signe (*) renvoie à une note de Spinoza : « Il suit de là clairement que l'entendement de Dieu, par quoi il connaît les choses créées, et sa volonté et sa puissance, par quoi il les a déterminées, sont une seule et même chose ». [...] « Quant à leur essence et quant à leur existence les choses ont été fabriquées par un entendement identique à sa volonté » (GI/262).

Dieu)[38] et 9 (sur la puissance de Dieu). Dans tous ces chapitres Spinoza souligne le rapport étroit entre cette thèse et celle de l'identité entre l'entendement, la volonté et la puissance de Dieu, et démontre à partir de chacun de ces attributs que rien ne précède l'acte créateur de Dieu ni ne s'impose à lui. Partout donc son indépendance absolue est affirmée, mais, comme dans la première partie de l'ouvrage, nulle part la volonté divine n'est qualifiée d'indifférente et sa toute-puissance d'incompréhensible, ces notions n'étant pas jugées adéquates pour qu'on puisse parler d'une façon « assez pieuse[39] » et conforme à la vérité de la toute-puissance absolue de Dieu et de sa non soumission à aucune nécessité qui serait indépendante de lui. C'est ce que le chapitre sur la puissance de Dieu rend clair :

> Il a été suffisamment démontré déjà que Dieu est omnipotent. Nous nous efforcerons seulement ici d'expliquer comment cet attribut doit être entendu ; car beaucoup en parlent sans assez de piété et d'une façon qui n'est pas conforme à la vérité. Ils disent en effet que certaines choses sont possibles de leur nature, et non par le décret de Dieu ; que certaines sont impossibles ; certaines, enfin, nécessaires et que l'omnipotence de Dieu n'a trait qu'aux possibles. Pour nous qui avons démontré déjà que toutes choses dépendent absolument du décret de Dieu nous disons que Dieu est omnipotent ; mais, quand nous avons aperçu qu'il a décrété certaines choses par la seule liberté de sa volonté, et en second lieu qu'il est immuable, nous disons que rien ne peut agir contrairement à ses décrets et que cela est impossible par cela seul que cela répugne à la perfection de Dieu[40].

Et Spinoza en conclut, comme dans la première partie, que rien n'est possible, nécessaire ou impossible en soi, mais toutes choses sont nécessaires en vertu du décret de Dieu, en sorte que les choses que nous

38 *Cf.* Appuhn, I, p. 373 (GI/264) : « La volonté et la puissance, quant à leur action extérieure, ne se distinguent pas de l'entendement de Dieu, comme il est assez certain par ce qui précède ; car nous avons montré que Dieu a décrété non seulement que les choses devaient être mais aussi qu'elles devaient être de telle nature, c'est-à-dire que leur essence et leur existence ont dû dépendre de la volonté et de la puissance de Dieu ; par où nous percevons clairement et distinctement que l'entendement de Dieu, sa puissance et sa volonté, par quoi il a créé, a connu et conserve ou aime les choses, ne se distinguent en aucune façon l'un de l'autre, sinon relativement à notre pensée ».

39 Voir la lettre à Mersenne du 15 avril 1630 où Descartes lui demande de ne pas tenir sa thèse secrète et de la communiquer aussi souvent que possible, pour que « le monde s'accoutume à entendre parler de Dieu plus dignement, ce me semble, que n'en parle le vulgaire ». *Cf.* F. Alquié, I, p. 261.

40 *Cf.* Appuhn, I, p. 375 (GI/266).

jugeons comme possibles ou contingentes, nous ne le faisons qu'en vertu de notre ignorance de l'ordre de la Nature.

Enfin, puisque tout ce qui est créé par la puissance absolue de Dieu est créé par la puissance d'un être absolument simple, Spinoza démontre aussi dans ce chapitre que « si Dieu avait fait autrement la Nature des choses il aurait dû aussi nous donner un autre entendement ». Même s'il a déjà été démontré par ce qui précède qu'il répugne à la perfection de Dieu qu'il puisse décréter autre chose concernant les essences et les existences, l'objectif de Spinoza est clairement de montrer que de la toute-puissance de Dieu et de sa simplicité découlent la cohérence nécessaire (et donc l'accord nécessaire) entre notre connaissance intellectuelle de la nature des choses et ces choses telles qu'elles ont été décrétées par Dieu, bref telles qu'elles sont vraiment. Par-là il exclut que de la pensée de la toute-puissance divine puisse résulter quelque soupçon de « tromperie » ou de « fausseté absolue[41] », c'est-à-dire d'un hiatus entre ce qui serait conçu par nous comme nécessaire et ce qui serait vraiment créé par Dieu, hiatus qui viendrait saper dans son fondement l'objectivité de notre savoir[42].

41 À propos de ces soupçons, *cf.* le point n° 4 des *Réponses aux Secondes Objection* (F. Alquié, II, p. 566-572).

42 Dans ce chapitre, juste après avoir évoqué la thèse cartésienne de la véracité divine, Spinoza la reformule d'une façon non anthropomorphique qui annonce sa position dans l'*Éthique* : « Cela est encore évident par ce que nous avons dit plus haut, à savoir que toute la Nature naturée n'est qu'un seul être ; d'où il suit que l'homme est une partie de la Nature qui doit être cohérente avec le reste ; et donc il suivrait déjà de la simplicité du décret de Dieu que si Dieu avait créé les choses d'autre façon, il aurait constitué notre nature de telle sorte que nous connussions les choses selon qu'elles ont été créées par Dieu ». *Cf.* Appuhn, I, p. 376 (GI/267).

SPINOZA PHILOSOPHE
L'appropriation de la thèse dans le *Traité théologico-politique* et dans l'*Éthique*

L'APPROPRIATION DE LA THÈSE DANS LE *TRAITÉ THÉOLOGICO-POLITIQUE*

Nous avons examiné jusqu'ici la manière dont Spinoza travaille la thèse de la libre création des vérités éternelles en tant qu'interprète de Descartes. Néanmoins, cette thèse apparaît aussi dans des textes où Spinoza ne parle plus comme historien de la philosophie cartésienne ou à partir de son commentaire de Descartes, mais où il formule (implicitement ou explicitement) ses propres idées. Aussi bien dans le *Traité théologico-politique* que dans l'*Éthique* nous trouvons des passages où Spinoza s'approprie le noyau vrai de cette thèse tout en révélant et en écartant les préjugés qui l'empêchent de recevoir une formulation adéquate.

Commençons par le *Traité théologico-politique* où Spinoza, par prudence et stratégie, préserve le langage traditionnel qui attribue entendement et volonté à Dieu. Nous trouvons deux passages où, partant de la thèse de la simplicité absolue de Dieu, Spinoza démontre que les vérités éternelles dépendent entièrement de Dieu et souligne, avec plus de force que dans les *Principes de la philosophie de Descartes* et les *Pensées métaphysiques*, sa lecture nécessitariste de cette dépendance, car il énonce clairement la thèse de la nécessité absolue des décrets de Dieu. Non par hasard le premier passage se trouve dans le chapitre IV, consacré à la « loi divine », dont l'objectif premier est de montrer que ce n'est pas la lumière naturelle, mais l'imagination, qui nous fait représenter Dieu comme un législateur ou un prince qui prescrit des lois aux hommes :

> Volonté et entendement de Dieu sont véritablement en soi une seule et même chose et ne se distinguent que relativement aux pensées que nous nous formons de l'entendement de Dieu. Par exemple quand nous ne faisons attention qu'à ce point : que la nature du triangle est contenue de toute éternité dans la nature divine à titre de vérité éternelle, alors nous disons que Dieu a l'idée de triangle ou comprend la nature du triangle. Mais quand nous sommes ensuite attentifs à ceci : que la nature du triangle est contenue dans la nature divine de sorte qu'elle dépend de la seule nécessité de cette nature et non de

> la nécessité de l'essence et de la nature du triangle, bien plus : que la nécessité de l'essence et des propriétés du triangle, même en tant qu'on les conçoit comme des vérités éternelles, dépend de la seule nécessité de la nature de Dieu et de son entendement et non pas de la nature du triangle, alors, cela même que nous appelons entendement de Dieu, nous l'appelons volonté ou décret de Dieu. C'est pourquoi au regard de Dieu, nous affirmons une seule et même chose quand nous disons que Dieu a voulu et décrété de toute éternité que les trois angles du triangle soient égaux à deux droits ou que Dieu l'a compris. *D'où il suit que les affirmations ou négations de Dieu enveloppent toujours une nécessité ou une vérité éternelle*[43].

Dans ce passage, comme dans les *Principes de la philosophie de Descartes* et les *Pensées métaphysiques*, nous ne trouvons aucune référence à la « puissance incompréhensible » ou à l'« indifférence de la volonté ». Toutefois, ici la thèse de la dépendance de toute vérité éternelle par rapport à Dieu est explicitement présentée comme une dépendance par rapport à la « nécessité de la nature de Dieu », et à la place de l'expression « liberté de la volonté » nous trouvons la claire affirmation de la nécessité des décrets de Dieu. En plus, le mot « création » n'apparaît pas non plus ici et les essences qui découlent nécessairement de Dieu sont dites être « contenues dans la nature divine ». Le vocabulaire de la libre création des essences et sa représentation analogique comme une institution de lois est ainsi remplacé par celui de la production immanente des vérités éternelles. Dans la suite du chapitre Spinoza montre que la représentation de ces vérités comme des « préceptes et des règles instituées », et donc la représentation de Dieu comme législateur et roi, tire son origine de la tendance anthropomorphique de l'imagination[44], et il conclut :

> Ce n'est qu'eu égard à la capacité du vulgaire et au défaut de sa connaissance que Dieu peut être dépeint comme législateur ou prince, être appelé juste, miséricordieux, etc. En réalité, Dieu agit et dirige tout nécessairement par la seule nécessité de sa nature et perfection et ses décrets et ses volitions sont des vérités éternelles et enveloppent toujours la nécessité[45].

43 *Cf. TTP*4/8, p. 193 (GIII/62-63), souligné par nous. Les citations du *TTP* sont extraites de *Baruch Spinoza, Œuvres I*, P.-F Moreau (dir.), PUF, Paris, 2009.

44 *Cf. TTP*4/9, p. 197 (GIII/64) : « De là vint qu'on imagina Dieu comme chef, législateur, roi, miséricordieux, juste, etc. Tous ces attributs, cependant, n'appartiennent qu'à la seule nature humaine et doivent être tout à fait écartés de la nature de Dieu ». Spinoza ne cite pas ici les attributs de l'entendement et de la volonté, mais ils sont évidemment ceux qui sous-tendent tous ces attributs anthropomorphiques.

45 *Cf. TTP*4/10, p. 199 (GIII/65).

Le deuxième passage (qui renvoie expressément au premier) se trouve au chapitre VI, consacré aux miracles, et fournit un argument par lequel Spinoza démontre qu'accepter des événements qui contredisent aux lois de la Nature conduit à soutenir la thèse absurde selon laquelle Dieu agit contre sa propre nature :

> Nous avons montré, en effet, que, puisque l'entendement de Dieu ne se distingue pas de la volonté de Dieu, nous affirmons la même chose lorsque nous disons que Dieu veut quelque chose et lorsque nous disons qu'il comprend cette chose. C'est donc avec la même nécessité qu'il suit de la nature et de la perfection divine que Dieu comprend une chose comme elle est et qu'il en suit que Dieu veut cette chose comme elle est. Mais puisque rien n'est vrai nécessairement que par le seul décret divin, il s'ensuit très clairement que les lois universelles de la nature ne sont que les décrets de Dieu qui suivent de la nécessité et de la perfection de la nature divine. Si donc il arrivait dans la nature quelque chose qui contredise ses lois universelles, cela contredirait aussi, nécessairement, le décret, l'entendement et la nature de Dieu. Ou si quelqu'un posait que Dieu fait quelque chose à l'encontre des lois de la nature, il serait également contraint de poser que Dieu agit contre sa nature, alors qu'il n'y a rien de plus absurde[46].

Et à la fin de cet argument Spinoza annonce que la thèse de la dépendance nécessaire des vérités éternelles, essences et lois de la Nature par rapport à la nécessité de la nature de Dieu pourrait se déduire encore plus facilement « de ce que la puissance de la nature est la puissance même et la force de Dieu et de ce que la puissance divine est identique à l'essence de Dieu ». Bref, comme Spinoza le montrera dans l'*Éthique*, la substitution du langage de la cause immanente à celui de la création rendra non seulement plus facile la démonstration de cette thèse, mais rendra finalement adéquate l'explication de son noyau vrai, à savoir, l'entière et égale dépendance des essences et des existences par rapport à l'essence agissante de Dieu.

L'APPROPRIATION DE LA THÈSE CARTÉSIENNE DANS L'*ÉTHIQUE*

Les passages du *Traité théologico-politique* montrent clairement que pour libérer le noyau vrai contenu dans la thèse cartésienne de la libre création des vérités éternelles et l'intégrer au système philosophique il faut supprimer les préjugés imaginatifs avec lesquels cette thèse a été

46 *Cf.* *TTP*6/3, p. 243 (GIII/82-83).

formulée, ces préjugés étant tous dérivés de la représentation anthropomorphique de Dieu comme un être doué d'entendement et volonté. Malgré la grande subtilité d'esprit que Spinoza reconnaît toujours à Descartes[47], l'analogie du roi avec laquelle Descartes présente sa thèse dans la lettre inaugurale à Mersenne montre bien à quel point il est resté prisonnier de ce préjugé. Cette représentation anthropomorphique nous force à choisir entre le langage de la volonté et celui de l'entendement, mais la reconnaissance de la simplicité de Dieu rend clair que ces deux langages sont inévitablement inadéquats pour nous faire saisir l'indépendance absolue de son action causale. Si nous choisissons le langage de la volonté, il nous faut reconnaître que l'indifférence divine n'est pas comme la nôtre un pouvoir de choix entre contraires, car aucune alternative ne précède le décret divin[48]. Si nous choisissons le langage de l'entendement, il nous faut reconnaître que les vérités nécessaires que Dieu connaît ne s'imposent pas à lui alors qu'elles s'imposent à nous, car elles découlent de son entendement actif tandis que le nôtre les constate passivement. On voit ainsi que l'analogie à partir de laquelle Descartes s'efforce de « toucher » Dieu par la pensée lui permet certes d'éviter le risque d'univocité, mais il n'est pas clair que l'incompréhensibilité de Dieu à laquelle elle nous conduit par la reconnaissance de sa simplicité réussisse à éviter aussi le risque de nous faire tomber dans l'équivocité[49].

47 *Cf. PPC* Préface, *E*III Préface et *E*V Préface.

48 Ce point a été souligné avec insistance par Beyssade (1979, p. 114) : « Lorsqu'il s'agit de Dieu, aucune faculté de choix ne saurait se cacher dans son indifférence, même improprement nommée, puisqu'il n'y a pas pour sa volonté de possibles entre lesquels choisir ». L'indifférence divine précède les modalités et ne peut pas à proprement parler être caractérisée par elles (*cf.* p. 115, note 3).

49 Avec la distinction qu'il établit entre l'acte de comprendre (*comprehendere*), par lequel l'intellect embrasse la totalité des éléments constitutifs d'un objet fini, et l'acte d'intellection (*intelligere*), par lequel l'intellect touche effectivement l'infini sans jamais le connaître dans sa totalité, Descartes prétend soutenir une position d'équilibre selon laquelle l'intelligibilité de Dieu exclut que sa transcendance soit ineffable et que le langage des facultés débouche sur la pure équivocité, tandis que l'incompréhensibilité de Dieu évite le risque d'univocité. Pour qu'elle puisse éviter ce risque, il faut souligner que la thèse cartésienne de l'incompréhensibilité de Dieu n'a pas seulement le sens quantitatif de l'impossibilité pour nous d'épuiser la totalité des perfections qui se trouvent en lui, mais aussi un sens qualitatif selon lequel les perfections divines que nous pouvons atteindre par la pensée, et desquelles nous trouvons des vestiges en nous, ne se trouvent pas en lui telles qu'elles se trouvent en nous. Dans les *Réponses aux Secondes Objections*, Descartes connecte explicitement cette différence qualitative à la thèse de la simplicité : « car je veux bien ici avouer franchement que l'idée que nous avons, par exemple, de

Or, ce risque Spinoza le considère dans l'*Éthique* comme une conséquence nécessaire de cette analogie[50]. Ainsi, pour sauvegarder l'intelligibilité de la toute-puissance divine, et même pour porter cette intelligibilité à son comble et lever finalement tout obstacle à sa compréhensibilité, il faut refuser la représentation anthropomorphique de Dieu, bref, il faut rompre avec le procédé analogique en métaphysique et oser le remplacer par l'univocité. Ainsi seul, selon Spinoza, nous parvenons à remplacer le modèle imaginatif qui attribue à Dieu la puissance des rois et la liberté d'indifférence par une conception adéquate qui, tout en préservant

---

l'entendement divin ne me semble point différer de celle que nous avons de notre propre entendement, sinon seulement comme l'idée d'un nombre infini diffère de l'idée du nombre binaire ou du ternaire; et il en est de même de tous les attributs de Dieu dont nous reconnaissons en nous quelque vestige. Mais outre cela, nous concevons en Dieu une immensité, simplicité ou unité absolue, qui embrasse et contient tous ses autres attributs, et *de laquelle nous ne trouvons ni en nous ni ailleurs aucun exemple* [...]. Et, par son moyen, nous connaissons qu'aucune des choses que nous considérons être en Dieu et en nous, et que nous considérons en lui par parties, et comme si elles étaient distinctes, à cause de la faiblesse de notre entendement, et que nous les expérimentons telles en nous, ne conviennent point à Dieu et à nous en la façon qu'on nomme univoque dans les écoles » (*cf.* F. Alquié, II, p. 560, AT IX 108, souligné par nous). Ce passage rend clair que la simplicité n'est pas elle-même connue par analogie, car nous ne trouvons d'elle aucun exemple en nous ou hors de nous. Comment alors est-elle connue ? Sa concevabilité semble imposée par l'impossibilité d'appliquer à Dieu les distinctions reconnues par Descartes comme ayant une portée ontologique (distinction réelle et modale), mais est-ce que nous pouvons avoir de cette perfection une intellection positive ? L'absence de tout vestige de cet attribut divin (qui embrasse et contient tous les autres) ne nous empêche-t-elle pas de le toucher par la pensée et, par-là, de réussir à penser par analogie les autres attributs ?

50 *Cf. E*Ip17s. Ce scolie contient la première référence dans l'*Éthique* au thème de l'indifférence divine et les premières allusions à la thèse de la libre création des vérités éternelles. Comme tous les scolies polémiques, ce scolie ne vise pas seulement un auteur, mais essaye de réfuter toute une manière de penser qui englobe (certes avec des différences importantes) plusieurs penseurs. L'objectif principal de ce scolie est de démontrer que ceux qui commencent par attribuer à l'essence de Dieu ce qu'ils pensent être en nous la suprême perfection, à savoir, l'intellect et la volonté, sont obligés de conclure qu'il n'y peut y avoir entre ces attributs tels qu'ils sont en Dieu et tels qu'ils sont en nous qu'une convenance de nom. En effet, puisque « Dieu est l'unique cause des choses, à savoir (nous l'avons montré) tant de leur essence que de leur existence », et que « le causé diffère de la cause précisément par ce qu'il tient d'elle », l'intellect et la volonté qui sont communément attribués à Dieu doivent différer de notre intellect et volonté aussi bien par l'essence que par l'existence, bref, avoir seulement une convenance nominale comme celle qui existe « entre le chien, signe céleste, et le chien, animal aboyant ». Malgré les grandes différences qui existent entre Maimonide (d'où vient cette expression utilisée par Spinoza) et Descartes, Spinoza montre dans ce scolie que l'analogie conduit à l'équivocité et, par-là, risque de nous faire sombrer dans la théologie négative. Pour une analyse détaillée de cet important scolie, *cf.* Martial Gueroult, *Spinoza, I, Dieu*, Aubier-Montaigne, Paris, 1968, chap. X, p. 272-295.

l'absolue indépendance de Dieu, rend parfaitement intelligible l'identité en lui entre liberté et nécessité, à savoir, le modèle de la cause immanente[51] grâce auquel Dieu peut être dit la cause efficiente des essences et des existences des choses au même sens où il est dit cause de soi :

> Dieu n'est pas seulement cause efficiente de l'existence des choses, mais aussi de leur essence.
>
> Cette Proposition suit plus clairement de la Proposition 16. Il suit d'elle en effet qu'étant donnée la nature divine, tant l'essence des choses que leur existence doivent s'en conclure nécessairement ; et, pour le dire d'un mot, au sens où Dieu est dit cause de soi, il faut le dire aussi cause de toutes choses[52].

Il est évident que par sa conception de Dieu comme cause immanente de la Nature Spinoza s'écarte énormément de Descartes, mais cet écart préserve et intègre dans son système ce qu'il a toujours considéré comme vrai dans la thèse de la libre création des vérités éternelles, à savoir, l'entière et égale dépendance des essences et des existences par rapport à la causalité efficiente de Dieu. En plus, grâce à sa conception de la cause libre Spinoza peut maintenir aussi que Dieu n'est pas soumis à la nécessité comme « un Jupiter aux Destins », car la nécessité en vertu de laquelle Dieu produit aussi bien les essences que les existences des choses est la même par laquelle son essence enveloppe l'existence et, ainsi, ne peut pas être décrite comme une nécessité qui s'impose à lui. En effet, le langage de l'imposition et de la soumission renvoie à la contrainte, c'est-à-dire à une détermination *ab alio* qui ne peut s'appliquer ni à l'existence ni à l'action de la substance absolument infinie[53]. Ainsi, la libre nécessité remplace l'indifférence sans choix dans la pensée de la liberté, la toute-puissance et l'indépendance absolues de Dieu.

Il n'est pas possible d'examiner ici tous les aspects enveloppés dans l'intégration de la thèse cartésienne par Spinoza, car cela impliquerait non seulement l'analyse d'une grande partie de l'ontologie de l'*Éthique* I, mais aussi de la théorie de la connaissance de l'*Éthique* II[54].

---

51 *Cf.* *E*Ip18 : « Dieu est de toutes choses cause immanente, et non transitive ».

52 *Cf.* *E*Ip25 et *E*Ip25s.

53 *Cf.* *E*Idéf.8 : "Est dite libre la chose qui existe par la seule nécessité de sa nature, et se détermine par soi seule à agir : et nécessaire, ou plutôt contrainte, celle qu'une autre chose détermine à exister et à opérer de façon précise et déterminée ».

54 Et plus particulièrement de la notion d'idée adéquate grâce à laquelle Spinoza peut déployer d'une façon consistante l'application du principe de l'intelligibilité intégrale

Je voudrais seulement indiquer pour finir comment l'appropriation de cette thèse par Spinoza trouve à sa racine une notion qui nous renvoie encore une fois à la complexité du rapport de proximité et de distance qui le lie à Descartes, car cette intégration renvoie en dernière analyse, comme nous le montre le scolie de la proposition 25 cité plus haut, à la radicalité de la réflexion spinoziste sur la pensée cartésienne de la *causa sui* positive.

La notion de *causa sui*, comme le suggérait Beyssade dans un cours mémorable dédié à l'examen de cette notion chez Descartes et Spinoza, peut être prise comme le dernier mot de la métaphysique cartésienne (elle surgit et s'élabore à partir du débat déclenché par Caterus dans les *Premières Objections*) et le premier mot de la philosophie spinoziste (qui ouvre l'*Éthique* avec la définition de cette notion). Elle nous fournit ainsi un point de passage entre Descartes et Spinoza, passage qui, comme toujours, se marque par l'exigence d'intelligibilité intégrale et d'univocité par laquelle Spinoza reçoit l'héritage cartésien et creuse l'écart entre eux.

Le mouvement d'explicitation de cette notion chez Descartes l'amène à réfléchir sur l'unité des deux voies démonstratives de l'existence de Dieu, la voie *a posteriori* qui repose sur l'application du principe de causalité efficiente et renvoie à la puissance de Dieu, et la voie *a priori* qui repose sur l'application du principe de non-contradiction et renvoie au rapport de principe à conséquence qui lie l'essence à l'existence de Dieu. La méditation cartésienne sur la *causa sui* conduit ainsi à la pensée du rapport entre cause (puissance) et raison (essence) en Dieu et à la détermination du sens précis qu'il faut accorder à l'application de la formule « *causa sive ratio* » dans ce cas unique. Cette méditation, dont Beyssade a examiné le parcours en détail, conduit Descartes à penser la cause formelle, par laquelle Dieu est cause de soi, par analogie avec la cause efficiente et à insister sur la pleine positivité que la *causa sui* acquiert grâce à l'aspect dynamique que le concept de cause formelle

---

du réel. Cette notion ne coïncide pas avec la connaissance exhaustive des propriétés d'une chose, comme la notion définie par Arnauld et acceptée par Descartes dans les *Quatrièmes Objections et Réponses* (une « connaissance entière et parfaite [qui] doit contenir en soi toutes et chacunes les propriétés qui sont dans la chose connue » *cf.* AT-IX-171), car Spinoza remplace cette définition par celle d'une connaissance complète de la cause ou raison de l'essence d'une chose. *Cf.* à ce propos Marcos André Gleizer *Vérité et Certitude chez Spinoza*, Classiques Garnier, Paris, 2017, chap. 2, p. 104-128.

partage avec celui de cause efficiente[55]. Or, une analogie entre cause formelle et cause efficiente, comme le montre encore Beyssade, autorise en principe une double lecture :

> On peut penser la cause formelle (ici Dieu, *causa sui*) comme forme limite de la causalité efficiente, forme limite obtenue par un passage semblable à celui que pratique un mathématicien comme Archimède quand il étend au cercle la démonstration sur le polygone en considérant le cercle comme un polygone ayant une infinité de côtés. C'est ce que Descartes a commencé par faire, en privilégiant la cause efficiente, et en disant que Dieu est la cause quasi-efficiente de soi-même, que son essence fait en quelque façon à l'égard de son existence ce que la cause efficiente fait à l'égard de son effet. Mais on pourrait aussi faire la lecture dans l'autre sens et considérer que c'est la *causa sui* qui doit servir de référence, pour ramener toute causalité efficiente (celle de Dieu sur le monde, voire la causalité externe d'une chose du monde sur une autre) à la causalité immanente de Dieu sur soi. Telle sera l'entreprise de Spinoza, qui reprendra le concept cartésien jusqu'à vouloir substituer l'univocité à ce qui reste chez Descartes une analogie[56].

Spinoza a réfléchi en profondeur sur le rôle central joué par la *causa sui* dans la démarche cartésienne d'unification des deux voies démonstratives de l'existence de Dieu et, à partir des difficultés qu'il trouve dans cette démarche, sur la manière adéquate de formuler dans son propre système le rapport entre essence et puissance en Dieu[57]. Mais comme l'indique à juste titre Beyssade à la fin de la citation, Spinoza

55 *Cf.* Jean-Marie Beyssade : « En quête d'une ontologie cartésienne : sur trois formules à corriger (Lettre à un inconnu, 1642 ou 1643, AT V 545-546) », in *Revue de Théologie et de Philosophie*, 141 (2009), p. 1-28, voir p. 13-20. Cette partie de l'article développe plusieurs des idées sur la *causa sui* chez Descartes présentées dans le cours de 1988 mentionné plus haut.

56 *Cf.* Beyssade (2009), p. 18. *Cf.* aussi p. 19-20 : « Un concept commun, celui du dynamisme, unifie les deux branches (causale-rationnelle et rationnelle-causale) de l'équivalence *causa sive ratio*. Il devient légitime d'étendre par analogie le concept d'efficience jusqu'à ce qu'il y a de dynamique causale dans la cause formelle. Comme d'ailleurs, en sens inverse, on pourrait étendre la causalité formelle de l'essence jusqu'à la rationalité de l'efficience causale, ce que fera sans analogie l'univocisme de Spinoza, qui pensera dans sa radicalité la pensée cartésienne de la *causa sui* ».

57 À propos de ces difficultés, *cf.* le long travail de reconstruction argumentative auquel Spinoza soumet la deuxième preuve *a posteriori* de l'existence de Dieu dans la proposition 7 des *PPC*. Son insatisfaction avec les axiomes utilisés par Descartes dans cette preuve est explicitement formulée et la preuve est reformulée en profondeur. Dans sa reconstruction Spinoza montre comment la force par laquelle Dieu crée et conserve toutes les choses est celle par laquelle il se conserve et comment cette puissance de se conserver s'identifie à la *causa sui* comprise comme ce dont l'essence enveloppe l'existence nécessaire, ou encore,

ne se contente pas d'inverser la direction de l'analogie cartésienne et de ramener la cause efficiente à la cause formelle, car son compromis avec l'univocité le conduit à penser une véritable fusion entre ces deux types de cause à partir de l'identité absolue qu'il établit entre l'essence et la puissance de Dieu[58]. Cette fusion ne doit être pensée ni comme une confusion, ni comme une subordination, ni comme une simple réduction de la relation causale à la relation d'implication logique, ou vice-versa, mais plutôt comme la revendication de la part de Spinoza d'une qualification mutuelle entre l'exigence formelle de non-contradiction et l'exigence d'une raison suffisante qui explique la genèse ou production de quelque chose[59]. Par-là la formule « *causa sive ratio* » gagne un sens univoque et une validité universelle[60] qui, grâce à la causalité immanente, s'applique à la totalité des essences et des existences qui découlent de l'essence agissante de Dieu. De cette essence agissante résulte que « tout ce qui n'implique pas contradiction a une cause qui détermine son existence et doit donc exister en quelque temps, et tout ce qui n'existe pas en quelque temps implique contradiction[61] » ; bref, il en résulte un nécessitarisme absolu qui connecte la radicalisation spinoziste de la pensée cartésienne de la *causa sui* à une rénovation du principe de plénitude.

---

comme ce dont la nature est la cause suffisante de son existence nécessaire (*cf. PPC*, p. 7, lemme 2).

58 *Cf. E*Ip34 : « La puissance de Dieu est son essence même ».

59 Ce point a été bien souligné par Emanuela Scribano, *L'existence de Dieu : histoire de la preuve ontologique de Descartes à Kant*, Éditions du Seuil, Paris, 2002, p. 222 : « Nous assistons, avec Spinoza, à la première théorisation explicite d'une traduction des modalités logiques en modalités causales [...] Avec Spinoza il ne sera plus question de "glissements" ou de "confusion" modales, dans la mesure où nous avons affaire à la revendication explicite, délibérée et extrême de l'*équivalence* entre modalités logiques et modalités causales ». Cette position est aux antipodes de celle que Leibniz va défendre. En effet, l'identité que Spinoza soutient entre l'essence et la puissance de Dieu, alliée à l'exclusion de l'intellect et de la volonté de l'essence divine et leur réduction au niveau de modes de l'attribut pensée (*cf. E*Ip31), supprime à sa racine tout fondement pour la distinction leibnizienne entre le principe qui régit l'intellect divin, à savoir, le principe de non-contradiction (responsable de la détermination de ce qui est formellement possible et fondement des vérités absolument nécessaires sur les essences), et le principe qui régit la volonté divine, à savoir, le principe de raison suffisante (responsable de l'explication de la production effective des choses et fondement des vérités causalement nécessaires sur les existences).

60 *Cf.* EIp.11, 2e démonstration : "À toute chose on doit assigner une cause ou raison, tant du fait qu'elle existe que du fait qu'elle n'existe pas".

61 *Cf.* Scribano (2002), p. 222.

Or, par cette conclusion nécessitariste Spinoza rejoint celle qu'il attribuait à Descartes dans son interprétation de la thèse de la libre création des vérités éternelles à partir de la thèse de la simplicité absolue de Dieu. On voit ainsi pourquoi, malgré la distance qui sépare l'indifférence du Dieu créateur de la libre nécessité du *Deus sive Natura*, Spinoza peut signaler dans l'*Éthique* qu'il se trouve plus proche de la position cartésienne que d'une position de style leibnizien qui soumet la liberté de Dieu au choix du Bien (ou du moins du Meilleur) et empêche par-là sa puissance de produire tout ce qui est concevable. Cette proximité entre Spinoza et Descartes, d'ailleurs, n'a pas échappé à Leibniz qui écrit dans une remarque à propos de la proposition 16 de la première partie de l'*Éthique* :

> Spinoza dit (*Éthique*, I, prop.16) : « De la nécessité de la nature divine doivent découler des infinis de modes infinis, c'est-à-dire tout ce qui peut tomber sous une intelligence infinie ». C'est là une opinion très fausse ; et, sous une autre forme, l'erreur que Descartes a insinuée : à savoir, que la matière prend successivement toute les formes. Spinoza commence où finit Descartes : *dans le naturalisme*[62].

Spinoza n'accepterait pas, bien entendu, le reproche de fausseté adressé par Leibniz à son « opinion », mais il serait d'accord avec lui que sa thèse possède « sous une autre forme » une proximité avec celle de Descartes, ou, comme le disait Beyssade, que l'écart entre eux n'est pas celui d'une rupture mais celui d'une continuité.

Marcos André GLEIZER
UERJ/CNPq

62 *Cf.* Leibniz, *Réfutation inédite de Spinoza*, lecture et appareil critique de Martine de Gaudemar, Collection Babel, Actes Sud, 1999, p. 30-31.

LE RÔLE ET LES USAGES DE SPINOZA DANS LA PHILOSOPHIE DE BERGSON[1]

QUESTIONS PRÉLIMINAIRES

Quelle partie de l'œuvre de Spinoza Bergson connaissait-il ?

Spinoza est un des philosophes que Bergson avait bien lus – comme Plotin, Berkeley ou Kant, surtout la première *Critique* – en tout cas beaucoup plus que Maine de Biran en qui il a pourtant reconnu un précurseur[2].

Bergson avait certainement lu le *Traité de la réforme de l'entendement*, puisque cet ouvrage inachevé fut l'objet d'un de ses cours, où il a mis l'accent sur la théorie de la connaissance spinozienne (Collège de France, année 1910-1911)[3]. Il avait, bien entendu, lu l'*Éthique*, puisqu'il avait

1 Ce texte est une petite partie d'un projet beaucoup plus vaste visant à déterminer le rôle exact de la philosophie de Spinoza dans l'élaboration de l'œuvre de Bergson, ainsi que la place de la problématique des rapports entre Bergson et Spinoza dans les études bergsoniennes depuis les premiers textes importants sur Bergson (Albert Thibaudet, Vladimir Jankélévitch, Jean Wahl, Henri Gouhier, Émile Bréhier) jusqu'à aujourd'hui, en passant par Martial Gueroult, Sylvain Zac ou Gilles Deleuze. Sera prise en considération l'attitude des représentants principaux des courants politiques en France concernant le lien entre les deux philosophes, depuis l'extrême droite jusqu'aux marxistes (par exemple Georges Friedmann).

2 *Cf.* Henri Gouhier, « Maine de Biran et Bergson », *Les Études bergsoniennes* (Paris, P.U.F.), vol. I, 1948, p. 151-152 : « Maine de Biran est devenu le maître de Bergson au moment où ce dernier ne pouvait plus être son disciple. Une telle relation n'implique pas nécessairement que Bergson ait spécialement étudié les écrits de Maine de Biran, comme il a étudié ceux de Plotin, de Spinoza ou de Berkeley. [...] Dans l'état actuel des informations, tout porte à croire qu'il a rencontré d'abord le biranisme essentiel, puis qu'il s'est contenté de quelques coups de sonde dans le biranisme historique ».

3 *Cf.* Bergson, *Mélanges*, textes publiés et annotés par André Robinet avec la collaboration de Marie-Rose Mossé-Bastide, Martine Robinet et Michel Gauthier, Paris, P.U.F., 1972, p. 846.

présenté, dans un cours (année 1911-1912), « les principes généraux de la philosophie de Spinoza, en se fondant sur la première partie de l'*Éthique*, mais en comparant cette première partie à la dernière[4] » ; par ailleurs un autre cours de Bergson, en 1914, était consacré à la deuxième partie de l'*Éthique*[5].

À travers une lettre à Léon Brunschvicg, en 1927, nous apprenons que Bergson revenait (souvent ?) à la lecture du chef d'œuvre de Spinoza : « nous ne [...] redevenons pas moins spinozistes, dans une certaine mesure, chaque fois que nous relisons l'*Éthique* [...][6] ». En 1928, il écrira ceci à Vladimir Jankélévitch : « J'ai particulièrement remarqué le passage concernant Spinoza. Je crois vous avoir dit que je me sens toujours un peu chez moi quand je relis l'*Éthique* et que j'en éprouve chaque fois de la surprise, la plupart de mes thèses paraissant être (et étant effectivement, dans ma pensée) à l'opposé du Spinozisme[7] ».

Par ailleurs, Bergson semble bien connaître la troisième partie de l'*Éthique*, du moins ses éléments essentiels, puisqu'il se réfère, dans des cours, à la célèbre théorie du *conatus* et à la définition spinozienne de la joie et de la tristesse[8]. Certes, il parle ici d'abord de plaisir et de douleur, mais, à part le fait qu'il se hâte d'ajouter « de la joie et de la tristesse », il affirme que « ce qui s'appelle plaisir ou douleur dans la sensation s'appelle joie ou peine quand il s'agit d'un sentiment[9] ».

Dans un autre cours de psychologie à Clermont-Ferrand, durant l'année scolaire 1887-1888, Bergson, en étudiant les inclinations et en recherchant « l'origine des tendances ou aspirations de notre nature », affirme que « cette question n'a pas été traitée jusqu'ici, d'une manière explicite, par les philosophes ». Il admet toutefois que « des essais ont été tentés » et soutient que « le plus remarquable effort en ce sens est celui

---

4 *Cf. ibid.*, p. 961.

5 *Cf. ibid.*, p. 1040.

6 *Cf. ibid.*, p. 1483.

7 *Cf. ibid.*, p. 1487.

8 *Cf.* Bergson, *Cours I. Leçons de psychologie et de métaphysique*, édition par Henri Hude avec la collaboration de Jean-Louis Dumas, avant-propos par Henri Gouhier, Paris, P.U.F., coll. « Épiméthée », 1990, p. 57 : « La définition que donne le philosophe hollandais Spinoza du plaisir et de la douleur, de la joie et de la tristesse est une définition analogue aux précédentes. "Le plaisir, dit-il, est le passage d'une moindre perfection à une perfection supérieure. La peine consiste dans la transition d'une perfection plus grande à une moindre perfection" ».

9 *Cf. ibid.*, p. 65.

de Spinoza. Dans un ouvrage remarquable, l'*Éthique*, Spinoza essaie de ramener toute inclination et toute passion à une seule tendance fondamentale, la tendance de tout être à persévérer dans l'être. Tout être, par cela seul qu'il existe, tend à continuer d'exister et s'efforcera par tous les moyens possibles de persévérer dans l'être[10] ».

Bergson connaît également bien les classifications spinozienne et cartésienne des sentiments – il n'emploie pas le terme « affects », qui serait un néologisme à son époque et pour plusieurs décennies par la suite –, mais il ne les considère pas comme satisfaisantes, car, selon lui, les deux philosophes entremêlent le sentiment et la passion. En effet, le sens du terme « passion » était plus large au XVIIe siècle qu'à l'époque de Bergson[11]. Notons que la thématique des passions, des sentiments et des émotions était très actuelle durant la deuxième moitié du XIXe siècle et les premières décennies du siècle suivant, surtout à travers de nombreuses études psychologiques, dont plusieurs s'appuyaient sur les progrès de la physiologie ; je me réfère notamment aux analyses d'Alexander Bain, de Herbert Spencer, de Darwin, de William James, de Théodule Ribot, de Freud[12], de Paul Janet, de Benjamin Bourdon, d'Alain, de Pierre Janet, de Charles Blondel, de Georges Dumas, d'Henri Wallon et de plusieurs autres. Nous ne pourrions pas ne pas nous référer au rôle des sentiments et des émotions dans la psychiatrie française du XIXe siècle (chez F. Leuret ou J.-P. Falret)[13].

Bergson se réfère également à Spinoza à propos de la question de savoir si les passions sont bonnes ou mauvaises. Il se réfère d'abord aux philosophes ou plutôt aux moralistes, tant les Anciens que ceux du XVIIe siècle, qui les tiennent pour mauvaises (les Stoïciens et Louis Bourdaloue) et, ensuite, à ceux pour qui il y a tant des passions

---

10 *Cf. ibid.*, p. 78.

11 *Cf. ibid.*, p. 65 : « *Une classification définitive des sentiments est encore à faire.* On en trouverait dans l'*Éthique* de Spinoza, dans le *Traité des passions* de Descartes ; mais ces deux philosophes entremêlent le sentiment et la passion, le mot passion ayant eu au XVIIe siècle un sens beaucoup plus large qu'aujourd'hui. – Il est commode de *répartir les sentiments en groupes : ceux qui se rapportent au présent, ceux qui se rapportent au passé, ceux qui enfin se rapportent à l'avenir* » (souligné par moi).

12 *Cf.* Liliane Maury, *Les émotions de Darwin à Freud*, Paris, P.U.F., coll. « Philosophies », 1993. *Cf.* aussi Jean-Didier Vincent, *Biologie des passions*, Paris, Odile Jacob, 1986, 2002².

13 *Cf.* Jacques Hochmann, *Histoire de la psychiatrie*, Paris, P.U.F., coll. « Que sais-je ? », 2004, p. 40-41.

mauvaises que des passions bonnes (Pascal, Descartes, Spinoza), thèse que Bergson admet[14].

Dans un autre cours, concernant les notions d'absolu et de relatif – notions fondamentales chez Bergson, qui admet deux moitiés de l'absolu, la matière et l'esprit, connues respectivement, dans leur essence, par la science et par la métaphysique[15] –, il donne comme exemple d'absolu la cause première en citant la thèse de Spinoza selon laquelle l'existence de la cause première découle de son essence[16].

Par ailleurs, Bergson avait également bien lu le *Court Traité*, puisque dans un de ses cours (en 1911-1912) il l'a rapproché de l'*Éthique*[17].

---

14 *Cf.* Bergson, *Cours I. Leçons de psychologie et de métaphysique*, *op. cit.*, p. 87-88 : « Certains moralistes anciens, les Stoïciens par exemple, condamnaient la passion sans réserve. [...] D'autres sont d'avis que la passion a du bon, quelquefois même qu'elle est le ressort de grandes et belles actions [...] "Le cœur a ses raisons que la raison ne connaît pas", a dit Pascal. Descartes distingue des passions bonnes et des passions mauvaises. Il est bon de mettre aux prises les bonnes et les mauvaises. La même idée a été reprise par Spinoza. *Nous admettons cette dernière opinion* » (souligné par moi).

15 *Cf.* le passage fondamental de la deuxième partie de l'introduction de *La pensée et le mouvant*, le second recueil d'essais et conférences publié par Bergson en 1934 : « De la position des problèmes », in *La pensée et le mouvant*, édition critique sous la direction de Frédéric Worms, Paris, P.U.F., coll. « Quadrige/Grands textes », 2009, p. 42-45, notamment p. 43-44 : « nous estimons qu'une science fondée sur l'expérience, telle que les modernes l'entendent, peut atteindre l'essence du réel. Sans doute elle n'embrasse qu'une partie de la réalité ; mais de cette partie elle pourra un jour toucher le fond ; en tout cas elle s'en rapprochera indéfiniment. Elle remplit donc déjà une moitié du programme de l'ancienne métaphysique [...] Reste l'autre moitié. Celle-ci nous paraît revenir de droit à une métaphysique [...] qui est à même, elle aussi, d'atteindre l'absolu. [...] Nous croyons qu'elles [la métaphysique et la science] sont, ou qu'elles peuvent devenir, également précises et certaines. L'une et l'autre portent sur la réalité même. Mais chacune n'en retient que la moitié [...]. Science et métaphysique différeront d'objet et de méthode, mais [...] elles communieront dans l'expérience ». *Cf.* aussi *ibid.*, p. 70-71 : « Contentons-nous du réel, matière et esprit. [...] à la science, comme à la métaphysique, nous avons attribué le pouvoir d'atteindre un absolu. ». *Cf.* aussi « Introduction à la métaphysique », in *La pensée et le mouvant*, *op. cit.*, p. 189-190 : « Nous y pénétrons [dans la durée même] [...] et ce n'est peut-être que par une intuition. En ce sens, une connaissance intérieure, *absolue*, de la durée du moi par le moi lui-même est possible. [...] la métaphysique réclame et peut obtenir ici une intuition » (souligné par moi). Sur l'approche bergsonienne des notions de relatif et d'absolu et les rapports entre absolu, perfection et infini, *cf.* les premières pages de l'« Introduction à la métaphysique ».

16 *Cf.* Bergson, *Cours I. Leçons de psychologie et de métaphysique*, *op. cit.*, p. 157 : « Rien de ce qui est fini ne se suffit à soi-même et l'absolu n'existe pas dans notre expérience. Pourtant nous le concevons et en effet la cause première est bien pour nous absolue, en ce sens que tout le reste dépend d'elle et qu'elle-même ne dépend de rien. [...] comme dit Spinoza, son existence découle de son essence ».

17 *Cf. Mélanges*, *op. cit.*, p. 961 : « Dans le cours du samedi, le professeur a étudié les principes généraux de la philosophie de Spinoza, en se fondant sur la première partie de l'*Éthique*,

Bergson lisait-il Spinoza dans l'original latin ? Il est certain qu'il pouvait le faire sans difficulté, sa connaissance du latin étant très bonne ; il a rédigé sa thèse complémentaire en latin, comme il était de règle à cette époque (*Quid Aristoteles de loco senserit*, 1889)[18], et « son premier ouvrage est, en 1883, l'édition d'un recueil : *Extraits de Lucrèce*, avec un commentaire, des notes, et une étude sur la poésie, la philosophie, la physique, *le texte et la langue de Lucrèce*[19] ». Par ailleurs, Bergson était un défenseur ardent des études classiques, de l'enseignement du grec et du latin dans l'enseignement secondaire[20].

Bergson avait-il lu les traités à caractère politique de Spinoza, à savoir le Traité théologico-politique *et le* Traité politique *?* Je n'ai pas trouvé de référence à leur contenu dans l'œuvre publiée de Bergson ou dans ses autres écrits, bien qu'il lui arrive de se référer au *Traité théologico-politique*. Mais cela s'explique assez aisément, si nous tenons compte des données suivantes : premièrement, les thèmes principaux de ses cours étaient la métaphysique, la psychologie, la théorie de la connaissance et la morale, mais non la politique, ou en tout cas beaucoup moins[21] ; deuxièmement, les branches de la philosophie enseignées au lycée, dans la fameuse « classe de philosophie », à son époque étaient la psychologie, la logique, la morale et la métaphysique[22] ; et, troisièmement, ce sont

mais en comparant cette première partie à la dernière, et en rapprochant l'*Éthique* elle-même du *Court Traité* ».

18 *Cf. Quid Aristoteles de loco senserit.* Thesim Facultati litterarum Parisiensi proponebat H. Bergson, Paris, F. Alcan, 1889 ; traduction française (établie par Robert Mossé-Bastide, révisée par Guy Soury) : *L'idée de lieu chez Aristote*, *Les Études bergsoniennes*, II, 1948, p. 29-104 ; repris in Bergson, *Mélanges*, *op. cit.*, p. 1-56. *Cf.* Arnaud François, « Sur le *Quid Aristoteles de loco senserit* de Bergson », in F. Worms *et al.* (éd.), *Annales bergsoniennes* (Paris, P.U.F., coll. « Épiméthée »), V, 2012, p. 337-378.

19 *Cf.* Henri Gouhier, *Bergson dans l'histoire de la pensée occidentale*, Paris, Vrin, 1989, p. 17 et note 5 (souligné par moi). *Extraits de Lucrèce* (Paris, Delagrave, 1883) est repris dans les *Mélanges* de Bergson, *op. cit.*, p. 265-310.

20 *Cf.* sa proposition, en novembre 1922, à l'Académie des Sciences morales et politiques, dans son texte intitulé « Les études gréco-latines et la réforme de l'enseignement secondaire » (*Mélanges*, *op. cit.*, p. 1366-1379).

21 *Cf.* les cours sur l'économie politique dans les *Leçons Clermontoises* de Bergson, t. I, texte établi, présenté et annoté par Renzo Ragghianti, Paris, L'Harmattan, coll. « La philosophie en commun », 2003.

22 *Cf.* la lettre de Bergson au Suédois Vitalis Norström, en 1910, concernant le rôle de la philosophie dans l'enseignement secondaire en France, in Bergson, *Correspondances*, textes publiés et annotés par André Robinet avec la collaboration de Nelly Bruyère, Brigitte Sitbon-Peillon et Suzanne Stern-Gillet, Paris, P.U.F., 2002, p. 346-347 : « dans nos

ces sujets qui intéressaient les philosophes qui s'occupaient de Spinoza à l'époque de Bergson, à savoir « Lagneau (aussitôt suivi par Alain), Delbos et Brunschvicg ». En effet, « après les polémiques et les condamnations du XIXe siècle, un effort considérable de sympathie, de compréhension et d'explication avait été entrepris dans les années 1890 avec Lagneau (aussitôt suivi par Alain)[23], Delbos[24] et Brunschvicg[25] ; *effort partiel* cependant, car Lagneau ne retient que la réflexion intime de l'entendement, Delbos se concentre alors sur le problème moral et Brunschvicg insiste sur la rationalité réflexive du savoir (et sa conséquence, la liberté de penser) : la preuve en est que Delbos, lorsqu'il analysera dans son cours de 1916 l'ensemble du système[26], se fera bien plus critique, plus proche des discussions traditionnelles[27] ».

Quelles études sur Spinoza Bergson avait-il lues ? En nous appuyant sur les *Correspondances* de Bergson[28], nous savons qu'il avait lu les textes

établissements d'enseignement secondaire, lycées et collèges [...], il y a une classe où l'on passe une année entière et qui porte le nom de "Philosophie" parce que c'est de philosophie surtout qu'on s'y occupe. Cette classe se fait très sérieusement [...] ; le programme des études comprend la psychologie, la logique, la morale et la métaphysique ».

23 *Cf.* d'une part l'ouvrage d'Alain sur Spinoza, son premier livre (*Spinoza*, 1900 ; réédition avec nouvelle préface et conclusion 1946 ; rééd. Paris, Gallimard, coll. « Tel », 1986) et *Souvenirs concernant Jules Lagneau*, in Alain, *Les passions et la sagesse*, 2e volume des *Œuvres* d'Alain dans la « Bibliothèque de la Pléiade », p. 707-786. *Cf.* André Comte-Sponville, « Le Dieu et l'idole : Alain et Simone Weil face à Spinoza », in Olivier Bloch (dir.), *Spinoza au XXe siècle*, Paris, P.U.F., coll. « Philosophie d'aujourd'hui », 1993, p. 13-39, notamment p. 13-16.

24 *Cf.* Victor Delbos, *Le problème moral dans la philosophie de Spinoza et dans l'histoire du spinozisme*, Paris, Alcan, 1893 ; réédition Paris, Presses de l'Université de Paris-Sorbonne, coll. « Travaux et documents du Groupe de Recherches Spinozistes », 1990. *Cf.* Alexandre Matheron, « Les deux Spinoza de Victor Delbos », in André Tosel, P.-F. Moreau et Jean Salem (dir.), *Spinoza au XIXe siècle*, Paris, Publications de la Sorbonne, coll., « Philosophie », 2008, p. 311-318.

25 L'étude de Léon Brunschvicg intitulée *Spinoza* date de 1894 (3e édition, sous le titre *Spinoza et ses contemporains*, 1923 ; 4e édition, Paris, P.U.F., coll. « Bibliothèque de philosophie contemporaine », 1951) ; il l'a rédigée d'après le *Mémoire* récompensé par l'Académie des Sciences morales et politiques (prix Bordin, en 1891) [...] Le sujet en était : « La morale de Spinoza, examen de ses principes et de l'influence qu'elle a exercée dans les temps modernes » (*cf.* Didier Gil, « Le "vrai" spinoziste », in O. Bloch (dir.), *Spinoza au XXe siècle*, *op. cit.*, p. 45 et notes 2 et 3, ainsi que p. 46).

26 *Cf.* V. Delbos, *Le spinozisme.* Cours de M. Victor Delbos professé à la Sorbonne en 1912-1913, Paris, Vrin, 1983.

27 *Cf.* Bernard Rousset, « Spinoza dans l'enseignement », in O. Bloch (dir.), *Spinoza au XXe siècle*, *op. cit.*, p. 260-261.

28 *Cf.* Bergson, *Correspondances*, *op. cit.* Après l'édition de ce gros volume (1705 pages), des inédits de Bergson, parmi lesquels des lettres à divers destinataires, continuent à être

suivants (ou du moins qu'il connaissait leur existence) – mais, bien entendu, cette liste n'est aucunement exhaustive :

(a) En 1895, il avait étudié l'article étendu de Jules Lagneau « Quelques notes sur Spinoza » publié dans la *Revue de métaphysique et de morale*[29]. Bergson précise même, à propos de ce texte, qu'il « fera une impression profonde sur les philosophes[30] ».

(b) Dans sa fameuse lettre à Constant Bourquin, en décembre 1922, Bergson affirme que « tout le spinozisme repose sur la distinction de l'"essence" et de l'"existence" » et qu'« on pourrait écrire un livre (on l'a écrit effectivement) sur les sens variés, parfois à peine compatibles entre eux, que Spinoza donne à "essence" et à "existence" » ; il se réfère à l'ouvrage d'Albert Rivaud, *Les notions d'essence et d'existence dans la philosophie de Spinoza*, Paris, Alcan, 1906[31].

(c) En 1934, il a reçu et lu « avec un vif intérêt » l'étude de Pierre Lachièze-Rey, *Les origines cartésiennes du Dieu de Spinoza*, dédiée à Victor Delbos[32].

(d) Il avait également reçu le premier numéro du *Chronicon Spinozanum.*

D'un point de vue *quantitatif* – si nous comptons l'ensemble des références de Bergson à Spinoza dans son œuvre et ses écrits divers –, l'auteur de l'*Éthique* n'appartient pas aux interlocuteurs principaux de Bergson, du moins *dans son œuvre propre* ; *il avait certainement une place plus importante dans ses cours.* Le philosophe français se réfère beaucoup moins à Spinoza qu'à d'autres grands philosophes (car, il le considère bien comme un grand philosophe) comme Platon, Aristote, Descartes ou Kant. Toutefois, d'une certaine manière, la présence de Spinoza est importante dans l'œuvre de Bergson.

Bien que ce dernier n'aime pas employer le terme « influence » à propos de la façon dont sont liées entre elles les différentes doctrines philosophiques, préférant explicitement l'usage de termes comme « inspiration »,

publiés dans la revue *Annales bergsoniennes.*

29 *Cf. RMM*, juillet 1895, p. 375-416.

30 *Cf.* Bergson, *Correspondances*, *op. cit.*, p. 27.

31 *Cf. ibid.*, p. 1003-1004 (= Bergson, *Écrits philosophiques*, édition critique sous la direction de F. Worms, Paris, P.U.F., coll. « Quadrige/Grands textes », 2011, p. 548 (et note 518, à la page 640)).

32 2e édition Paris, Vrin, coll. « Bibliothèque d'histoire de la philosophie », 1950. *Cf.* Bergson, *Correspondances*, *op. cit.*, p. 1474.

« affinités » ou « parenté », etc. – ce en quoi il sera suivi par la plupart des philosophes français du XXe siècle, notamment par ceux qui parlent désormais de « rencontres », comme, par exemple, Deleuze – en affirmant que, très souvent, là où nous croyons qu'il y ait eu influence, les deux penseurs ont pu aboutir à des résultats analogues par des voies différentes (p. ex. lui et William James[33]) mais aussi que l'influence est souvent beaucoup plus profonde là où elle n'est pas apparente[34], il avoue sa dette certaine envers trois philosophes : Plotin[35], Maine de Biran[36] et, dans un moindre degré, Félix Ravaisson[37].

Bergson récuse toute influence reçue par la philosophie allemande envers laquelle il ne cache pas son attitude critique ; d'une part, son opposition à

33 *Cf. Mélanges*, *op. cit.*, p. 660-661 et 1542.

34 *Cf.* par exemple sa lettre à Isaac Benrubi en 1926 : « Si j'avais une réserve à vous faire [à propos de son ouvrage *Contemporary Thought of France*], elle concernerait les "influences" attribuées à tels ou tels penseurs sur d'autres – influences qu'on ne saurait inférer, à mon avis, de ressemblances extérieures entre les doctrines, et qui en revanche se sont parfois exercées en profondeur, là où elles ne sont pas apparentes. C'est à cause de la difficulté d'arriver à des certitudes en pareille matière que j'évitais, autant que possible, de parler d'"influences" dans mes cours d'histoire de la philosophie. Mais je sais que ce n'est pas l'opinion répandue » (*Mélanges*, *op. cit.*, p. 1480).

35 *Cf. Correspondances*, *op. cit.*, p. 1626 : « la philosophie grecque m'a toujours intéressé autant que la philosophie moderne, et mon philosophe favori a toujours été Plotin, qui synthétise à mes yeux l'ensemble de la philosophie grecque, et qui était d'ailleurs convaincu que tous les philosophes grecs ont dit la même chose ». *Cf.* Émile Bréhier, « Images plotiniennes, images bergsoniennes », *Les Études bergsoniennes*, vol. II, 1949, p. 107-128. *Cf.* aussi Rose-Marie Mossé-Bastide, *Bergson et Plotin*, Paris, P.U.F., 1959.

36 *Cf.* Henri Gouhier, « Maine de Biran et Bergson » (*Les Études bergsoniennes*, vol. I, 1948, p. 131-173), qui commente succinctement toutes les études écrites jusqu'alors sur les relations entre les deux philosophes (par Jean Laporte, Gabriel Madinier, Marguerite Thibaud et Georges Le Roy). Beaucoup plus récemment, *cf.* Anne Devarieux, « Évolutionnisme et psychologie : Maine de Biran, Gabriel Tarde et Henri Bergson », in Anne Fagot-Largeault et Frédéric Worms (éd.), *Annales bergsoniennes* IV : « *L'Évolution créatrice* 1907-2007 : épistémologie et métaphysique », décembre 2008, p. 215-236.

37 *Cf.* d'abord et surtout « La vie et l'œuvre de Ravaisson », notice de Bergson publiée en 1904 qu'il a décidé d'inclure, en 1934, dans son recueil d'essais et conférences *La pensée et le mouvant*, *op. cit.*, p. 253-291. À propos des rapports entre la pensée de Bergson et celle de Ravaisson, *cf.* l'ouvrage de Dominique Janicaud, *Une généalogie du spiritualisme français* (La Haye, Nijhoff, 1969) dont la seconde édition est intitulée *Ravaisson et la métaphysique, une généalogie du spiritualisme français*, Paris, Vrin, 1997 ; *cf.* notamment la troisième partie : « Bergson et Ravaisson. Ampleur et limites de la filiation ». Plus récemment, *cf.* Pierre Montebello, *L'autre métaphysique. Essai sur la philosophie de la nature : Ravaisson, Tarde, Nietzsche et Bergson* (Paris, Desclée de Brouwer, coll. « Philosophie », 2003) et Claire Marin, « Ravaisson et Bergson : la science du vivant », in F. Worms (dir.), *Annales bergsoniennes* III, 2007, p. 377-392.

certaines des théories kantiennes est explicite et elle a été bien étudiée[38] ; « Bergson était surnommé par ses camarades l'"antikantien" lors de ses études à l'E.N.S. »[39] ; d'autre part, il n'admet pas avoir été influencé par Schopenhauer ou par Schelling (ni par Thomas Reid ou Samuel Butler, du côté des Britanniques). En ce qui concerne Hegel, il a confié en 1911 à Benedetto Croce qu'il ne l'avait pas lu[40]. Les références peu nombreuses à sa philosophie s'appuient sans doute sur des études qui se référaient à des théories hégéliennes. En ce qui concerne Nietzsche, il y a une seule référence dans l'œuvre de Bergson à une de ses théories les plus connues (la volonté de puissance), et cela dans son dernier grand livre, *Les deux sources de la morale et de la religion*. Enfin, nous savons que Bergson avait donné un cours à l'École normale supérieure sur *La destination de l'homme* de Fichte[41].

---

38 *Cf.* l'ouvrage de Madeleine Barthélemy-Madaule, *Bergson adversaire de Kant* (Paris, P.U.F., 1966) et les articles suivants : a) Frédéric Worms, « L'intelligence gagnée par l'intuition ? La relation entre Bergson et Kant », *Les Études philosophiques*, 2001/4, n° 59, p. 453-463 ; b) Alain Panero, « Kant, précurseur manqué de Bergson », *Revue philosophique*, numéro spécial « Bergson », 2008 ; et c) Camille Riquier, « La relève intuitive de la métaphysique : le kantisme de Bergson », in F. Worms et C. Riquier (dir.), *Lire Bergson*, Paris, P.U.F., coll. « Quadrige/Manuels », 2011, p. 35-59.

39 *Cf.* Ph. Soulez, in Ph. Soulez et F. Worms, *Bergson. Biographie*, 2e édition Paris, P.U.F., coll. « Quadrige », 2002, p. 45. *Cf.* aussi la position de Bergson en « anti-Kant » par Deleuze dans son cours sur le troisième chapitre de *L'Évolution créatrice* de Bergson, du 14 mars au 9 mai 1960, à l'École normale supérieure de Saint-Cloud ; *cf.* Anne Sauvagnargues, « Deleuze avec Bergson. Le cours de 1960 sur *L'Évolution créatrice* », in F. Worms (éd.), *Annales bergsoniennes* II, 2004, p. 151-165 ; suit la publication du manuscrit du cours, p. 166-188.

40 Des hégéliens n'ont pas manqué de reprocher à Bergson son attitude « d'ignorance et de dédain » envers Hegel. *Cf.* Jacques d'Hondt, « Les études hégéliennes », in André Robinet (éd.), *Doctrines et concepts 1937-1987. Rétrospective et prospective : Cinquante ans de philosophie de langue française*, Paris, A.S.P.L.F./Vrin, coll. « Problèmes et controverses », 1988, p. 154 : « Car, pourrait-on répondre à Koyré, il y a pis que l'hostilité d'un philosophe mathématicien tel que Brunschvicg, il y a l'ignorance et le dédain d'un penseur tel que Bergson. C'est peut-être Bergson qui nous révèle le mieux le genre de considération que la France accordait à Hegel. Si l'on consulte, par exemple, l'édition des *Œuvres* de Bergson procurée en 1959 par André Robinet, nous voyons que l'auteur, mort en 1941, ne cite qu'une seule fois le nom de Hegel, et fugitivement, comme par accident. Un grand philosophe dont les travaux concluent le XIXe siècle et ouvrent largement le XXe siècle, pouvait négliger entièrement Hegel, faire même comme s'il n'avait pas existé, et le traiter donc comme Mendelssohn, d'après Lessing, avait traité naguère Spinoza, c'est-à-dire, selon l'expression retenue par l'histoire, "comme un chien crevé" ».

41 *Cf.* Octave Hamelin, Henri Bergson, *Fichte. Deux cours inédits publiés par F. Turlot et Ph. Soulez*, Presses Universitaires de Strasbourg, 1988 ; Philippe Soulez, *Notes de maître sur un cours de Bergson donné en 1898 et consacré à la* Bestimmung des Menschen *(Fichte)*, Presses

Trois remarques s'imposent ici :

(a) Les références de Bergson à des philosophes dans son œuvre publiée (contenues dans ses *Œuvres*, publiées par Henri Gouhier en 1959) sont relativement peu nombreuses – tout en étant bien plus nombreuses que ce que faisaient Spinoza ou Descartes. Elles sont plus fréquentes dans ses *Mélanges*, ses *Correspondances* et, bien entendu, dans ses *Cours*. À cause de la collaboration très étroite de la philosophie avec la science positive qu'il appelle de ses vœux – et qu'il considère comme une des trois ou quatre caractéristiques principales de la philosophie française depuis ses débuts jusqu'à son époque (c'est le reproche principal qu'il adresse à la philosophie allemande, métaphysique séparée des sciences selon lui[42]) –, Bergson discute beaucoup plus dans ses ouvrages philosophiques avec les thèses principales des savants, surtout de son époque. En effet, il se penchait chaque fois sur des problèmes précis, séparés l'un de l'autre, et, à propos de chaque problème, il étudiait à fond, de très près, durant des années avant de publier chacun de ses ouvrages, les données les plus actuelles de la science concernée : psychologie, psychopathologie, biologie, sociologie, ethnologie, psychologie des religions, etc.

(b) Même si nous nous limitons au dialogue de Bergson avec des philosophes dans son œuvre, nous constatons qu'il discute, bien entendu, avec les grands philosophes du passé, tant de l'antiquité que des temps modernes (c'est dans ce cadre qu'il porte son attention sur les théories principales de Spinoza), mais il dialogue aussi, parfois plus, avec ses prédécesseurs du XIXe siècle, ainsi qu'avec ses contemporains : Britanniques (Spencer, John Stuart Mill et d'autres), Américains (en particulier

---

Universitaires de Strasbourg, 1994. *Cf.* l'introduction de Jean-Christophe Goddard à sa traduction inédite de *La destination de l'homme* de Fichte (Paris, GF-Flammarion, 1995), notamment p. 9-13.

42 *Cf.* « La philosophie française » (1915), in Bergson, *Mélanges*, *op. cit.*, p. 1184-1185 : « La philosophie française a toujours été étroitement liée à la science positive. Ailleurs – en Allemagne, par exemple– tel philosophe a pu être savant, tel savant a pu être philosophe, mais la rencontre des deux aptitudes ou des deux habitudes a été un fait exceptionnel et, pour ainsi dire, accidentel. Si Leibniz fut à la fois un grand philosophe et un grand mathématicien, nous voyons que le principal développement de la philosophie allemande, celui qui remplit la première moitié du XIXe siècle, s'est effectué en dehors de la science positive. Il est de l'essence de la philosophie française, au contraire, de s'appuyer sur la science ». *Cf.* aussi *ibid.*, p. 1513-1515 et 1426. Sur cette caractéristique de la philosophie française selon Bergson, je me permets de renvoyer à mon étude *Connaissance et méthode chez Bergson* (en grec), Athènes, Éditions Eurasia, 2012, p. 69-74.

William James), et surtout Français (Maine de Biran, Comte, Ravaisson, Lachelier, Boutroux et bien d'autres).

(c) Même dans le cas de philosophes comme Plotin, dont il admet avoir reçu l'influence, les références de Bergson à sa doctrine dans son œuvre sont peu nombreuses, tandis que Plotin était bien présent dans ses cours et ses conférences (*cf.* par exemple son cours au Collège de France, en 1906-1907, sur les théories de la volonté[43], ainsi que ses conférences sur le problème philosophique de la personnalité aux Gifford Lectures d'Edinburgh, en 1914)[44].

Il n'est donc pas surprenant que la confrontation avec Spinoza n'ait pas paru comme la plus urgente aux premiers commentateurs de Bergson. En tout cas elle leur a semblé moins impérieuse que celle avec ses adversaires déclarés (Kant, Spencer) ; avec le philosophe contemporain qu'il admirait le plus (William James) ; avec ceux qui l'ont inspiré (Maine de Biran, Plotin, Ravaisson) ; avec les grands philosophes de l'antiquité (Platon, Aristote) ; avec ceux avec qui les parentés de son problème principal sont patentes (Schopenhauer, Nietzsche) ; avec ses disciples (Péguy, Sorel, Le Roy) ; avec ceux qui ont subi l'influence de ses idées mais ont réussi à créer leur propre doctrine philosophique (Jean Wahl, Vladimir Jankélévitch, Pierre Teilhard de Chardin, Gilles Deleuze, Emmanuel Lévinas) ; avec les philosophes qui ont critiqué Bergson tout en ayant été marqués par certaines de ses théories (Sartre, Merleau-Ponty) ; avec les non-philosophes qu'il a influencés ou du moins qui « eurent une phase "bergsonienne" ou apparentée au bergsonisme[45] » (Proust, T. S. Eliot, Virginia Woolf, Willa Cather, Wallace Stevens, etc.) ; avec les plus grands penseurs de son époque (Husserl, Freud, Russell) et de la génération suivante (Heidegger) qui ont tracé leur propre parcours.

C'est seulement une fois déblayé le terrain de ce côté qu'une confrontation sérieuse et systématique avec Spinoza devient possible et même nécessaire.

La philosophie de Spinoza est-elle la plus difficile qu'avait étudiée Bergson ? En 1902 il affirmait que la philosophie la plus difficile, la plus obscure

---

43 *Cf. Mélanges*, *op. cit.*, p. 716-718.

44 *Cf. Mélanges*, *op. cit.*, p. 1054-1059 (dans l'original anglais) ; et p. 1073-1078 (dans la traduction française faite par Martine Robinet).

45 Suivant l'expression de Ph. Soulez concernant la dette de certains membres du groupe de Bloomsbury (T. S. Eliot, Virginia Woolf ou Alfred North Whitehead) envers Bergson ; *cf.* Ph. Soulez et F. Worms, *Bergson. Biographie*, *op. cit.*, p. 138.

de toutes celles qu'il avait eu l'occasion d'étudier jusqu'alors était celle de Fichte[46]. En 1926, il qualifiait le *Parménide* de Platon de « dialogue si difficile à comprendre et, par certains côtés, si déroutant[47] ». Par contre, en février 1914, en se référant à son cours consacré à la deuxième partie de l'*Éthique*, il affirme qu'il s'agit de « ce qui a été écrit de plus difficile par le plus difficile des philosophes[48] ».

Pourquoi dit-il cela ? Contentons-nous ici de citer l'interprétation de Pierre Trotignon : « l'erreur de l'esprit est qu'en mettant le réel dans sa cause, comme lové implicitement, il abolit la durée et mathématise le réel pour en restituer l'unité (*Essai sur les données immédiates de la conscience*, p. 157-158 = *Œuvres*, p. 137-138). Il en résulte un parallélisme de l'âme et du corps : dès que l'on veut comprendre la liberté, on obtient en fait un déterminisme (*Essai sur les données...*, p. 110-111 = *Œuvres*, p. 97-98), mais les modes parallèles (*Éthique* II, 13) ne seront en fait jamais corrélables, car le parallélisme est une hypothèse métaphysique, non une vérité scientifique (*Mélanges*, p. 495-496). C'est pour cela que Bergson écrit à Vandérem le 27 février 1914 que la seconde partie de l'*Éthique* est "le plus difficile écrit du plus difficile des philosophes" (*Mélanges*, p. 1040), parce qu'il touche à la racine d'une interprétation ontologique dans laquelle l'être exige le recours à un Un où, par le jeu caché du principe de raison suffisante, on peut traduire le *principe de l'être en totalité des étants* (*L'Évolution créatrice*, p. 350-351 = *Œuvres*, p. 791-792, *cf. Essai sur les données...*, p. 156-157 = *Œuvres*, p. 136-137, et Spinoza, *Éthique* I prop. 16 et 17). Il en résulte que le Dieu de la métaphysique, et singulièrement de la métaphysique spinozienne, n'a rien de commun avec le vrai sens du concept réel de Dieu[49] ».

Spinoza est-il plutôt cartésien ou plutôt plotinien selon Bergson ? Dans le cadre de la critique exercée par Bergson à l'égard du rôle des *influences* dans l'histoire de la philosophie[50], le philosophe français affirme que « le "cartésianisme" de Spinoza est [...] tout à fait superficiel. L'objet

46 *Cf. Correspondances*, *op. cit.*, p. 68.

47 *Cf. Correspondances*, *op. cit.*, p. 1214.

48 *Cf. Mélanges*, *op. cit.*, p. 1040.

49 *Cf.* P. Trotignon, « Bergson et Spinoza », in O. Bloch (dir.), *Spinoza au* XX*e* *siècle*, Paris, P.U.F., 1993, p. 10-11.

50 *Cf. supra*, p. 53-54 et note 33. Sur la discussion critique par Bergson de la notion d'influence en histoire de la philosophie ainsi qu'en ce qui concerne la création artistique, *cf.* mon ouvrage *Connaissance et méthode chez Bergson* (en grec), *op. cit.*, p. 50-52.

principal du cours [sur le *Traité de la réforme de l'entendement*] était de déterminer ce qu'il y a, dans le spinozisme, d'irréductible à n'importe quelle autre doctrine[51] ». Deux décennies plus tard, en 1934, Bergson écrit à Pierre Lachièze-Rey ceci : « En ce qui concerne votre livre sur le Dieu de Spinoza, je l'ai [...] lu avec beaucoup d'intérêt. Il me semble que vous avez délimité assez nettement l'influence exercée par Descartes sur Spinoza. En ce qui concerne le fond, l'*inspiration* de la doctrine spinoziste, j'attribuerais, pour ma part, *une certaine influence à Plotin*, que Spinoza ne devait pas connaître directement, mais qu'il a pu entrevoir à travers les commentaires néoplatoniciens d'Aristote[52] ».

Le passage principal dans lequel Bergson met en relief la parenté de la philosophie de Spinoza, ainsi que de celle de Leibniz, avec la philosophie de Plotin, se trouve dans le cours de Bergson sur l'histoire des théories de la volonté au Collège de France (1906-1907), où il affirme qu'il y a une espèce particulière de causalité, « qui consiste dans un choix libre, dans une espèce de création du caractère lui-même », causalité que Bergson trouve tout d'abord chez Plotin et, en même temps, chez Spinoza et Leibniz : « Plotin [...] présente la causalité de l'âme comme *sui generis*, comme différente de la causalité sensible, et la manière dont il la conçoit rappelle alors la position de soi par soi chez Spinoza ; les âmes, dit-il, dérivent d'essences intemporelles ; toutes ces essences se posent une fois pour toutes dans l'éternel ; elles émanent de l'Un comme les rayons émanent du soleil et lui sont coéternelles, comme dirait Spinoza ; comme les monades de Leibniz, elles sont toutes les visions possibles sur Dieu[53] ».

Un autre passage où Bergson met en lumière le lien étroit de la philosophie de Leibniz et de Spinoza avec celle de Plotin se trouve dans sa

51 *Cf. Mélanges*, *op. cit.*, p. 846.

52 *Cf. Correspondances*, *op. cit.*, p. 1474 ; souligné par moi.

53 *Cf. Mélanges*, *op. cit.*, p. 717. *Cf.* aussi le commentaire de Camille Riquier, « Les directions divergentes de l'évolution de la vie. Torpeur, intelligence, instinct », in Arnaud François (éd.), L'Évolution créatrice *de Bergson*, Paris, Vrin, coll. « Études et Commentaires », 2010, p. 129 : « affirmer le déterminisme de la nature d'un côté et la liberté humaine de l'autre, chercher à tenir les deux bouts de la chaîne de la causalité, n'est pas exclusivement moderne. En divisant l'âme en deux, une partie qui tient par son sommet au monde intelligible, l'autre qui s'éparpille par sa base dans le monde sensible, Plotin permettait à l'âme d'être une cause initiale tout en restant assujettie à la nécessité naturelle. [...] Bref, les solutions seront brodées à partir du canevas initialement conçu par Plotin. Les philosophies de Kant ou de Schopenhauer ne seront sur ce point, *comme celles de Spinoza ou Leibniz sur d'autres points*, qu'une répétition du plotinisme » (souligné par moi).

quatrième conférence sur le problème de la personnalité dans le cadre des Gifford Lectures d'Édimbourg, en 1914 : « la conception moderne de la nature éliminait de la nature cet élément de désordre et de dégradation que les Anciens croyaient y observer et qu'ils appelaient "matière" au sens grec du mot (ὕλη). C'était par ce principe particulier que Plotin expliquait comment nous sortons de nous-mêmes, et de l'Éternité, pour entrer dans le Temps. Plus généralement, c'était par ce principe que les philosophes de l'Antiquité expliquaient le Temps et l'Espace. Il était très difficile d'accepter les idées de Plotin sur l'Esprit et cependant d'éliminer ce principe. Pourtant c'est ce qu'ont fait Leibniz et Spinoza, et ce qu'en général la métaphysique moderne a fait[54] ».

Quels philosophes Spinoza (certaines de ses thèses principales) a-t-il inspirés selon Bergson ? Le penseur de l'élan vital se réfère à trois philosophes français du XIXe siècle (d'orientations différentes).

a) Au positiviste Hippolyte Taine (1828-1893) : « Cette même foi à la science – aux sciences qui étudient l'homme – se retrouve chez Taine, un penseur qui eut autant d'influence que Renan en France, et qui eut peut-être plus encore que Renan à l'étranger. Taine veut appliquer à l'étude de l'activité humaine sous ses diverses formes, dans la littérature, dans l'art, dans l'histoire, les méthodes du naturaliste et du physicien. D'autre part, il est tout pénétré de la pensée des anciens maîtres ; *avec Spinoza, il croit à l'universelle nécessité*[55] ».

b) Au spiritualiste éclectiste Paul Janet : « "L'homme pense". Cette formule de Spinoza[56] est adoptée par M. Janet, de préférence à celle de Descartes, pour point de départ de la philosophie[57]. Le *cogito* de Descartes est le produit d'une longue et savante élaboration, le terme d'un doute où toute vérité objective a été enveloppée. Mais la pensée d'où nous partirons est celle "du moi réel et concret, tel qu'il est donné dans l'expérience, et non pas seulement celle du moi philosophique". La question se pose donc tout de suite de savoir ce que c'est que la pensée,

54 *Cf.* « Onze conférences sur "la personnalité" aux Gifford Lectures d'Edinburgh », in Bergson, *Mélanges*, *op. cit.*, p. 1059 (dans l'original anglais) et p. 1077 (dans la traduction française par Martine Robinet).

55 *Cf.* « La philosophie française », in Bergson, *Mélanges*, *op. cit.*, p. 1170 ; souligné par moi.

56 Spinoza, *Éthique*, II, Axiome II.

57 *Cf.* Paul Janet, *Principes de métaphysique et de psychologie* (leçons professées à la Faculté des Lettres de Paris, de 1888 à 1894), 2 volumes, Paris, Delagrave, 1897, tome I, p. 328.

d'où elle vient et à quoi elle se rattache. A-t-elle le même substrat que les autres phénomènes de l'univers[58] ? »

c) À Jules Lagneau : « Enfin – disciple de Lachelier, mais qui doit aussi beaucoup à Spinoza – Lagneau pratique une "analyse réflexive" où l'esprit se retrouve dans ses œuvres comme activité génératrice, et qui le mène jusqu'à une affirmation de Dieu – d'un Dieu purement intérieur et immanent[59]... ».

Quelles théories philosophiques fondamentales ne font que reproduire et développer des thèses essentielles de Spinoza ?

Herbert Spencer : Lorsque Bergson étudie, dans un cours, les inclinations et recherche l'« origine des tendances ou aspirations de notre nature », il affirme que « cette question n'a pas été traitée jusqu'ici d'une manière explicite par les philosophes. Cependant des essais ont été tentés. Le plus remarquable effort en ce sens est celui de Spinoza. Dans un ouvrage remarquable, l'*Éthique*, Spinoza essaie de ramener toute inclination et toute passion à une seule tendance fondamentale, la tendance de tout être à persévérer dans l'être. Tout être, par cela seul qu'il existe, tend à continuer d'exister et s'efforcera par tous les moyens possibles de persévérer dans l'être ». Bergson se hâte d'ajouter : « La théorie de l'Évolution d'Herbert Spencer n'a guère fait que reproduire cette idée, que la développer en se fondant sur des arguments tirés des sciences naturelles et en imaginant une évolution des êtres organisés[60] ».

CRITIQUE ADRESSÉE PAR BERGSON À LA MÉTHODE ET À CERTAINES THÉORIES ET THÈSES DE SPINOZA

En effet, une grande partie des passages de Bergson sur Spinoza concerne une critique en règle de théories et de thèses spinoziennes. Pour quels motifs critique-t-il Spinoza ?

58 *Cf. Mélanges*, *op. cit.*, p. 388 (= Bergson, *Écrits philosophiques*, *op. cit.*, p. 192).
59 *Cf.* « La philosophie française », in *Mélanges*, *op. cit.*, p. 1181.
60 *Cf.* Bergson, *Cours I. Leçons de psychologie et de métaphysique*, *op. cit.*, p. 78.

Ce que Bergson condamne chez Spinoza, c'est d'abord sa *méthode* – ce qui est tout à fait fondamental selon lui[61] – mais aussi, bien entendu, certaines de ses *thèses* (résultats de cette méthode). Signalons que la distinction entre, d'une part, la méthode et le mouvement de la pensée et, d'autre part, la doctrine (à savoir les thèses, les conclusions) avait été mise en valeur à propos de Bergson par Édouard Le Roy, un de ses disciples principaux[62].

1/ La méthode de Bergson : tout d'abord l'expérience, c'est-à-dire tout ce que nous apprennent nos sens et notre conscience (donc l'expérience extérieure et l'expérience intérieure), observation concrète et données immédiates, ainsi que l'expérience mystique (le tout de l'expérience) vs *les diverses constructions métaphysiques.*

a) *Bergson critique la philosophie de Spinoza (le plus souvent ensemble avec celle de Leibniz)* avant tout parce qu'il considère qu'elle est un système, « une grande construction métaphysique[63] », c'est-à-dire parce qu'elle est géométriquement déduite d'un principe, d'un concept fondamental initial, et parce qu'elle propose des explications à partir d'une cause première. Contrairement à cela, Bergson affirme constamment *qu'il ne recourt jamais à la Cause première et qu'il donne toujours des explications* spécifiques[64].

Selon Bergson, plus particulièrement, « la méthode qui consiste à partir de Dieu pour aller aux choses ne peut pas être présentée comme étant mienne, lors même qu'on la distinguerait ici de celle de Spinoza, puisque j'estime au contraire que c'est toujours des choses qu'il faut partir, et des problèmes qu'elles posent. Il y a là un point que je tiens pour *essentiel* et sur lequel il ne faudrait pas qu'il y eût d'équivoque, puisqu'il s'agit du principe même de la méthode[65] ».

---

61 *Cf.* Jacques Chevalier, *Entretiens avec Bergson*, Paris, Plon, 1959, p. 57 : « Plus important et plus fondamentale chez moi que la doctrine est la *méthode*. Je me suis imposé comme règle de ne jamais rien avancer dont je ne fusse certain : il ne suffit pas que j'en sois convaincu, il faut encore que ma conviction soit fondée sur des arguments positifs, découverts par moi, et communicables. Sinon, je juge inutile d'exposer ce qui n'est chez moi qu'une opinion. Je ne dis que ce que je sais. C'est à cette condition que la philosophie peut apparaître, non comme quelque chose de surajouté à la science, mais comme une science » (passage cité in Henri Bergson, *Écrits philosophiques*, *op. cit.*, p. 967-968).

62 *Cf.* Michel Jouhaud, « Édouard Le Roy, le bergsonisme et la philosophie réflexive : l'"Essai d'une philosophie première" », *Les Études bergsoniennes* (Paris, P.U.F.), V, 1960, p. 91-92.

63 *Cf.* cette expression in Bergson, *Mélanges*, *op. cit.*, p. 1161.

64 *Cf.* sa lettre à J. Chevalier, le 2 mars 1926, in Bergson, *Correspondances*, *op. cit.*, p. 1185.

65 *Cf.* J. Chevalier, *Entretiens avec Bergson*, *op. cit.*, p. 74 ; passage cité in Bergson, *Écrits philosophiques*, *op. cit.*, p. 968.

Bien que Bergson ne se réfère pas explicitement à Spinoza au texte suivant, il est clair que la critique exercée vis-à-vis des systèmes philosophiques dans le début de la deuxième partie de l'Introduction à *La pensée et le mouvant* (1934) le concerne, notamment dans les deux passages suivants : *(a)* « Parce qu'un Schelling, un Schopenhauer et d'autres ont déjà fait appel à l'intuition, parce qu'ils ont plus ou moins opposé l'intuition à l'intelligence, on pouvait croire que nous appliquions la même méthode. Comme si leur intuition n'était pas une recherche immédiate de l'éternel ! Comme s'il ne s'agissait pas au contraire, selon nous, de retrouver d'abord la durée vraie[66] ». *(b)* « Une intuition qui prétend se transporter d'un bond dans l'éternel s'en tient à l'intellectuel. Aux concepts que fournit l'intelligence elle substitue simplement un concept unique qui les résume tous et qui est par conséquent toujours le même, de quelque nom qu'on l'appelle : la Substance, le Moi, l'Idée, la Volonté. La philosophie ainsi entendue, nécessairement panthéistique, n'aura pas de peine à expliquer déductivement toutes choses, puisqu'elle se sera donné par avance, dans un principe qui est le concept des concepts, tout le réel et tout le possible[67] ».

Immédiatement après Bergson reproche à cette sorte d'explication d'être *imprécise*, ce qui constitue, selon lui, le vice fondamental de la philosophie[68] : « Mais cette explication sera vague et hypothétique, cette unité sera artificielle, et cette philosophie s'appliquerait aussi bien à un monde tout différent du nôtre[69] ».

66 *Cf.* Bergson, *La pensée et le mouvant*, *op. cit.*, p. 25-26.

67 *Cf. ibid.*, p. 26. À propos de l'adjectif « panthéistique », Arnaud François fait le commentaire suivant : « Ce terme à suffixe semble signifier : "tendant au panthéisme", c'est-à-dire à l'identification de Dieu et de la nature. Bergson vise, tout d'abord, le "*Deus sive natura*" de Spinoza [...] Mais il caractérise souvent les philosophes de l'idéalisme allemand comme "panthéistes" » (*ibid.*, p. 324, note 6).

68 *Cf. ibid.*, p. 1 : « Ce qui a le plus manqué à la philosophie, c'est la précision. Les systèmes philosophiques ne sont pas taillés à la mesure de la réalité où nous vivons. Ils sont trop larges pour elle ».

69 *Cf. ibid.*, p. 26. *Cf.* Bergson, *La pensée et le mouvant*, présentation par Pierre Montebello et Sébastien Miravète, Paris, GF-Flammarion, 2014, p. 329-330, notamment la note 2 à « Introduction. Deuxième partie » : « Bergson adresse une même critique à Schelling, Schopenhauer, Fichte, Hegel et Spinoza. Il leur reproche d'adopter une pensée systématique et imprécise. Voir Notice de l'"Introduction", *supra*, p. 314-315 ». *Cf.* aussi *ibid.*, note 3 (« Allusions respectives à Spinoza, Fichte, Hegel et Schopenhauer. Voir aussi p. 89 ») et note 4 : « Communément, le panthéisme est la thèse selon laquelle Dieu est en toute chose (dans les plantes, en nous etc.). Dieu est immanent (intérieur) et non transcendant (extérieur) au monde. Dans ce passage, le panthéisme ne signifie pas que Dieu est en

Notons que dans un de ses cours à Clermont-Ferrand, dans la section intitulée « La méthode », Bergson avait affirmé que « la métaphysique est la science de construction par excellence », qu'elle procède « à partir d'une méthode de construction *a priori*, à partir d'hypothèses » et l'exemple qu'il avait donné, c'était Spinoza[70].

Dans ce cadre, Bergson s'oppose en général, à travers toute son œuvre, au dogmatisme (systématique) ainsi qu'à son opposé, à savoir le scepticisme – partout où il dit « dogmatisme » il entend par là « système ».

Bergson oppose systématiquement aux hypothèses qui « viennent directement de la métaphysique » (des « vieilles idées *a priori*, de nature métaphysique »), comme sont les hypothèses du parallélisme psycho-physique et de l'épiphénoménisme, les hypothèses qui ont comme origine « l'observation concrète » : « elles [les hypothèses du parallélisme et de l'épiphénoménisme] ne reconnaissent nullement l'observation concrète pour origine ; elles viennent directement de la métaphysique, et ceux qui travaillent sur elles travaillent sur une vieille idée *a priori*, de nature métaphysique. Quant aux philosophes qui vont les chercher dans la science, ils ne font que retrouver leur propre image réfléchie dans un miroir un peu infidèle[71] ».

Dans son texte important sur la philosophie française (1915), Bergson affirme que « le “système” par excellence est celui qui a été préparé par Platon et Aristote, définitivement constitué et consolidé par les néo-platoniciens, et il serait aisé de montrer (nous ne pouvons entrer dans le détail de cette démonstration) que toute tentative, pour bâtir un système complet, s'inspire par quelque côté de l'aristotélisme, du platonisme ou du néo-platonisme. [Les exemples qu'il se hâte de donner sont les

toute chose, mais que l'essence de Dieu est dans l'essence de chaque chose. Pourquoi Bergson soutient-il que les philosophies de Spinoza, Hegel et Fichte sont, en ce sens précis, panthéistes ? Il faut se souvenir qu'elles recourent, selon lui, à des idées générales pour penser l'essence d'une chose, c'est-à-dire ce qu'elle est. Par exemple, une “fleur”, l'essence des fleurs, ou encore l'idée générale de fleur, est ce trait commun que toutes les variétés de fleurs partagent. [...] Or, dans les philosophies de Spinoza, Hegel et Fichte toutes les essences ou toutes les idées résultent d'un mouvement de particularisation – nous partons de l'idée générale de fleur qui génère ensuite toutes les variétés de fleur. Dieu, l'origine de toutes les essences, le moteur de ce mouvement, est par conséquent immanent à toutes les essences ou à toutes les idées qu'il engendre. Ces philosophies sont donc en toute logique panthéistes, même si elles ne l'admettent pas ».

70 *Cf.* Bergson, *Cours I. Leçons de psychologie et de métaphysique*, *op. cit.*, p. 394-395.

71 *Cf. Mélanges*, *op. cit.*, p. 625.

systèmes philosophiques de Spinoza et de Leibniz]. De fait, les deux doctrines métaphysiques qui surgirent hors de France dans la seconde moitié du XVIIe siècle furent des *combinaisons* du cartésianisme avec la philosophie grecque. La philosophie de Spinoza, *si originale soit-elle, aboutit à* fondre ensemble la métaphysique de Descartes et l'aristotélisme des docteurs juifs. Celle de Leibniz, dont nous ne méconnaissons pas non plus l'originalité, est encore une combinaison du cartésianisme avec l'aristotélisme, surtout avec l'aristotélisme des néo-platoniciens. [...] Tandis que Spinoza et Leibniz construisaient leurs systèmes, Malebranche avait le sien[72] ».

Nous rencontrons la même idée, à savoir que la métaphysique de Spinoza (et celle de Leibniz) est la combinaison, la synthèse d'une philosophie grecque (la philosophie de l'esprit de Plotin) et d'une philosophie moderne (« la conception moderne du mécanisme universel »), dans les conférences de Bergson à Édimbourg sur la personnalité : « ... la métaphysique obtenue par le croisement de la philosophie grecque antique, plus particulièrement la philosophie de l'esprit de Plotin, avec la conception moderne du mécanisme universel[73] ».

En revenant au texte de Bergson sur la philosophie française, quelques lignes plus bas, il affirme que « là est *une des marques de la philosophie française : si elle consent parfois à devenir systématique, elle ne fait pas de sacrifice à l'esprit de système* ; elle ne déforme pas à tel point les éléments de la réalité qu'on n'en puisse utiliser les matériaux de la construction en dehors de la construction même. Les morceaux en sont toujours bons[74] ».

À cause du caractère systématique de leur philosophie, Spinoza et Leibniz n'ont pas le « sens des réalités » qu'a, par contre, Descartes : « En 1912, dans la conférence sur "L'âme et le corps", reprise dans *L'énergie spirituelle*, Bergson reconnaît à Descartes un "sens des réalités" ("L'âme et le corps", dans *L'énergie spirituelle*, p. 40) qu'il refuse à Spinoza et à Leibniz. Rappelons seulement pour commencer, et nous placer immédiatement au point le plus singulier de cette affirmation, que chez Bergson l'expression la plus commune et apparemment la plus anodine ("avoir le sens des réalités") est souvent très précise et doit s'entendre littéralement. Ici la

72 *Cf.* « La philosophie française », in Bergson *Mélanges*, *op. cit.*, p. 1160-1161. *Cf.* également *Mélanges*, *op. cit.*, p. 758 : « il est aussi difficile de comprendre [...] les philosophes modernes en général si l'on ignore la philosophie antique ».

73 *Cf. Mélanges*, *op. cit.*, p. 1077.

74 *Cf. Mélanges*, *op. cit.*, p. 1161, souligné par moi.

compréhension littérale concentre l'attention sur le pluriel : l'avantage de Descartes sur Spinoza et Leibniz est, aux yeux de Bergson, de posséder le sens *des* réalités, c'est-à-dire le sens de *plusieurs* réalités (en fait, de *deux réalités*) : alors que Spinoza et Leibniz cèdent à la *logique du système*, précisément contraire au sens des réalités, et étendent le mécanisme à la totalité de l'univers matériel organisé et inorganisé pour conclure à la nécessaire réduction du mental au cérébral, Descartes se retient de prolonger le mécanisme universel – qu'il soutient pourtant par ailleurs – jusqu'à l'affirmation du parallélisme de l'âme et du corps, et sacrifiant la rigueur de sa doctrine "laisse un peu de place à la volonté libre" (*ibid.*)[75] ».

À l'opposé des systèmes, Bergson part toujours en philosophie de l'analyse d'un problème particulier qu'il aborde à travers l'expérience, l'observation, les faits : « Henri Bergson, l'un des plus grands philosophes français, n'a jamais procédé autrement qu'en partant de l'analyse d'un problème. Or, qu'il s'agisse par exemple de la question de la différence entre durée et espace [...], de la relation entre l'esprit et le corps [...], ou du rapport entre vie et matière [...], ces problèmes s'inscrivent dans un contexte spécifique[76] ».

Une différence essentielle de Bergson par rapport à Spinoza (et à tous les systèmes philosophiques) est la suivante : puisqu'il part de l'expérience et *s'arrête là où s'arrête l'expérience*, il conçoit la philosophie comme une œuvre modeste, collective et progressive, admettant des corrections, des compléments, des redressements, *portant chaque fois sur des problèmes précis, singuliers, et non sur l'univers, sur le tout de la réalité* (comme la science) : « Une philosophie de ce genre ne se fera pas en un jour. À la différence des systèmes proprement dits dont chacun fut l'œuvre d'un homme de génie et se présenta comme un bloc, à prendre ou à laisser, elle ne pourra se constituer que par l'effort collectif et progressif de bien des penseurs, de bien des observateurs aussi, se complétant, se corrigeant, se redressant les uns les autres[77] ».

75 *Cf.* Jean-Christophe Goddard, « La science moderne et la métaphysique de la vie dans le chapitre IV de *L'Évolution créatrice* », in A. François (éd.), L'Évolution créatrice *de Bergson*, Paris, Vrin, coll. « Études et commentaires », 2010, p. 307 ; souligné par J.-C. Goddard.

76 *Cf.* Paul-Antoine Miquel, « Note sur l'édition des œuvres de Bergson dans la collection GF », *in* Bergson, *La pensée et le mouvant*, présentation par P. Montebello et S. Miravète, Paris, GF-Flammarion, 2014, p. 7.

77 *Cf.* Bergson, *L'évolution créatrice*, *op. cit.*, p. X.

Une différence essentielle avec les systèmes, c'est qu'ils ont une réponse à tout, tandis que Bergson affirme avoir résolu certains problèmes, mais, comme il prend les problèmes un à un, il n'a pas de réponse à tout[78].

Toutefois, est-il vrai que la philosophie de Bergson est privée de systématicité ? Des philosophes comme Léon Brunschvicg préfèrent parler de « continuité de développement » à ce propos : « … la continuité de développement […] est essentielle au bergsonisme. Les ouvrages de M. Bergson, solidaires dans leur succession comme les parties d'une même symphonie, se répandent en ondes de plus en plus larges jusqu'aux sonorités d'un final de Beethoven. De l'*Essai*… aux *Deux Sources*, on a la joie de suivre un approfondissement et un enrichissement de l'expérience intérieure selon l'exigence de méthode que M. Bergson s'est prescrite à lui-même[79] ». Paul Ricœur dira quelque chose d'analogue à propos de Rousseau[80].

D'autres soutiennent que, « lorsque nous parlons tout de même du "système" de Bergson, ce langage ne se justifie qu'après coup, parce que nous connaissons le mouvement de l'œuvre. Le Roy, aussi, défend la méthode prospective : il a toujours protesté contre le schématisme des systèmes, et nous l'avons vu critiquer leur prétention à la déduction universelle. Pour lui, l'unité n'est pas derrière nous, dans des axiomes

78 *Cf.* sa lettre à Vl. Jankélévitch, le 25 décembre 1929, *in* Bergson, *Écrits philosophiques*, *op. cit.*, p. 783 : « … la méthode que j'ai toujours suivie et qui consiste à importer en philosophie l'habitude de considérer un à un, comme on le fait dans les sciences positives, des problèmes qu'on traite comme s'ils étaient indépendants les uns des autres ». *Cf.* aussi *ibid.*, p. 968 : « L'expression "vérité intégrale" est parfaitement légitime si vous l'employez à votre nom. Mais il me serait difficile de la prendre à mon compte, la philosophie que je présente ayant pour essence, comme je viens de le dire, de prendre les problèmes un à un et d'annoncer, en quelque sorte, qu'elle n'aura pas réponse à tout. Encore une fois, c'est là, si j'ose dire, ma principale innovation, une philosophie étant généralement considérée comme devant, au contraire, être un *système* et contenir, par conséquent, la solution au moins implicite de tous les problèmes. J'ai eu soin de dire que cette philosophie-ci admet et même appelle la collaboration comme la science » (texte tiré de l'entretien avec J. Chevalier du 13 juillet 1926, in *Entretiens avec Bergson*, Paris, Plon, 1959).

79 *Cf.* Léon Brunschvicg, *L'esprit européen*, Neuchâtel, Éditions de la Baconnière, coll. « Être et penser. Cahiers de Philosophie », vingtième cahier, mai 1947, p. 171.

80 *Cf.* Paul Ricœur, *Lectures 3. Aux frontières de la philosophie* (1994), Paris, Seuil, coll. « Points/Essais », 2006, p. 169 : « L'œuvre de Rousseau n'est donc pas sans unité ; mais cette unité n'est pas systématique ; elle est plutôt assurée par une *intention* qui colle au problème personnel de Rousseau et qui ne s'explicite que dans des œuvres disparates […]. J'ai sans doute donné moi-même une image trop systématique du *Rousseau* de Burgelin ; en près de six cents pages l'auteur a su nuancer et contrarier son exégèse ; mais en faisant crédit par principe à la cohérence de Rousseau » (souligné par P. Ricœur).

posés une fois pour toutes, mais devant, dans la convergence de plusieurs lignes de faits qui se recoupent seulement à l'horizon de la pensée ; le système n'est pas un corps de postulats, mais une limite, au sens dynamique du terme. Or, en pratiquant la méthode bergsonienne de critique du discours, en l'appliquant, sur des lignes simultanées, à la perception acquise, aux sciences, à la nécessité logique, etc., Le Roy constatera que son chemin rencontre, à un moment ou à un autre, celui de la tradition réflexive, en particulier chez Lachelier et Lagneau[81] ».

2/ Critique exercée par Bergson vis-à-vis des thèses et des théories particulières de Spinoza. Je me contenterai ici de me référer très succinctement à la critique adressée par Bergson à certaines thèses essentielles de Spinoza, en réservant des commentaires détaillés pour une étude exhaustive des rapports entre le philosophe français et l'auteur de l'*Éthique*.

a) Spinoza et Leibniz dénient à la durée toute action efficace, ce en quoi ils ont été suivis par « les successeurs immédiats de Kant » : « C'est du côté d'une intuition intemporelle que s'orientèrent les successeurs immédiats de Kant pour échapper au relativisme kantien. Certes, les idées de devenir, de progrès, d'évolution, paraissent occuper une large place dans leur philosophie. Mais la durée y joue-t-elle véritablement un rôle ? La durée réelle est celle où chaque forme dérive des formes antérieures, tout en y ajoutant quelque chose, et s'explique par elles dans la mesure où elle peut s'expliquer. Mais déduire cette forme, directement, de l'Être global qu'elle est supposée manifester, c'est revenir au Spinozisme. C'est, comme Leibniz et comme Spinoza, dénier à la durée toute action efficace. La philosophie post-kantienne, si sévère qu'elle ait pu être pour les théories mécanistiques, accepte du mécanisme l'idée d'une science une, la même pour toute espèce de réalité. Et elle est plus près de cette doctrine qu'elle ne se l'imagine[82] ».

b) La question de la nature et du surnaturel : Selon Spinoza, tout est nature, il n'y a qu'une seule nature (*Deus sive Natura*), il n'y a rien de surnaturel, il n'y a pas de miracles, etc. Chez Bergson, la nature est une notion secondaire par rapport à celle de vie – et encore plus par rapport au principe de la vie, qu'il appelle « pur vouloir » (dans *L'évolution créatrice*)

81 *Cf.* M. Jouhaud, « Édouard Le Roy, le bergsonisme et la philosophie réflexive : l'*Essai d'une philosophie première* », *Les Études bergsoniennes*, vol. V, 1960, p. 128-129.

82 *Cf.* Bergson, *L'évolution créatrice*, *op. cit.*, p. 361.

ou Dieu (plus tard, dans *Les deux sources de la morale et de la religion*) ; on peut dépasser la nature, rompre avec la nature. D'où les analyses de Bergson sur le surhumain ; le grand mystique est plus qu'homme ; tout grand mystique constitue une nouvelle espèce à un seul individu, etc. Dans *Les deux sources*, mais également ailleurs, il parle de divinisation ou de déification de l'homme ; il le dit constamment à propos des grands mystiques chrétiens et du Christ des évangiles. Par ailleurs, il affirme, à propos d'Auguste Comte aussi, que « la postérité verra dans son œuvre un puissant effort pour "diviniser" l'humanité[83] ».

c) La célèbre critique de l'idée du néant absolu dans le quatrième chapitre de L'évolution créatrice : Selon Bergson, sa « critique de l'idée de néant n'est nullement dirigée contre l'idée de Dieu, mais contre une conception telle que celle de Spinoza par exemple[84] ». Le philosophe français avait déjà affirmé cela dans sa première lettre au Père de Tonquédec, du 12 mai 1908 : « l'argumentation par laquelle j'établis l'impossibilité du néant n'est nullement dirigée contre l'existence d'une cause transcendante du monde : j'ai expliqué au contraire (p. 299-301 et 323 [de *L'évolution créatrice*]) qu'elle vise la conception spinoziste de l'être[85] ».

d) La critique adressée par Bergson à la théorie du parallélisme psycho-physique vise, parmi d'autres, Spinoza et Leibniz. À propos de cette théorie, Bergson affirme systématiquement qu'il s'agit d'une « pure hypothèse métaphysique[86] » ; plus précisément, il soutient que « l'hypothèse du parallélisme est une hypothèse non pas scientifique, mais métaphysique, qui remonte à Leibniz et Spinoza[87] », tandis qu'ailleurs il la décèle déjà chez Descartes, ayant auparavant trouvé

83 *Cf. Mélanges*, *op. cit.*, p. 1169.

84 *Cf.* « Notes de Bergson pour Adès », 10 mars 1918, in *Mélanges*, *op. cit.*, p. 1303.

85 *Cf. Mélanges*, *op. cit.*, p. 766. *Cf.* le commentaire de ce passage par A. François, dans son article « Ce que Bergson entend par "monisme". Bergson et Haeckel », in F. Worms et C. Riquier (dir.), *Lire Bergson*, Paris, P.U.F., coll. « Quadrige/Manuels », 2011, p. 125-126.

86 *Cf.* « Le parallélisme psycho-physique et la métaphysique positive », in Bergson, *Mélanges*, *op. cit.*, p. 496 : « Je reviens toujours à cette idée que la thèse du parallélisme est une pure hypothèse métaphysique, à laquelle incomberait en stricte justice l'*onus probandi* et qui sera réfutée *ipso facto*, au moins provisoirement, si l'on montre que tous les faits connus en suggèrent une autre ».

87 *Cf. ibid.*, p. 495-496, où Bergson enchaîne comme suit : « Le sens commun croit à une correspondance, c'est-à-dire à une relation entre le cerveau et la pensée, mais non pas à un parallélisme rigoureux. En ce sens, c'est plutôt aux partisans de ce parallélisme qu'incomberait l'*onus probandi* [...] Pour moi, c'est simplement la traduction, dans le langage propre à une science particulière, la physiologie, de cet universel mécanisme auquel ont cru les continuateurs de Descartes ».

une autre conception du parallélisme chez les Grecs[88]. Bergson affirme que, à travers « les continuateurs de Descartes », notamment Spinoza, l'hypothèse du parallélisme psycho-physique « et celle de l'épiphénoménisme (qui n'est qu'une diminution de la première)[89] » « a passé peu à peu à la science », ayant auparavant été adoptée par nombre de philosophes français (Condillac, Ch. Bonnet, La Mettrie, Cabanis et Taine), anglais (Hartley, Thomas Brown, James Mill) et allemands (Wolff et Wundt)[90].

Selon Arnaud François, « *Matière et mémoire* avait concentré sa critique autour de l'épiphénoménisme, qui lui semblait emporter également à ses yeux la doctrine leibnizienne de l'"harmonie préétablie". Mais il n'était pas encore fait mention du parallélisme psycho-physique de Spinoza. Cette discussion sera pour Bergson l'occasion d'y revenir, ouvrant une série de textes qui éclairciront la nature qu'il accorde à cette hypothèse, et qui, sans qu'il la confonde avec l'épiphénoménisme, lui serviront rétrospectivement à faire de *Matière et mémoire* une charge critique contre elle aussi : "Le cerveau et la pensée" (1904), "L'âme et le corps" (1912), dans *L'énergie spirituelle* (1919), et l'avant-propos de la 7e édition de *Matière et mémoire* (1911)[91] ».

e) *À propos de la religion ou plutôt du problème de Dieu, Bergson s'oppose avec vigueur au « Dieu des philosophes », car, en tant que première cause et force, ce Dieu n'a rien à faire avec le Dieu auquel on s'adresse lorsque l'on prie.* Selon le philosophe français, « le problème de Dieu est essentiellement un problème moral ; le Dieu de la religion, celui auquel s'adresse la prière, n'appelle directement que des attributs moraux[92] ». À propos de cette question, Bergson reprend – une fois n'est pas coutume – une distinction chère à Pascal : « Dieu lui-même livre combat à Dieu, lorsqu'un Blaise Pascal, au moment crucial de sa vie religieuse, nous somme de nous décider entre le Dieu de la tradition judéo-chrétienne et le Dieu d'une pensée universelle : "Dieu d'Abraham, Dieu d'Isaac, Dieu de Jacob, non des philosophes et des savants"[93] ».

88 *Cf.* « Histoire des théories de la mémoire », cours de Bergson au Collège de France, durant l'année universitaire 1903-1904, in *Mélanges*, *op. cit.*, p. 624-625.

89 *Cf. ibid.*, p. 625.

90 *Cf. ibid.*

91 *Cf.* la note 98 d'A. François, in Bergson, *Écrits philosophiques*, *op. cit.*, p. 315.

92 *Cf.* la lettre de Bergson à W. Monod, en 1927, in *Mélanges*, *op. cit.*, p. 1481.

93 *Cf.* Léon Brunschvicg, *Héritage de mots, héritage d'idées*, Paris, P.U.F., coll. « Bibliothèque de philosophie contemporaine », 1950, p. X.

Par ailleurs, dans sa lettre au P. J. de Tonquédec, du 20 février 1912, Bergson avait affirmé que de l'ensemble des considérations exposées dans ses trois premiers grands livres « se dégage nettement *l'idée d'un Dieu créateur et libre*, générateur à la fois de la matière et de la vie, et dont l'effort de création se continue du côté de la vie, par l'évolution des espèces et par la constitution des personnalités humaines[94] ».

Ghislain Waterlot a souligné que le troisième chapitre des *Deux sources de la morale et de la religion* « est sans doute l'un des chapitres les plus *elliptiques* de toute l'œuvre de Bergson[95] », notamment en ce qui concerne la mystique chrétienne[96] ; la question de l'existence historique ou l'inexistence du Christ[97] ; et la question de la nature de Dieu ; il se réfère surtout à la thèse de Bergson selon laquelle Dieu est une personne[98].

f) En décembre 1914, alors que la première guerre mondiale avait commencé, Bergson, dans son discours en séance publique de l'Académie des Sciences morales et politiques, s'oppose à Spinoza, sans le nommer, sur le point suivant : « On a dit que le dernier mot de la philosophie était : "comprendre et ne pas s'indigner". Je ne sais, mais si j'avais à choisir, j'aimerais encore mieux, devant le crime, m'indigner et ne pas comprendre. Fort heureusement, le choix n'est pas nécessaire. *Il y a des colères qui puisent, au contraire, dans l'approfondissement de leur objet, la force de se maintenir ou de se renouveler.* La nôtre est de celles-là. Dégageons la signification de cette guerre : nous n'en aurons que plus d'horreur pour ceux qui nous la font[99] ».

ÉLOGE DE SPINOZA

Toutefois, la critique adressée à Spinoza par Bergson tant concernant sa méthode et visant principalement son « système » que concernant certaines de ses thèses principales coexiste dans sa pensée – surtout si

94 *Cf. Mélanges*, *op. cit.*, p. 964 ; souligné par moi.

95 *Cf.* G. Waterlot, « L'ellipse : une difficulté majeure du troisième chapitre des *Deux Sources de la morale et de la religion* », *in* F. Worms et C. Riquier (dir.), *Lire Bergson*, *op. cit.*, p. 185.

96 *Cf. ibid.*, p. 186-195.

97 *Cf. ibid.*, p. 196-198.

98 *Cf. ibid.*, p. 198-200.

99 *Cf. Mélanges*, *op. cit.*, p. 1108 ; souligné par moi.

nous tenons compte de ses *Mélanges* et de ses *Correspondances* – avec la reconnaissance élogieuse de la grandeur de sa pensée.

En respectant l'ordre chronologique, nous constatons que, dans son « coup d'œil sur l'histoire des systèmes », dans le quatrième et dernier chapitre de *L'évolution créatrice*, en 1907, Bergson classe Leibniz et Spinoza (dans cet ordre, du moins initialement !) parmi les philosophes qui ont considéré la métaphysique comme une systématisation de la science. Il pense donc qu'ils ont suivi la direction des grands philosophes grecs selon l'argumentation suivante : « Artistes à jamais admirables, les Grecs ont créé un type de vérité suprasensible, comme de beauté sensible, dont il est difficile de ne pas subir l'attrait. Dès qu'on incline à faire de la métaphysique une systématisation de la science, on glisse dans la direction de Platon et d'Aristote. Et, une fois entré dans la zone d'attraction où cheminent les philosophes grecs, on est entraîné dans leur orbite[100] ». En effet, enchaîne Bergson, « ainsi se sont constituées les doctrines de Leibniz et Spinoza. Nous ne méconnaissons pas *les trésors d'originalité* qu'elles renferment. Spinoza et Leibniz y ont versé *le contenu de leur âme, riche des inventions de leur génie et des acquisitions de l'esprit moderne*. Et il y a chez l'un et chez l'autre, *chez Spinoza surtout, des poussées d'intuition qui font craquer le système*. Mais, si l'on élimine des deux doctrines *ce qui leur donne l'animation et la vie*, si l'on n'en retient que l'ossature, on a devant soi l'image même qu'on obtiendrait en regardant le platonisme et l'aristotélisme à travers le mécanisme cartésien. On est en présence d'une systématisation de la physique nouvelle, systématisation construite sur le modèle de l'ancienne métaphysique[101] ».

Nous rencontrons la même idée dans une lettre de Bergson à la comtesse Murat, le 27 mars 1912 : « Ce que vous m'écrivez de Spinoza s'accorde parfaitement avec ce que je pense moi-même. Son âme était plus vaste que son système, et son intellectualisme craque de toutes

100 *Cf.* Bergson, *L'évolution créatrice*, édition critique sous la direction de F. Worms, dossier critique par Arnaud François, Paris, P.U.F., coll. « Quadrige/Grands textes », 2007, p. 346.

101 *Cf. ibid.*, p. 346-347 ; souligné par moi. Dans une note (p. 515, note 206), A. François souligne ceci : « D'une manière un peu différente, on lit, dans le cours au Collège de France de 1904-1905 : "Leibnitz est un pur intellectualiste. Personne ne l'a jamais été plus, ni autant que lui ; il l'est plus que Spinoza, car Spinoza l'a été par un effort de volonté et il y a des passages de l'*Éthique*, surtout dans la dernière partie, où l'intellectualisme de Spinoza semble prêt de craquer en quelque sorte sous l'effet d'une poussée ou d'une pression intérieure, mais chez Leibnitz, nous ne trouvons rien de ce genre" ("L'évolution du problème de la liberté", leçon du 7 avril 1905, dactylogramme 16, p. 2) ».

parts sous la poussée d'une intuition qui n'est pas purement rationnelle. C'est ce que s'obstinent à ne pas voir la plupart des historiens de la philosophie[102] »

Notons, d'une part, que Bergson mettra également en relief la dimension intuitive de la philosophie de Descartes, de l'autre grand rationaliste du XVIIe siècle[103] ; d'autre part, il écrit ceci concernant Auguste Comte, sans toutefois parler dans son cas d'intuition : « le fondateur du positivisme, qui se déclara l'adversaire de toute métaphysique, eut une âme de métaphysicien, et la postérité verra dans son œuvre un puissant effort pour "diviniser" l'humanité[104] ».

Nous devons tenir compte du fait que Bergson trouve, comme il l'affirme dans une lettre à un correspondant américain, sans doute en 1913, « les germes de l'intuitionnisme, plus ou moins développés, dans la plupart des grandes doctrines philosophiques, bien que les philosophes se soient toujours efforcés de convertir leur intuition en dialectique. Mais ils furent des philosophes principalement grâce à leur intuition[105] ». Ce qui permet à Bergson de soutenir que la philosophie de Spinoza est caractérisée par des poussées d'intuition est la thèse fondamentale suivante : « Pour arriver au principe de toute vie comme aussi de toute matérialité, il faudrait aller plus loin encore. Est-ce impossible ? Non, certes ; l'histoire de la philosophie est là pour en témoigner. *Il n'y a pas de système durable qui ne soit, dans quelques-unes au moins de ses parties, vivifié par l'intuition.* La

102 *Cf.* Bergson, *Correspondances*, *op. cit.*, p. 449.

103 *Cf.* son message au congrès Descartes, en 1937, in *Mélanges*, *op. cit.*, p. 1577 : « cette doctrine [celle de Descartes], citée parfois comme le type même de la philosophie déductive, *est intuitive essentiellement* : intuitive au sens cartésien, qui est voisin du sens usuel, mais intuitive aussi au sens où certains prennent le mot aujourd'hui, puisque Descartes a parlé, sans lui donner un nom, d'une connaissance qu'on acquiert "en s'abstenant de méditer", "en usant seulement de la vie" ; telle serait, d'après une de ses lettres à la princesse Élisabeth, notre connaissance de l'union de l'âme au corps » ; souligné par moi. *Cf.* aussi « La philosophie française », in *Mélanges*, *op. cit.*, p. 1160, où Bergson se réfère à des « velléités d'intuition qu'on rencontre dans le cartésianisme lui-même ».

104 *Cf.* « La philosophie française », in Bergson, *Mélanges*, *op. cit.*, p. 1169.

105 *Cf. Mélanges*, *op. cit.*, p. 1030-1031 : « I find, more or less developed, the seeds of intuitionism in most of the great philosophic doctrines, although the philosophers have always tried to convert their intuition into dialectic. Yet it is chiefly in the former that they have been philosophers ». *Cf.* « Introduction à la métaphysique », in Bergson, *La pensée et le mouvant*, *op. cit.*, p. 224 : « les doctrines qui ont un fond d'intuition échappent à la critique kantienne dans l'exacte mesure où elles sont intuitives ; et ces doctrines sont le tout de la métaphysique, pourvu qu'on ne prenne pas la métaphysique figée et morte dans des *thèses*, mais vivante chez des *philosophes* » (souligné par Bergson lui-même).

dialectique est nécessaire pour mettre l'intuition à l'épreuve, nécessaire aussi pour que l'intuition se réfracte en concepts et se propage à d'autres hommes ; mais elle ne fait, bien souvent, que développer le résultat de cette intuition qui la dépasse[106] ». Ainsi s'explique peut-être le passage suivant de la lettre de Bergson à Vladimir Jankélévitch, en juillet 1928 : « Les rapprochements que vous faites entre certaines de mes vues et celles de Leibniz, de Spinoza, de Schopenhauer, sont tout à fait intéressants et instructifs. J'ai particulièrement remarqué le passage concernant Spinoza. Je crois vous avoir dit que je me sens toujours *un peu* chez moi quand je relis l'*Éthique* et que j'en éprouve chaque fois de la surprise, la plupart de mes thèses paraissant être (et étant effectivement dans ma pensée) à l'opposé du spinozisme[107] ». Selon F. Worms, il s'agit d'une « phrase proche de celle que l'on connaît mieux ("Tout philosophe a deux philosophies, la sienne et celle de Spinoza"), mais [qui est] doublement capitale : par l'indication d'une relecture fréquente, familière, intime, de l'*Éthique* ; par l'indication aussi d'un point supérieur de recoupement entre les deux philosophies, où l'on peut penser que Bergson chercherait à la fois un dépassement des thèses de Spinoza qu'il critique et une confirmation supérieure elle aussi de sa propre pensée[108] ».

En 1911, dans son célèbre texte « L'intuition philosophique », Bergson affirme, à propos de la fameuse question du rapport entre le contenu et l'exposition géométrique de l'*Éthique*, qu'il ne connaît « rien de plus instructif que le contraste entre la forme et le fond d'un livre comme l'*Éthique* : d'un côté ces choses énormes qui s'appellent la Substance, l'Attribut et le Mode, et le formidable attirail des théorèmes avec l'enchevêtrement des définitions, corollaires et scolies, et cette complication de machinerie et cette puissance d'écrasement qui font que le débutant, en présence de l'*Éthique*, est frappé d'admiration et de terreur comme devant un cuirassé du type Dreadnought ; – de l'autre, quelque chose de subtil, de très léger et de presque aérien, qui fuit quand on s'en approche,

106 *Cf.* Bergson, *L'évolution créatrice*, *op. cit.*, p. 239 (souligné par moi). Nous avons déjà vu plus haut que, lorsque Bergson affirme qu'il y a dans la philosophie de Leibniz et surtout dans celle de Spinoza « des *poussées* d'intuition qui font *craquer* le système », il ajoute aussitôt ceci : « Mais si l'on élimine des deux doctrines *ce qui leur donne l'animation et la vie*, si l'on n'en retient que l'ossature … » (*ibid.*, p. 346 ; souligné par moi).

107 *Cf.* Bergson, *Écrits philosophiques*, *op. cit.*, p. 781 (= *Mélanges*, *op. cit.*, p. 1487) ; souligné par moi.

108 *Cf.* Bergson, *Écrits philosophiques*, *op. cit.*, p. 879, note 76.

mais qu'on ne peut regarder, même de loin, sans devenir incapable de s'attacher à quoi que ce soit du reste, même à ce qui passe pour capital, même à la distinction entre la Substance et l'Attribut, même à la dualité de la Pensée et de l'Étendue. C'est, derrière la lourde masse des concepts apparentés au cartésianisme et à l'aristotélisme, l'intuition qui fut celle de Spinoza, intuition qu'aucune formule, si simple soit-elle, ne sera assez simple pour exprimer. Disons, pour nous contenter d'une approximation, que *c'est le sentiment d'une coïncidence entre l'acte par lequel notre esprit connaît parfaitement la vérité et l'opération par laquelle Dieu l'engendre*, l'idée que la "conversion" des Alexandrins, quand elle devient complète, ne fait plus qu'un avec leur "procession"[109] ».

Plusieurs années plus tard, en 1922, en réponse à l'enquête de C. Bourquin ayant comme thème *Comment doivent écrire les philosophes ?*, Bergson affronte d'abord la question « de la diversité des sens où le même mot est pris par des philosophes différents », qui était « pour beaucoup, une pierre de scandale », et ensuite le scandale suivant qui semble être encore plus grand : « le même mot pris dans des sens différents par le même philosophe ! » Or Bergson constate que « les philosophes qui ont le plus mérité ce reproche sont *les maîtres, ceux qui ont introduit des concepts nouveaux dans le monde de la pensée*[110] *: un Aristote, un Spinoza* ». Après avoir parlé, dans un premier temps, « des sens où Aristote prend le seul mot "puissance" », ainsi que les termes « acte », « matière » et « forme », il aborde le cas de Spinoza : « Tout le spinozisme repose sur la distinction de l'"essence" et de l'"existence". Or on pourrait écrire un livre (on l'a écrit effectivement) sur les sens variés, parfois à peine compatibles entre eux, que Spinoza donne à "essence" et à "existence" ». La constatation des faits est suivie par leur évaluation par Bergson : « Dira-t-on qu'il eût été préférable de remplacer chacun de ces termes par un certain nombre d'autres ? C'était impossible, car là où il y a le même mot, il s'agit bien, au fond, de la même chose. Si cette chose ne peut pas s'enfermer dans une formule,

109 *Cf.* « L'intuition philosophique », in Bergson, *La pensée et le mouvant*, *op. cit.*, p. 123-124.

110 Comment ne pas penser que nous avons ici, peut-être, une des sources de la célèbre thèse de Deleuze selon laquelle « un grand philosophe est celui qui crée de nouveaux concepts », d'autant plus qu'il la formule dans son premier texte sur Bergson, datant de 1956 : « Bergson, *1859-1941* », in Maurice Merleau-Ponty (éd.), *Les philosophes célèbres*, Paris, Éditions d'Art Lucien Mazenod, 1956, p. 292 ; repris in Gilles Deleuze, *L'île déserte et autres textes. Textes et entretiens 1953-1974*, édition préparée par David Lapoujade, Paris, Les Éditions de Minuit, coll. « Paradoxe », 2002, p. 28.

comme une courbe construite par notre esprit et définie par une équation, si le penseur a dû tourner autour d'elle et l'attaquer sur un grand nombre de points, la creusant tour à tour dans des directions variées et n'arrivant pas nécessairement à un centre, *c'est dommage pour une logique trop simple, mais non pour une pensée qui veut s'assouplir, s'élargir, se modeler sur la réalité.* Un immense effort a été tenté, un bel exemple nous a été donné : de loin, dans la mesure de nos forces, nous tâcherons de le suivre[111] ».

Quelques années après, en 1927, dans une lettre à Léon Brunschvicg, Bergson, s'excusant de ne pas pouvoir se rendre à La Haye, afin de « se joindre à ceux qui se réuniront pour honorer la mémoire de Spinoza », couvrira de louanges l'auteur de l'*Éthique* : « Spinoza est le penseur auquel *nous avons tous* voué, avec l'admiration la plus profonde, une pieuse reconnaissance. Ce n'est pas seulement parce qu'il a montré au monde, par l'exemple de sa vie, ce que la philosophie peut faire pour détacher l'âme de tout ce qui est étranger à son essence. C'est encore et surtout, parce qu'*il nous fait toucher du doigt ce qu'il peut y avoir d'héroïque dans la spéculation et ce qu'il y a de divin dans la vérité.* Aristote avait bien dit que "nous ne devons pas nous attacher, hommes, à ce qui est humain, mortels, à ce qui meurt ; nous devons, autant que cela est donné à l'homme, vivre en immortels"[112]. Mais il était réservé à Spinoza de montrer que la connaissance intérieure de la vérité coïncide avec l'acte intemporel par lequel la vérité se pose, et de nous faire "sentir et éprouver notre éternité". C'est pourquoi nous avons beau nous être engagés, par nos réflexions personnelles, dans des voies différentes de celle que Spinoza a suivie : *nous n'en redevenons pas moins spinozistes, dans une certaine mesure, chaque fois que nous relisons l'*Éthique, parce que nous avons l'impression nette que *telle est exactement l'attitude où la philosophie doit se placer, telle est l'atmosphère où réellement le philosophe respire.* En ce sens, on pourrait dire que *tout philosophe a deux philosophies : la sienne et celle de Spinoza*[113] ».

À propos du terme « atmosphère » employé dans ce passage, notons que Bergson dira quelque chose d'analogue à propos de la philosophie grecque : « Ce qui m'a toujours attiré vers les philosophes grecs, c'est l'*atmosphère* qu'ils ont créée et qui me paraît être celle où la philosophie

111 *Cf.* Bergson, *Correspondances*, *op. cit.*, p. 1002-1003 ; souligné par nous. *Cf.* aussi quelques lignes plus loin : « là où le mot comporte des acceptions variées, cela tient généralement, comme dans les cas que nous venons d'examiner, à des causes profondes ».

112 *Cf. Éthique à Nicomaque*, X, 4, 1177 b 30.

113 *Cf.* Bergson, *Mélanges*, *op. cit.*, p. 1482-1483 ; souligné par moi.

doit vivre ; avec eux je me sens à mon aise. En revanche, je suis séparé d'eux par la conviction que la perfection n'est pas un état ni une chose, mais une création continue[114] ». Signalons aussi ce que Bergson dit de Descartes (ainsi que de Francis Bacon) en 1937 : « Dans la salle close, dans l'atmosphère pesante où discutent ensemble les professionnels de la pensée, il fut l'amateur de génie qui survient sans en avoir été prié, ouvre toutes grandes les portes et les fenêtres, appelle l'air et la lumière, invite et oblige à respirer librement. Le lord chancelier Francis Bacon avait déjà fait quelque chose de ce genre. Descartes donna le grand exemple[115] ».

Par ailleurs, on a fait remarquer que « Bergson retrouve ici, sans les connaître, les métaphores nietzschéennes : altitude, cimes, atmosphère, pensée conçue comme respiration dans les hauteurs[116] ».

Il est à souligner qu'Édouard Le Roy dit, à propos de la philosophie de Bergson, à peu près ce que ce dernier disait à propos de Spinoza : il « n'hésite pas à dire que le bergsonisme, considéré dans sa méthode, dans son mouvement, "n'est pas tant *une* philosophie particulière que *la* philosophie elle-même… Partout dans l'histoire on la retrouve sous-jacente, qui circule sourdement. Tous les grands philosophes l'ont pressentie et pratiquée à l'heure de l'invention. Il est arrivé seulement qu'en général on ne s'en est pas bien rendu compte, et aussi qu'on a bientôt dévié…" » (Éd. Le Roy, *Une philosophie nouvelle : Henri Bergson*, Paris, Alcan, 1912, p. 21)[117] ». Par ailleurs, « Teilhard de Chardin a dit en substance qu'il avait puisé dans le Bergsonisme un stimulant et un climat[118] ».

Yannis PRELORENTZOS
Université de Ioannina

---

114 *Cf.* sa lettre à Ch. Werner, le 31 mai 1939, in *Correspondances*, *op. cit.*, p. 1626 ; souligné par Bergson.

115 *Cf.* le message de Bergson au congrès Descartes de 1937, in *Mélanges*, *op. cit.*, p. 1579.

116 *Cf.* Henri de Monvallier, « Bergson hanté par Spinoza », in Camille Riquier (dir.), *Bergson*, Paris, Cerf, 2012, p. 305.

117 *Cf.* Michel Jouhaud, « Édouard Le Roy, le bergsonisme et la philosophie réflexive : l'*Essai d'une philosophie première* », *Les Études bergsoniennes* (Paris, P.U.F.), V, 1960, p. 91-92 ; souligné par Éd. Le Roy.

118 *Cf.* Madeleine Madaule-Barthélemy, « Introduction à un rapprochement entre Henri Bergson et Pierre Teilhard de Chardin », *Les Études bergsoniennes*, V, 1960, p. 84.

LA MORT DE SPINOZA SELON LUCAS ET SES ENJEUX PHILOSOPHIQUES

La gloire en tant que définition génétique du salut

Afin qu'ils contemplent ma gloire.
Jean 17:24.

Le titre de ce texte reprend celui d'une étude que Jean-Marie Beyssade a publiée en 2001, « La mort de Descartes selon Baillet. Du récit édifiant à ses composantes philosophiques[1] ». Beyssade a trouvé, sous le genre commun qui imposait des règles strictes aux récits de la mort des personnages illustres à l'âge classique, des éléments qui individualisent la narration qu'Adrien Baillet nous a laissée de la mort de Descartes au chapitre 21 du livre VII de *La Vie de Monsieur Descartes*[2]. En admettant que son texte ne soit qu'« une reconstruction qui est à sa manière une œuvre de l'imagination[3] », Beyssade prétend néanmoins montrer que la familiarité de Baillet avec la doctrine cartésienne, bien évidente tout au long de son exposé, nous permet de conclure qu'il nous a livré, à travers les derniers mots de Descartes enregistrés par lui, « l'ultime nom divin » du cartésianisme, « le nom pour les agonisants que l'on ne trouve nulle part ailleurs dans les écrits du philosophe : "souverain arbitre de la vie et de la mort"[4] ». En fait, selon le récit de Baillet, Descartes a cru qu'un Dieu directement trompeur avait fait qu'il ne puisse pas comprendre tout de suite la gravité de la maladie dont il était victime (une « inflammation de poumon », selon Baillet[5]). Avec

1 In : *Études sur Descartes*. Paris, Éditions du Seuil, 2001, p. 365-387.
2 Adrien Baillet, *La Vie de Monsieur Descartes*, Hildesheim, Olms, 1972.
3 Beyssade (2001), p. 385.
4 Beyssade (2001), p. 376 ; Beyssade renvoie à Baillet (1972), p. 420.
5 Baillet (1972), p. 415.

obstination, il a refusé les conseils du médecin de la reine Christine, surtout l'avis de lui faire la saignée ; avis contre lequel il a réagi avec une aversion semblable à l'erreur de la nature qui avait produit l'envie de boire chez l'hydropique de la *Sixième Méditation*[6]. Une fois qu'il a perçu son illusion, Descartes a pu expliquer cette erreur, nous raconte Baillet[7], à travers une interprétation surprenante : selon lui, l'union du corps et de l'âme dont il était composé avait été induite en erreur par un *Deus deceptor* qui voulait pourtant que le moment de désabusement fût aussi une manière de ramener à Lui, sans résistance, son âme enfin séparée du corps. On aurait ici, selon Beyssade, une dernière formulation théologico-philosophique du cartésianisme qui pourrait, selon toute apparence de vérité, être attribuée à Descartes lui-même.

Nous essayerons ici de répéter, jusqu'à un certain point au moins, le procédé utilisé par le texte de Beyssade mais en le projetant cette fois-ci sur les biographies de Spinoza écrites au XVIIe siècle. En particulier, nous interrogerons la plus ancienne de toutes ces biographies, à savoir *La vie de feu Monsieur de Spinosa*, apparue sans nom d'auteur, mais qui est vraisemblablement l'œuvre du libraire et journaliste huguenot français, exilé en Hollande, Jean-Maximilien Lucas[8]. De même que Beyssade a pu retrouver, dans la narration traditionnelle de Baillet sur la mort de Descartes, des éléments philosophiques et théologiques insoupçonnés, on pourrait reconnaître des indices d'une réflexion semblable dans le récit de

---

6 Beyssade (2001), p. 372.

7 Baillet (1972), p. 420.

8 Nous utilisons ici l'édition de Bernard Pautrat dans l'Appendice de sa traduction de l'*Éthique*, sous le titre *La Vie de M. Benoît de Spinoza* (Paris, Éditions du Seuil, 1999), p. 601-626 (dorénavant référé comme *La Vie…*). Les citations de l'*Éthique* suivront aussi la traduction de Pautrat. Sur l'attribution de cette biographie à Lucas, *cf.* K. O. Meinsma, *Spinoza et son cercle* (Paris, Vrin, 2006), p. 18-22 (particulièrement la note 3, p. 18, de l'éditeur du volume) ; Piet Steenbakkers, *Spinoza's Ethica from manuscript to print : studies on text, form and related topics* (Assen, Van Gorcum, 1994), p. 10, note 1. La date de composition de cette biographie oscille entre 1678, donc un an après la mort de Spinoza, et 1688. Elle a été publiée pour la première fois en 1719 dans les *Nouvelles littéraires contenant ce qui se passe de plus considérable dans la République des lettres* (Amsterdam, H. Du Sauzet, vol X, p. 40-74 (quelques années avant, Lucas lui-même avait été l'éditeur de ce magazine). Le texte a été publié la même année dans un volume qui contenait aussi *L'Esprit de M. Benoit de Spinosa*, sous le titre *Traité des trois imposteurs* (ce dernier volume-là fut publié par Charles le Vier à Amsterdam). Dû au scandale qui a suivi la publication de ces textes, les exemplaires ont été presque tous détruits ; sur l'histoire des éditions successives de *La vie…* et la localisation des volumes qui ont survécu, *cf. The Oldest Biography of Spinoza*, édité et traduit par A. Wolf (London, George Allen & Unwin Ltd., 1927), p. 28-29.

Lucas, identifiable sous les règles d'un genre qu'on pourrait appeler « la mort du philosophe » ou « la mort de l'athée » – un genre qui, d'ailleurs, trouve dans la mort de Spinoza un de ses événements canoniques[9]. En fait, il y a quelques similitudes non négligeables entre les récits de Baillet et de Lucas, la plus significative pour notre propos étant le fait que les deux ont essayé, dans une certaine mesure, d'intégrer à leurs narrations la théorie, ou au moins un certain vocabulaire de l'auteur dont ils racontent la vie. Mais, au-delà de ces similitudes, on ne doit pas oublier les divergences qui les distinguent. D'abord, Lucas ne nous donne *presque* aucun renseignement sur l'interprétation que Spinoza aurait pu donner de l'approche de sa propre mort[10]. Il est vrai que, alors que Descartes a eu deux jours pour méditer sur sa mort imminente[11], celle de Spinoza a apparemment frappé de façon beaucoup plus inattendue[12], ne lui laissant pas le temps pour y réfléchir. Il n'est donc pas surprenant que, au contraire de ce qui arrive dans la biographie de Baillet, la proximité de la mort ne soit pas l'objet d'un regard minutieux de la part de Lucas. Cependant, même en comparaison à d'autres biographies de Spinoza publiées entre la fin du XVIIe et le début du XVIIIe siècles, le récit de Lucas est particulièrement parcimonieux sur les faits entourant la mort du philosophe. Une autre divergence distingue Lucas de Baillet de façon décisive : le premier se présente ouvertement comme un disciple fidèle de Spinoza[13] et dès le début de son texte il adopte un

9 Le canon spinoziste a été établi, entre autres, par Pierre Bayle – *cf.* ses *Pensées diverses sur la comète*, Tome Second (Amsterdam, Meinard Uytwerf, 1749), § CLXXXI, p. 374-375 (première édition en 1680, seulement trois ans après la mort de Spinoza).

10 Cela ne veut pas dire, on le verra, qu'il ne nous en donne aucune piste.

11 « La mort de Descartes survient au terme d'une maladie de neuf jours, que Baillet divise en deux périodes : une semaine pleine où le malade, aveugle sur son état, refuse le traitement salutaire ; deux jours de lucidité où le malade, désaveuglé, se prépare à la mort » (Beyssade (2001), p. 367). Le texte de Beyssade porte sur le moment de transition entre ces deux périodes.

12 Diverses biographies de Spinoza insistent sur ce point : même si Spinoza a pu bien comprendre le sérieux de sa maladie, en prenant des précautions sur le destin de ses ouvrages, il ne semblait pas être assez averti de la proximité de la fin de sa vie au jour même où elle a eu lieu. Il faut consulter notamment Johann Köhler (mieux connu par son nom latinisé Colerus), *La vie de B. de Spinoza, tirée des écrits de ce fameux philosophe et du témoignage de plusieurs personnes dignes de foi qui l'ont connu particulièrement* (La Haye, T. Johnson, 1706). Voir aussi la lettre de Schuller à Leibniz où il lui communiquait la mort récente de Spinoza (« *Videtur autem quod inexpectata mortis debilitate præventus sit…* » – *Leibniz – Akademie Ausgabe* – AA 2 :1, 304).

13 En 1735, une nouvelle édition de *La Vie…* de Lucas, en supprimant *L'Esprit…*, est sortie à Hambourg, sous le titre *La Vie de Spinoza par un de ses Disciples.*

fort accent hagiographique (il est destiné à « ceux qui n'aiment que la vérité[14] », en finissant avec grandiloquence : « Baruch de Spinoza vivra dans le souvenir des vrais Savants, et dans leur esprit, qui est le temple de l'immortalité[15] »). Baillet, lui, même s'il manifeste sa sympathie envers l'objet de sa narration, au point même d'employer certains des concepts forgés par Descartes pour en décrire la vie, se maintient à une distance protocolaire de son personnage.

Ces deux différences entre les récits de Baillet et de Lucas nous imposeront un double éloignement par rapport au procédé adopté par Beyssade dans son texte : d'abord, une distance méthodologique, dans la mesure où il ne s'agira pas ici de reconduire le texte de Lucas à sa singularité propre[16], en l'opposant à d'autres récits de la mort du philosophe. Ou, s'il s'agit ici d'une sorte de singularité, ce n'est pas celle qui est liée à une quelconque habileté du biographe à rester fidèle aux concepts forgés par Spinoza, mais plutôt celle qui est attachée à une certaine représentation du « personnage » Spinoza, même si cela se fait *malgré Lucas*, c'est-à-dire même si cette représentation relève d'un fond idéologique qui était partagé de façon plus ou moins inconsciente par les disciples de Spinoza au moment de sa mort. Ensuite, une seconde distinction au regard du texte de Beyssade se rapporte aux desseins généraux de notre investigation : on n'essayera pas de « reconstruire », pas même par une « œuvre de l'imagination », quelle serait la pensée de Spinoza sur la mort – et sur *sa* mort – dans les jours qui l'ont précédée. Il s'agira plutôt de montrer que le texte de Lucas peut être à la fois 1- un *symptôme* de la façon selon laquelle le « cercle spinoziste » se représentait ses relations avec son « maître[17] » – ou, plus précisément encore, un signe de la façon selon laquelle Lucas *a imaginé cette communauté* – et, en même temps, 2- un moyen ou un *instrument* qui peut nous aider à mieux comprendre quelques éléments centraux de la conception que Spinoza lui-même avait de la mort, notamment telle qu'elle est formulée

14 *La Vie...*, p. 603.

15 *La Vie...*, p. 626. Cette attitude admirative contraste avec la narration de Colerus, à partir de son déménagement à La Haye en 1693 pour occuper le poste de prédicateur, où il a habité dans la même chambre que Spinoza avait occupée un jour.

16 Tel était le but déclaré de Beyssade : au contraire de ce que font ordinairement les historiens, il ne veut pas « sacrifier la singularité » du récit de Baillet ; il s'agit en revanche de relever « des éléments spécifiques, qui individualisent ce récit de mort entre beaucoup d'autres ». Beyssade (2001), p. 365-366.

17 À ce propos, un document précieux est la Préface aux œuvres posthumes.

dans l'*Éthique*. De ce point de vue, le récit de Lucas se révèlera plus intéressant que d'autres biographies plus ou moins contemporaines de la sienne, en particulier celle de Colerus, généralement considérée par les commentateurs comme étant plus exacte et plus fiable que celle du « jacobin » Lucas[18]. Les « déformations » peuvent, quelquefois, être plus significatives que les représentations « fidèles » – surtout dans ce cas, où il s'agit (comme nous le verrons par la suite) de montrer que la passion dominante dans la narration de la mort de Spinoza que nous offre Lucas est la gloire, un sentiment qui enveloppe justement l'opinion que les gens qui nous entourent ont de nous.

Dans les paragraphes finaux de sa biographie, dédiés à la mort de Spinoza, Lucas ne nous fournit pas beaucoup d'informations sur les événements qui se sont passés dans les derniers jours de sa vie[19] – le contraste avec la richesse des détails donnés par Colerus est peut-être plus frappant ici qu'en quelque autre part de ses récits. La plus grande partie du texte de Lucas se limite à faire une apologie du philosophe, avec un ton grandiose qui monte progressivement jusqu'à une conclusion

---

18 Sur les fautes attribuées à la biographie composée par Lucas, *cf.* la note des éditeurs de la traduction française de l'œuvre de Meinsma (Meinsma (2006), p. 19, n. 3), où sont retracées les différentes réceptions de la biographie de Lucas parmi d'autres biographes de Spinoza ; des plus favorables comme celle de Carl Gebhardt aux plus critiques comme celle de Madeleine Francès. Cette dernière met en doute la réalité même « des relations proches entre le philosophe et son biographe » (Francès, « Un gazetier français en Hollande : Gabriel de Saint-Glen traducteur de Spinoza », *Revue des Sciences Humaines*, LXXIX (1955), p. 407-420, et *Spinoza dans les pays néerlandais* (Paris, 1937)). Voir aussi Piet Steenbakkers, *Spinoza's Ethica from manuscript to print. Studies on text, form and related topics* (Assen, Van Gorcum, 1994), p. 10, note 1 (« On the whole, [...] the information contained in this biography [*c.-à-d., celle de Lucas*] tends to be uncritical, vague and anecdotic »). Voir aussi Jonathan Israel, *Radical Enlightnement. Philosophy and the Making of Modernity 1650-1750* (Oxford, Oxford University Press, 2001), p. 306 : « [...] *Lucas' not particularly impressive biography of Spinoza, unreliable in detail and excessive adulatory in tone* » (Israel reconnait ensuite que ces faiblesses ne font pas que cet écrit manque en force idéologique : « *Mediocre as a piece of scholarship, it is a work which could not fail to bolster the image of Spinoza in French culture, and hence eighteenth-century Europe more generally as the almost superhuman "virtuous atheist"and "saint" of the* esprits forts... » (et il faudrait étudier la première réception de *La Vie...* dans le milieu huguenot radical en Hollande à la fin du XVIIe et au début du XVIIIe siècles, dans lequel le monisme spinoziste a été interprété comme un matérialisme athée). D'une certaine façon, c'est aussi sous l'angle politique qu'on va aborder *La Vie...*, bien que selon d'autres préoccupations que celles du matérialisme et de l'athéisme.

19 L'information la plus intéressante est peut-être une description physique de Spinoza.

apothéotique. La propagande ou la mythologie de l'athée vertueux essaye de créer une ambiance sublime autour de sa mort héroïque (par exemple, quand il suggère que la cause prochaine de son décès est « la malignité d'une petite fièvre lente, qu'il avait contractée dans ses méditations[20] », ce qui, d'un côté, fait de Spinoza quelqu'un qui, comme le Christ, a offert sa vie au nom de la félicité des hommes – et, de l'autre, fait de l'auteur de la biographie l'apôtre de ce nouvel « évangile selon Lucas »). C'est dans le contexte de cette histoire panégyrique de Spinoza que Lucas utilise le concept de gloire pour articuler la progression de son apothéose :

> La sobriété, la patience et la véracité n'étaient que ses moindres vertus. Il a eu le bonheur de mourir *au plus haut point de sa gloire*, sans l'avoir souillée d'aucune tache ; laissant au monde sage et savant le regret de se voir privé d'une lumière qui ne lui était pas moins utile que la lumière du soleil[21].

Les « ennemis » de Spinoza, continue Lucas, lui préparaient une « tempête » que la mort a pu éviter :

> Notre Philosophe est donc bien heureux, non-seulement *par la gloire de sa vie*, mais par les circonstances de sa mort, qu'il a regardée d'un œil intrépide, ainsi que nous le savons de ceux qui y étaient présents, comme s'il eût été bien aise de se sacrifier pour ses ennemis, afin que leur mémoire ne fût point souillée de son parricide[22].

Il n'est pas nécessaire de souligner ici le fort élément rhétorique contenu dans le récit de Lucas, lequel vise le scandale social d'un athée qui mourrait sans aucun regret[23] ; il suffit de remarquer que, devant la

20 *La Vie...* (édition de Bernard Pautrat. Paris, Éditions du Seuil, 1999, p. 624)

21 *Idem*, p. 625 ; italiques rajoutées par moi.

22 *Idem*, *ibidem* ; italiques rajoutées par moi.

23 Bayle, dans l'œuvre citée ci-dessus, avait déjà enregistré avec surprise le « cas Spinoza » : même dans le contexte de sa défense de l'« athée vertueux », Bayle ne pouvait qu'exprimer son étonnement devant la façon selon laquelle Spinoza se comportait en face de sa mort. Si les « païens » anciens ont vécu leur propre mort avec courage, c'était sans doute à cause « du goût qu'ils s'étoient fait pour une certaine sorte de gloire » (*cf.* §. CLXXIX. « Qu'un Athée peut être avide de gloire et de louange », p. 367), le même ne semble pas être vrai de l'auteur de l'*Éthique* : « Mais que peut-on faire de plus de ce qui fut fait par Spinoza, un peu avant que de mourir ? La chose est de fraîche date, & je la tiens d'un grand homme, qui la fait de bonne part. C'étoit le plus grand Athée qui ait jamais été... » (Bayle, *idem*, *ibidem*). Comme il était impossible de douter de la véracité du récit, dès qu'il avait été fait par « un grand homme », et comme Spinoza n'avait pas, apparemment, la

gloire de Spinoza, et faute de pouvoir « l'imiter » et « marcher sur ces traces », les hommes savants doivent au moins, selon son biographe, faire de lui l'objet d'« admiration » et de « louange ». L'apologie de Spinoza par Lucas finit par la conjugaison entre « gloire » et « immortalité » :

> La plupart de ceux qui ont vécu dans l'obscurité *et sans gloire*, demeureront ensevelis dans les ténèbres et dans l'oubli. BARUCH DE SPINOZA vivra dans le souvenir des vrais Savants, et dans leur esprit, qui est le temple de l'immortalité[24].

On comprend bien pourquoi Lucas a dû mettre l'accent sur la vie glorieuse de Spinoza, au moment même où il racontait sa mort : sa tentative – d'ailleurs, bien réussie du point de vue politique – d'ériger un monument à l'« athée vertueux » ne lui laissait presque pas d'autres options narratives. Mais on peut se demander jusqu'à quel point la « gloire » que Lucas revendiquait pour le philosophe est un reflet plus ou moins conscient de la conception que Spinoza lui-même avait de ce thème éminemment théologico-philosophique (la gloire, ne l'oublions pas, est d'abord, et dans les Écritures et dans le spinozisme, une propriété divine). La connexion entre gloire (humaine) et vertu éthique a été traitée à plusieurs reprises dans les œuvres de Spinoza (Lucas en connaissait sans doute quelques-unes). Mais, à première vue, il peut sembler que la conception de la gloire mobilisée par Lucas ne corresponde pas au traitement que Spinoza en donne – ou, ce qui serait encore pire, qu'elle ne corresponde qu'à la conception de la gloire comme un vice (« vaine gloire[25] »), et non pas comme une vertu du sage.

Au début du *Traité de la réforme de l'entendement*, on apprend que la gloire n'est pas, en soi-même, mauvaise : « le gain d'argent ou le plaisir ou la gloire font du tort tant qu'on les recherche pour eux-mêmes et non comme moyens en vue d'autres choses[26] » ; au contraire, en les prenant

---

même inclination que les anciens pour « une certaine sorte de gloire », il ne restait à Bayle qu'à caractériser Spinoza comme un obstiné (« tellement infatué de certains principes de Philosophie »), victime de la « folle passion » de la « vanité la plus ridicule » et « outrée » (c'est-à-dire, d'une *vaine gloire*). La solution médicale, psychologique fournie par Bayle vient remplir l'absence d'autres explications pour cette « anomalie sauvage ».

24 *La Vie...*, p. 626.

25 *E*4p58s.

26 *Spinoza – Œuvres I. Premiers écrits*. Traduction de Michelle Beyssade (Paris, PUF, 2009), p. 71.

pour des moyens, non seulement ils ne sont pas mauvais, mais peuvent même contribuer à l'obtention de la vertu[27]. Cependant, si la recherche de la gloire n'est pas exclue de la quête des vrais biens, elle peut devenir la forme même de l'aliénation. C'est cette gloire immodérée que la Partie III de l'*Éthique* caractérise comme « ambition de gloire » : d'un côté, la gloire y est définie comme « une joie qu'accompagne l'idée d'une de nos actions dont nous imaginons que d'autres la louent[28] » – en ce sens, elle est, ainsi que toute joie, une augmentation de notre perfection ; d'un autre côté, en revanche, « l'ambition est le désir immodéré de la gloire ». Cette absence de modération est caractérisée précisément par le fait que la recherche de la gloire devient une fin en soi-même (c'est-à-dire, elle est l'effort de faire quelque chose « *pour la seule cause* de plaire aux hommes[29] »). En outre, l'ambition a le pouvoir de renforcer tous les autres affects, en les soumettant à une dynamique obsessionnelle qui fait qu'ils peuvent à peine être surmontés[30].

C'est à ce moment-là que Spinoza cite la critique de Cicéron vis-à-vis de la ruse de ceux qui maudissent la gloire pour mieux être glorifiés eux-mêmes : « Les meilleurs sont au plus haut point menés par la gloire. Même les philosophes, en tête des livres qu'ils écrivent pour inciter à mépriser la gloire, inscrivent leur nom, etc.[31] ». Or, c'est cette gloire liée à la préservation de la mémoire de l'auteur d'une œuvre dans sa postérité, à la production d'une dynastie, qui semble être revendiquée par Lucas *au nom* de Spinoza – et c'est précisément cela qui est repoussé par le philosophe lui-même, comme le fait remarquer la Préface des œuvres posthumes[32], publiées quelques mois après la mort de Spinoza,

---

27 Voir aussi *E4*p58 et *E5*p10s.

28 *E3*, Définitions des Affects, XXX. Traduction de Bernard Pautrat (Paris, Éditions du Seuil, 1999).

29 *E3*p29s ; souligné par moi.

30 *E3*, Définitions des Affects, XLIV, Explication.

31 *Oratio pro archia poeta*, chapitre XI. Cicéron est mobilisé pour illustrer le pouvoir de l'ambition (un affect, nous dit Spinoza, qui « peut à peine être surmonté » – *E3*, Définitions des Affects, XLIV, Explication). Voir aussi *E5*p10s.

32 « The Preface to Spinoza's Posthumous Works ». In : Fokke Akkerman, *Studies in the Posthumous Works of Spinoza, Earliest Translation and Reception, Earliest and Modern Edition of Some Texts* (Gronigen : Rijksuniversiteit te Gronigen, 1980), p. 219 : « Dicit etenim in Appendice quartæ partis Ethices capite vigesimo quinto, quòd, *qui alios consilio, aut re juvare cupiunt, ut simul summo fruantur bono, minimè studebunt, ut Disciplina ex ipsis habeat vocabulum* ; sed insuper in tertiâ Ethices parte Affectuum Definit. XLIV. ubi quid sit ambitio explicat, eos, qui tale quid patrant, non obscurè, ut Gloriæ cupidos, accusat ».

au moment d'expliquer son titre caractéristique, un moyen terme entre l'anonymat et la publicité : *B.D.S Opera posthuma*. En fait, la Préface mentionne non seulement la citation de Cicéron dans la Partie III de l'*Éthique*, mais aussi le Chapitre XXV de l'Appendice de la Partie IV, selon lequel l'ambition de « plaire aux hommes », en tant qu'elle naît de l'affect et non pas de la raison, a pour but de « les jeter dans l'admiration, *pour avoir une discipline à son nom*[33] ».

Est-ce qu'il ne serait pas possible pourtant de lire l'éloge fait par Lucas en l'interprétant, au contraire, comme l'attribution à Spinoza du but de « plaire aux hommes » *menés par la raison* – c'est-à-dire, de lui attribuer la vertu qui s'appelle, dans le vocabulaire de l'*Éthique*, la modestie[34] ? Ou encore, en d'autres termes, le « temple de l'immortalité » auquel Lucas fait référence ne pourrait-il pas avoir un lien avec la « partie éternelle de l'esprit » enveloppée dans la béatitude, telle qu'elle est décrite dans la Partie V de l'*Éthique* ?

On sait que la gloire est un des affects les plus importants qui figurent dans l'investigation au sujet de l'amour intellectuel de Dieu menée par Spinoza dans la Partie V ; le Scolie de la proposition 36 exprime la conclusion de cet examen :

> Nous comprenons par là clairement en quoi consiste notre salut, ou béatitude, ou Liberté, à savoir dans un Amour constant et éternel envers Dieu [*constanti, & æterno erga Deum Amore*], autrement dit [*sive*] dans l'Amour de Dieu pour les hommes [*Amore Dei erga homines*]. Et c'est cet Amour ou béatitude qu'on appelle Gloire dans les livres Sacrés [*in Sacris codicibus*], et non sans raison.

La dialectique qui commence dans la proposition 19 (« Qui aime Dieu ne peut faire effort pour que Dieu l'aime en retour ») s'achève ici par l'identification entre l'amour des hommes pour Dieu et l'amour de Dieu pour les hommes. Or, la « vie glorieuse » que Lucas attribue à Spinoza pourrait bien être cette gloire éternelle, ce qui expliquerait l'attitude du philosophe

---

Selon Akkerman, l'auteur de la Préface, écrite en néerlandais, est, très probablement, Jarig Jelles et son traducteur en latin semble être Louis Meyer, deux amis proches du philosophe, appartenant au centre du « cercle spinoziste ».

33 Italiques rajoutées par moi. Voir, pour la définition spinoziste de l'admiration, *E*3, Définitions des Affects, Définition IV : « L'admiration est l'imagination d'une chose en quoi l'Esprit reste fixé, à cause que cette imagination singulière n'est pas du tout enchaînée aux autres ».

34 *E*4App, Chapitre XXV.

devant sa mort qu'il a « regardée d'un œil intrépide » – et on sait, dès la Partie IV de l'*Éthique*, que « l'homme libre ne pense à rien moins qu'à la mort, et sa sagesse est une méditation non de la mort, mais de la vie[35] ».

Mais la distinction entre gloire passionnelle/imaginative et gloire rationnelle/intuitive n'est pas aussi simple qu'il pourrait le sembler à première vue. Bien au contraire, l'exigence de réciprocité à l'intérieur de la relation entre l'homme et Dieu introduit, dans le système spinoziste, le péril de le faire retomber dans l'anthropocentrisme, ardemment combattu dès l'Appendice de la Partie I de l'*Éthique*. Les commentateurs ont perçu cette menace, ce qui les a conduit à proposer diverses interprétations pour la conjurer. Ainsi, contre l'affirmation de Spinoza dans le scolie de la proposition 36 d'*Éthique* V selon laquelle il n'y a pas vraiment de différence entre satisfaction intérieure et gloire intuitive, Alexandre Matheron répond : « Le malheur, c'est qu'il y a, en réalité, une différence » : la gloire étant une modalisation de l'amour-propre, l'état d'âme qui lui correspond est celui où nous nous réjouissons de la joie d'autrui[36]. Pour éliminer la suspicion suivant laquelle l'introduction du thème de la gloire n'est qu'un subterfuge pour convaincre les lecteurs que l'*Éthique* est, au fond, compatible avec l'Écriture – et tout le vocabulaire originellement religieux de la proposition 36 d'*Éthique* V (« salut », « béatitude ») en témoigne –, Matheron propose une interprétation de l'exigence de réciprocité interpersonnelle à partir de l'identification entre deux esprits finis : X considéré comme l'aimé et Y considéré comme l'aimant. Ayant un seul et même objet (l'objet composé XY), en tant qu'ils se comprennent mutuellement par la médiation de l'idée de Dieu, ils deviennent une seule et même âme, de telle façon que la relation extérieure qui subsiste entre eux s'internalise[37].

35 *E*4p67. Les biographes ont coutume de rapprocher le caractère inattendu de la mort de Spinoza à cette proposition ; un des exemples les plus récents de cette attitude est Steven Nadler, dans la biographie *Spinoza. A Life* (Cambridge, Cambridge University Press, 1999), p. 349. Nous mettrons en garde ici contre cette tentation de projeter, sur la vie des philosophes, leurs doctrines, du moins autant que cela a pour but de fournir une espèce d'« explication causale » de la vie par l'œuvre – mais surtout parce que, dans le cas en question, l'absence de pensée sur la mort serait non pas un signe de sagesse, mais d'imprudence. Au lieu de cette projection, on essayera d'établir les cadres conceptuels qui informent et la biographie de Lucas et la philosophie de Spinoza.

36 Alexandre Matheron, *Individu et communauté chez Spinoza* (Paris, Les Éditions de Minuit, 1988), p. 597.

37 Matheron (1988), p. 599, renvoie le lecteur à la lettre 17 à Pieter Balling (G IV, 77), dans laquelle Spinoza écrit que l'amour d'un père pour son fils peut faire que les deux soient

D'une certaine façon, l'interprétation que Pierre-François Moreau propose pour ce passage se situe aux antipodes de celle de Matheron[38] : il reste plus fidèle au texte de Spinoza, en réduisant, sans aucun ajout spéculatif, la gloire à la satisfaction de soi. On peut esquiver le danger d'anthropomorphisme, selon lui, grâce à la compréhension de ce qui était refusé dans la réciprocité, à savoir : « l'effort et l'exigence » ; « ces figures de la distance », nous dit Moreau, « sont absentes de la réciprocité du troisième genre[39] ». À partir d'une « expérience opaque » de la présence de l'éternité dans la finitude, et de l'amour intellectuel dans l'amour pour les objets finis, il faut, selon Moreau[40], bien distinguer l'*amor erga Deum* et l'amour des choses finies, d'une part, et l'*amor intellectualis Dei*, d'autre part[41] . Ce dernier est le seul qui permette une complète réduction de la *réciprocité* externe à l'*identité* entre être fini et être infini – mais il ne réussit à le faire que dans la mesure où, dès le début, une telle identité était toujours présupposée. En lisant le corollaire de la proposition 36 d'*Éthique* V comme l'énoncé qui doit être expliqué par le scolie qui le suit, Moreau peut le prendre littéralement comme l'expression de cette identité primitive : « l'amour de Dieu pour les hommes [*amor Dei erga homines*], et l'Amour intellectuel de l'Esprit envers Dieu [*Mentis erga Deum Amor intellectualis*], est une seule et même chose [*unum, & idem sit*][42] ».

Il faudrait mentionner d'autres commentaires sur le thème de la gloire chez Spinoza pour faire un recensement complet du rôle qu'il joue dans la Partie V de l'*Éthique*[43], mais les deux exemples examinés

---

un seul et même être, ce qui est dû à la « participation » du premier à l'« essence idéale » du second.

38 Pierre-François Moreau, "Métaphysique de la gloire ». in : *Revue philosophique de la France et de l'étranger.* N° 1 – Janvier-Mars 1994. Paris, PUF, p. 55-64.

39 Moreau (1994), p. 61.

40 Moreau (1994), p. 64.

41 Moreau (1994), p. 60.

42 *E*5p36c. Voir à ce propos la formule de *E*2p7 pour exprimer l'identité entre l'ordre des idées et l'ordre des choses.

43 On devrait rendre compte au moins du commentaire de Pierre Macherey, *Introduction à l'Éthique de Spinoza. La cinquième partie. Les voies de la libération* (Paris, PUF, 1994), parce qu'il introduit une espèce de synthèse entre les deux formes d'amour décrites par les autres interprètes. Selon lui, outre l'*amor intellectualis Dei* et *l'amor erga Deum*, on trouve dans *E*5p36 une formulation nouvelle, l'« amour intellectuel de l'âme envers Dieu » [*mentis amor intellectualis erga Deum*]). La fusion que Macherey propose d'établir entre l'expérience personnelle de l'amour de Dieu et la « jubilation universelle » de Dieu envers le monde ne l'empêche pas de se rapprocher plutôt de Moreau que de Matheron sur ce sujet, ce qui se perçoit, par exemple, dans le passage suivant : « c'est l'*acquiescentia*

ci-dessus suffisent pour établir les limites entre lesquelles varient les interprétations disponibles : soit qu'on prenne la « gloire rationnelle » comme pure relation à soi-même et donc comme étant virtuellement identique à la satisfaction de soi-même (Moreau), soit qu'on la prenne comme relation avec d'autres modes finis (Matheron), c'est à partir de ce choix entre les pôles supposés incompatibles de l'intériorité et de l'extériorité qu'on peut distribuer les commentaires de ce passage difficile du texte[44]. En d'autres termes, la plupart des interprétations partage les données du problème de la gloire en deux modèles mutuellement exclusifs : *ou bien* il y aurait une relation intérieure de satisfaction de soi-même qui coïnciderait avec la relation (« interne », immanente) entre le fini et l'infini, *ou bien* il y aurait des relations extérieures de reconnaissance interpersonnelle entre des modes finis (ou une relation unilatérale entre un mode fini – l'homme – et Dieu, dans le cas de l'*amor erga Deum* dont il est question dans la proposition 19 d'*Éthique* V). Ce qui ne semble pas être concevable, c'est l'idée d'un Dieu impersonnel qui serait pourtant un des pôles d'une relation de reconnaissance envers les hommes[45]. Et pourtant c'est bien cela que Spinoza a l'air de suggérer dans la proposition 36 d'*Éthique* V. Cela semble impliquer qu'il y aurait

---

qui est la vérité de la *gloria* dont parlent les textes sacrés, et non l'inverse » (p. 174). La conclusion de Macherey est en fait plus forte que celle de Moreau, parce que, pour lui, l'expression « gloire », telle qu'elle apparaît dans la Partie V, « reste néanmoins approximative » – c'est n'est qu'au sens imaginatif que la gloire relève d'une extériorité quelconque, de telle façon que, du point de vue rationnel, ce terme « ne peut plus être pris à la lettre » (p. 173). Pour un commentaire plus récent, mais qui reprend pour l'essentiel la position de Moreau/Macherey, *cf.* Hasana Sharp, « From Interpersonal Recognition to Impersonal Glory », in : *Spinoza and the Politics of Renaturalization* (Chicago & London : The University of Chicago Press, 2011), p. 139-148 : « Loving nature of God is nothing other than the active joy by which we love ourselves [...] as absolutely unique instances of nature's power » (p. 147).

44 Cette supposition reprend peut-être l'incompatibilité entre « gloire » et « satisfaction intérieure » exposée par Descartes dans *Les passions de l'âme*, Art. 204 (« De la Gloire ») (AT XI 482).

45 Sharp donne une formulation exemplaire de cette prétendue inconcevabilité : « The intellectual love of God does not follow from a mutually satisfying correspondence of representations between two structurally identical beings ; it is not a relationship of recognition » Sharp (2011), p. 147. Elle ne peut donc parler d'une « gloire impersonnelle » chez Spinoza qu'au prix de la réduire à la satisfaction de soi (*cf. supra*, note 44). C'est remarquable que Sharp ne présente comme évidence textuelle de sa position que *E5*p19, où Spinoza nie que l'*amor erga Deum* puisse établir une relation de réciprocité entre l'homme et Dieu, mais, à l'exception d'une brève mention (p. 144), elle n'examine guère *E5*p36, où la réciprocité semble être rétablie.

une relation qui est en même temps interne et externe et, ce qui est encore plus étrange, qu'une entité impersonnelle puisse s'engager dans une relation qui ne paraît avoir de sens que si elle relie les hommes entre eux[46]. Mais le rapport entre les modes finis et la substance infinie, étant à la fois une relation d'immanence et une relation entre des essences absolument incommensurables, ne peut-il pas nous donner un sens précis pour le phénomène apparemment contradictoire d'une relation à soi qui est aussi une relation avec une altérité absolue ? Ou encore, est-ce qu'on peut donner un sens à l'apparent oxymore d'une relation de *reconnaissance impersonnelle* ?

Le lien entre « satisfaction de soi-même » et « gloire », sujet principal du scolie de la proposition 36 d'*Éthique* V, a sa première formulation dans le scolie de la proposition 52 d'*Éthique* IV ; à la lumière de cette proposition, l'accent que Lucas, en racontant les derniers jours de Spinoza avant sa mort, met sur sa « vie glorieuse » semble entièrement justifié. Si la satisfaction de soi est « ce que nous pouvons espérer de plus haut » dans notre vie, dans la mesure où elle élimine les illusions finalistes en nous installant dans un contentement avec notre existence telle qu'elle est, et si l'augmentation de la satisfaction de soi est « alimentée et fortifiée » [*fovetur, & corroboratur*] par les louanges, donc « c'est la gloire, surtout [*maximè*], qui nous conduit » (*E*4p52s). Par là, on comprend que, la béatitude étant un *maximum* de satisfaction de soi-même, la gloire est l'opérateur conceptuel qui nous permet d'exposer la *genèse* de l'amour intellectuel, son essence productive (« *actuosa* »)[47] – elle est, en somme, l'élément central de sa « définition génétique ».

Comment peut-on construire la définition de l'amour intellectuel de Dieu – c'est-à-dire de la béatitude et du salut – à partir de la gloire ? Nous savons que, pour Spinoza, la satisfaction de soi-même, enveloppée dans cet amour, est « une joie qui naît de ce qu'un homme se contemple lui-même, ainsi que sa puissance d'agir[48] » ; par contre, la gloire, nous l'avons vu, est elle aussi une joie – mais une joie d'un autre type, qui « alimente et fortifie » la première dans la mesure où la contemplation de soi-même est

46 Le Chapitre XXVI de l'Appendice de la Partie IV de l'*Éthique* montre que le « contentement » [*gaudium*] est un type d'attachement qui n'est valide qu'entre les hommes. Mais il faut noter que Spinoza n'exclut pas ici que le contentement puisse nous lier à Dieu – tout ce qui est exclu ce sont les autres « singuliers ».

47 *E*2p3s.

48 *E*4 Def. des Aff. XXV.

déplacée vers le point de vue d'une autre entité, que nous « imaginons » (ou, dans le cas de la Partie V, que nous « comprenons ») louer « une de nos actions[49] ». C'est bien cette « duplication » de la contemplation de soi qui passe d'une pure intériorité à l'extériorité enveloppée dans la louange, qui explique l'amour intellectuel de Dieu : à la différence de la pure satisfaction de soi-même, l'amour intellectuel de Dieu pour les hommes exprime la cause ultime de la joie active caractéristique de la béatitude. En fait, la relation à soi se transforme en une relation d'extériorité à soi-même, laquelle, dans un mouvement complexe qui ne « reprend » pas simplement le point de départ, s'intériorise de nouveau, dans la mesure où l'amour de Dieu pour les hommes doit être représenté intuitivement par les mêmes hommes, objets de cet amour, afin de devenir source permanente de joie. Il y a donc une double relation réflexive dans l'élaboration du salut : une contemplation « interne » de soi-même redoublée dans la contemplation « externe » de soi par Dieu et une « médiation » de l'extériorité. Ce mouvement de "retour à soi" ne nous conduit pas exactement au moment initial, parce que le dédoublement de soi par la médiation de l'extériorité modifie le contenu même de la relation originaire[50].

Mais est-il juste de dire que la gloire promeut une *extériorisation* de la relation à soi ? Dans quel sens cela peut-il être correct, étant donné que Dieu et les modes finis ne sont pas des êtres réellement distincts, mais plutôt un seul et même être, mis en lien dans une relation d'immanence ? Pour éliminer ce problème, on doit simplement se rappeler que la relation d'immanence maintient la différence entre l'essence de Dieu et l'essence des modes[51]. Sharp a raison quand elle remarque que l'imagination est responsable de l'« illusion théologique », qui imagine Dieu observant et jugeant toutes nos actions[52], dans la mesure où elle représente Dieu comme une chose distincte du (et extérieure au) monde. Mais il faut ajouter qu'une erreur inverse serait causée

49 *Cf. supra* note 28.

50 Il est curieux de noter que l'approche de la gloire dans le *Traité de la réforme de l'entendement* semble se dispenser de la relation de réciprocité entre Homme et Dieu, dans la mesure où Spinoza y dit que l'« *amor erga Deum* » est ce « qu'il faut ardemment désirer et rechercher de toutes ses forces » (Spinoza (2009), p. 68).

51 Voir à ce propos *E*1p17s (« si à l'essence éternelle de Dieu appartiennent intellect et volonté, il faut à coup sûr entendre par l'un et l'autre attribut tout autre chose que ce que les hommes, d'ordinaire, entendent vulgairement par là […] et ne pourraient avoir, avec eux, d'autre convenance que de nom »).

52 « … the theological illusion, which imagines God observing and judging all of our actions… » (Sharp (2011), p. 145).

par l'absence d'une description correcte de la distinction entre Dieu et les modes finis : la distance qui sépare l'essence absolument infinie de Dieu et l'essence des êtres finis est précisément ce qui empêche que la « mauvaise extériorité » de l'imagination produise les mécanismes d'identification aliénante avec le désir de l'autre. C'est en ce sens-là qu'on doit comprendre l'extériorité vraie enveloppée dans la gloire intellectuelle.

Ce n'est donc qu'au terme de ce processus compliqué que s'achève l'identification totale entre l'amour intellectuel de Dieu pour les hommes et l'amour intellectuel des hommes pour Dieu. C'est aussi l'achèvement de ce processus de passage de la « satisfaction de l'âme » à la « gloire » qui nous fait arriver au *fondement objectif* de la béatitude, parce que le mécanisme enveloppé dans l'engendrement de la gloire est le seul qui montre *comment* une chose singulière concrète « dépend de Dieu selon l'essence et selon l'existence[53] », précisément dans la mesure où la cause de la joie glorieuse est Dieu lui-même, en tant qu'il nous loue – un « *Deus laudator* », pour ainsi dire. Pour décrire ce phénomène en échappant au risque de l'anthropomorphisme, il faut bien comprendre le sens précis de cette « louange » divine ou « jubilation universelle », pour employer l'expression de Macherey[54]. Le noyau de cette description est l'équivalence entre l'essence actuelle d'une chose et la valeur qu'elle exprime. Ce que cette équivalence met en relief, ce sont les thèses suivantes : une chose est « bonne » parce qu'elle existe, et non le contraire ; une chose est « meilleure » qu'une autre si la première est représentée comme existant nécessairement, tandis que la seconde est représentée comme contingente. Soit que cette équivalence ait un rapport avec les êtres finis[55], soit qu'elle se rapporte à Dieu[56], dans

53 *E*5p36s. La gloire est ainsi, Spinoza le montre à la fin de ce scolie, l'affect propre du « troisième genre de connaissance » : « Car, quoique j'aie montré de manière générale [*generaliter ostenderim*] dans la Première Partie que tout et par conséquent aussi l'Esprit humain dépend de Dieu selon l'essence et selon l'existence, pourtant cette démonstration, toute légitime qu'elle soit et sans risque de doute, n'affecte pourtant pas autant notre Esprit que quand on tire cette conclusion de l'essence même d'une chose singulière quelconque que nous disons dépendre de Dieu ». On doit noter que, selon la tendance « constructiviste » du spinozisme, le fondement objectif n'est donné que par une démonstration positive de son mode de production.

54 Macherey (1994), p. 166.

55 *Cf. E*3p9s : « quand nous nous efforçons à une chose, quand nous la voulons, ou aspirons à elle, ou la désirons, ce n'est jamais parce que nous jugeons qu'elle est bonne ; mais au contraire, si nous jugeons qu'une chose est bonne, c'est précisément parce que nous nous y efforçons, nous la voulons, ou aspirons à elle, ou la désirons ».

56 *E*1p34 : « …la puissance de Dieu, par quoi lui-même et toutes choses sont et agissent, est son essence même ».

les deux cas c'est la connaissance de la nécessité de l'être qui explique la valeur qu'on lui attribue, et pas l'inverse. Or, la gloire c'est précisément le surpassement du caractère « solipsiste » de la satisfaction de soi-même vers l'objectivité de la valeur de l'être nécessaire en tant que tel – c'est-à-dire, elle est l'affect enveloppé dans la compréhension *singulière* (intuitive) de notre immanence à Dieu. La conjonction entre « être » et « valeur », annoncée dans la définition 6 d'*Éthique* II (« Par réalité et perfection, j'entends la même chose »), est expliquée dans la proposition 11 d'*Éthique* IV, où est établie une proportion entre des modalités aléthiques et affectives (« Un affect à l'égard d'une chose que nous imaginons comme nécessaire est, toute chose égale d'ailleurs, plus intense qu'à l'égard d'une chose possible ou contingente, autrement dit non nécessaire »). Il faut noter que la définition 6 d'*Éthique* II est utilisée dans la démonstration que Dieu s'aime lui-même d'un amour intellectuel infini (*E*5p35) : « Dieu est absolument infini (*par la Défin. 6 p. 1*), c'est-à-dire (*par la Défin. 6 p. 2*), la nature de Dieu tire contentement [*gaudet*] d'une infinie perfection[57]... ». Il est remarquable que la première prémisse de la démonstration soit formulée en n'ayant pour base que des définitions, et non pas d'autres propositions.

Dans les gradations d'intensité des affects variant par rapport aux modalités aléthiques, exposées entre les propositions 9 et 13 d'*Éthique* V, le plus bas degré d'intensité correspond aux choses conçues comme des futurs contingents ; l'indifférence face à la valeur d'une chose ou d'un événement est donc liée à sa représentation comme non nécessaire. En d'autres termes, le contingent, étant ce qui peut arriver ou ne pas arriver, se réduit (presque[58]) à un fait « neutre » ; au contraire, ce qui ne peut pas ne pas arriver a, *pour cela même*, de la valeur. Dans ce sens-là, on peut comprendre ce que veut dire un Dieu impersonnel qui *nous loue* – et loue aussi *également* tous les autres êtres singuliers : l'idée (que nous avons de Dieu et que Dieu a de lui-même) de l'être nécessaire de Dieu ne se distingue pas de la perception de la valeur en soi de cet être, y compris de tous ses modes.

57 Il faudrait examiner plus attentivement l'usage du verbe « *gaudere* » dans ce contexte : se rapportant dans la Partie III au passé et y étant caractérisé comme une joie qui enveloppe néanmoins une « impuissance de l'âme », il est associé ici à la nécessité de l'existence de Dieu. Bien que Moreau estime que la reprise de ce verbe dans la Partie V soit un simple usage équivoque (Moreau (1994), p. 60, note 2), il faut se rappeler que le passé et l'éternité sont les deux modalités aléthiques qui impliquent directement la nécessité.

58 Aucune idée ne peut être entièrement « neutre » du point de vue affectif/volitif. *Cf.* *E*2p49.

Ce qui empêche que la gloire intellectuelle soit soumise aux mêmes périls que la gloire imaginative (qui peut être transformée, comme nous l'avons vu, en ambition, haine et vaine gloire, c'est-à-dire en volonté de domination et aliénation du désir), c'est le fait que l'imagination représente celui qui nous loue comme une chose finie, extérieure à nous, pendant que l'intuition, en représentant l'immanence du fini dans l'infini, *internalise l'extériorité*, sans pourtant éliminer celle-ci. Le péril du « solipsisme » dans la réduction de la gloire à la satisfaction de soi-même, par contre, est évité grâce à la compréhension que l'essence singulière d'un mode fini ne peut s'exprimer de façon maximalement libre que si elle *extériorise l'intériorité* en lui donnant un fondement constant et nécessaire. En somme, c'est le double rapport d'internalisation de l'extériorité et d'externalisation de l'intériorité qui garantit qu'une essence singulière puisse être exprimée parce que cette réciprocité donne les conditions cognitives et affectives de l'idée de soi-même par le troisième genre de la connaissance. C'est la gloire donc qui explique la satisfaction de soi-même, et pas l'inverse.

On peut conclure que la centralité du thème de la gloire dans la philosophie du Spinoza de la maturité relève d'un contexte plus large qui en donne le sens. En fait, au XVIIe siècle, c'est toute une « théologie de la gloire » qui se construit contre la « théologie de la croix » de Luther[59]. Dans ce monde baroque, l'éloge de Lucas à Spinoza à partir de la narration de sa « vie glorieuse » doit être compris moins comme l'élaboration singulière d'un discours qui a su développer, au niveau de la biographie, des concepts philosophiques inventés par l'homme dont il raconte la vie, mais plutôt comme le symptôme d'un encadrement plus général qui a rendu possible l'intelligibilité d'une telle approche. C'est ainsi que Giorgio Agamben, dans son livre *Il regno e la gloria. Por uma genealogia teologica dell'economia e del governo. Homo sacer, II, 2*[60], suggère que la correspondance entre « gloire interne » et « gloire externe », qu'on trouve dans le scolie de la proposition 36 d'*Éthique* V, « mobilise et condense en quelques lignes vertigineuses les thèmes théologiques du *kabod* hébraïque et de la *doxa*

59 *Cf.* la proposition 21 de la dispute de Heidelberg (1518) (*Disputatio Heidelbergæ habita*, W A 1, 353-365).

60 Vicenza, Neri Pozza Editore, 2007, p. 273.

chrétienne[61] ». Selon Agamben, qui s'aligne ici sans le mentionner sur l'interprétation que Moreau propose pour le scolie de la proposition 36 d'*Éthique* V, la signification de l'affect de la gloire chez Spinoza est donnée par son assimilation au concept de satisfaction de soi-même, en réalisant « la connexion sabbatique entre gloire et désœuvrement [*inoperosità*] *(menuchah, anapausis, katapausis* – rendues ici par le terme inconnu en latin classique d'*acquiescentia*). Désœuvrement et gloire sont, en fait », conclut Agamben, « la même chose ("*acquiescentia [...] revera a gloria [...] non distinguitur*")[62] ».

Nous avons essayé précisément de proposer ci-dessus une interprétation du scolie de la proposition 36 d'*Éthique* V dans laquelle les relations entre gloire et satisfaction de soi-même échappent aux alternatives posées par Moreau et par Matheron ; en ce sens, nous ne pouvons pas être d'accord avec la lecture du scolie de la proposition 36 d'*Éthique* V et de la proposition 52 d'*Éthique* IV proposée par Agamben, dans la mesure où il associe la « contemplation de soi-même et la puissance d'agir », enveloppée dans la définition de la « satisfaction de soi-même[63] », à l'*inoperosità* qui consiste, selon lui, « à rendre improductive [*inoperosa*] toute puissance spécifique d'agir et de faire » – ou, dans une formulation équivalente : « La vie qui contemple sa (propre) puissance d'agir, se rend improductive [*inoperosa*] dans toutes ses opérations [*operazioni*], elle vit seulement (sa) vivabilité[64] ». En interprétant le concept d'*inoperosità* à partir du « temps messianique » paulinien, lequel efface le temps présent à travers la contemplation des actions du point de vue de sa potentielle « irréalisation », Agamben veut introduire une *distance* entre ce que nous sommes et ce que nous pouvons (ou pourrions) être. Or, cette distance qui ne doit surtout pas être comprise comme une « inaction » ne peut être établie, selon lui, qu'à partir de la modalisation des relations que nous établissons avec nos vies qui rend *toutes nos actions* entièrement remises à son être en puissance, c'est-à-dire à sa *contingence*[65]. Suivant la lecture proposée ci-dessus du scolie de la proposition 36 d'*Éthique* V, au contraire, la distance que Spinoza creuse entre

61 *Cf.* la traduction française : *Le règne et la gloire. Pour une généalogie théologique de l'économie et du gouvernement. Homo sacer, II, 2.* Traduit par Joël Gayraud et Martin Rueff (Paris, Éditions du Seuil, 2008), p. 371.

62 Agamben (2008), p. 372 ; (2007), p. 273.

63 *E*3, Définitions des Affects, Définition XXV.

64 Agamben (2008), p. 373 ; (2007), p. 274.

65 *Cf.* Agamben, *Bartleby o della contingenza* (Macerata, Quodlibet, 1993), dans lequel il nous dit que l'« expérience » de Bartleby nous remet à l'être en puissance d'Aristote, ayant pour but la « vérification » d'une puissance, c'est-à-dire de quelque chose qui peut être

« cette vie présente » (*E*5p20s) et la « vie glorieuse » regardée du « point de vue de l'éternité » (*E*5p22 et *E*2p44c2), consiste en fait – ce qui à première vue ne peut être qu'un paradoxe – dans la compréhension de sa *nécessité*, c'est-à-dire dans une espèce de « réaffirmation » ou « sur-détermination » de la première par la seconde. En comprenant que les événements du monde et nos actions à l'intérieur de lui sont tous métaphysiquement nécessaires, nous pouvons enfin, à la conclusion du parcours éthique en *E*5p36, donner un sens précis à l'équivalence entre « réalité » et « perfection » énoncée en *E*2d6. En d'autres termes, ce n'est que quand l'homme comprend son essence à partir du point de vue de Dieu, en la déduisant de ses attributs, que sa singularité peut se réaliser vraiment. L'immanence, loin de signifier la réabsorption dans un tout indifférencié, coïncide avec la plus parfaite détermination singulière.

En dépit de ces réserves par rapport à la lecture du scolie de la proposition 36 d'*Éthique* V proposée par Agamben[66], nous avons suivi de près sa leçon sur le rôle que la théologie de la gloire a jouée dans le XVIIe siècle, non seulement sur le terrain religieux mais aussi – et peut-être surtout – dans la pensée politique. À partir des articulations conceptuelles formulées par Agamben, il serait nécessaire de rendre compte du rôle de l'*Évangile* de Jean tant en général dans cet horizon culturel qu'en particulier dans la philosophie de Spinoza. En ce qui concerne celle-ci, il faudrait ne pas s'arrêter à la référence à *Isaïe*, 58, comme le font quelquefois les commentateurs de Spinoza[67], pour comprendre l'aspect

---

et, en même temps, peut ne pas être. Voir aussi son « La potenza del pensiero » (in : *La potenza del pensiero. Saggi e conferenze* (Vicenza, Neri Pozza Editore, 2005)).

66 Et aussi par rapport à l'interprétation qu'Agamben donne de la philosophie de Leibniz dans ce même contexte. Leibniz, selon lui, a essayé d'éliminer les tensions enveloppées dans l'opposition entre « gloire intérieure » et « gloire extérieure » (surtout le paradoxe enveloppé dans la nécessité de glorification attribuée à Dieu, l'être souverainement parfait, auquel rien ne manque), en identifiant la gloire avec « la satisfaction qu'on trouve dans la connaissance de ses propres perfections » (Agamben (2008), p. 329 ; (2007), p. 241). C'est vrai qu'il y a chez Leibniz une tendance à résoudre les apparents paradoxes de la contingence en mobilisant le concept de volonté libre, mais nous croyons percevoir chez lui aussi une autre tendance, selon laquelle l'infinitude de la division monadique la porte vers la direction de la nécessité spinoziste, sans jamais l'atteindre (*cf. Discours de métaphysique*, Art. 14). Ce « dernier » Leibniz est celui que Gilles Deleuze rapproche de Spinoza, ce qui lui permet de penser les deux philosophes du XVIIe à partir d'un modèle commun de « réaffirmation » et de « sur-détermination », tels que nous avons essayé de les décrire ci-dessus.

67 Moreau (1994), p. 62, note 3, suppose que c'est à *Isaïe*, 58 (« alors ta lumière poindra comme l'aurore, ta santé s'épanouira, ta justice marchera devant toi et la gloire de Dieu se joindra à toi ») que *E*5p36s fait référence dans l'articulation entre béatitude et gloire.

politique de la gloire dans sa pensée. Il est vrai que les visions guerrières et patriotiques de ce prophète ont été mentionnées par Spinoza lui-même lorsqu'il a voulu, dans le *Traité théologico-politique*, expliquer un des aspects politiques de la théologie de la gloire, à savoir, l'(in)utilité des cérémonies dans l'obtention de la béatitude[68]. Mais nous ne devons pas oublier que l'Épigraphe du *Traité théologico-politique*, qui exprime le sens général de l'œuvre, est précisément l'*Épitre I*, chapitre IV, vers XIII de Jean : « Par là nous connaissons que nous demeurons en Dieu, et que Dieu demeure en nous, parce qu'il nous a donné de son Esprit[69] ». La figure du Christ présentée par Jean est certainement, parmi tous les autres évangélistes, la plus proche de la façon dont Spinoza lui-même l'avait représentée. On pourrait faire une liste de ces similitudes telles qu'elles apparaissent dans l'*Évangile* de Jean : l'identification de Dieu avec le *Logos* (*Jean* 1 :1) ; la « vie » ayant pour fondement la connaissance (*Jean* 17 :2-3,6) ; l'immanence du Fils dans le Père (*Jean* 17 :21-22) ; la crucifixion comme mort de la mort (et non comme moment de souffrance qui précéderait l'acquisition de la gloire dans la Résurrection, ainsi que la comprend Paul, ou dans la *parousia*, ainsi que la comprennent les synoptiques[70]) (*Jean* 8 :51) ; la glorification à travers les « œuvres » (*Jean*, 17 :3 ; 4 :34) ; la réciprocité de la glorification du Fils par le Père et du Père par le Fils (*Jean* 17 :5)[71] ; la gloire comme réalisation de l'amour de Dieu et de l'éternité de l'homme (*Jean*, 17 :2 ; 26). Tous ces points s'accordent bien avec la conception spinoziste de la résurrection du Christ comme un phénomène spirituel et du salut comme un « passage » à l'éternité. En particulier, la description

68 *Cf.* *TTP*2/5.

69 Il faut aussi noter la présence des citations de Jean dans *TTP*/14, là où Spinoza expose sa théorie sur les *relations* entre foi et philosophie. *Cf.* aussi la Lettre LXXV à Oldenburg, dans laquelle Spinoza montre que l'*Évangile* de Jean est conforme à sa pensée – bien que cette conformité soit subordonnée à l'interprétation de la lettre du texte par les restrictions historiques et linguistiques qui lui imposent l'herméneutique mise en œuvre par le *TTP* (« Enfin, vous pensez que l'Évangile de Jean et l'Épitre aux Hébreux s'opposent à ce que j'ai dit parce que vous mesurez les tournures des langues orientales à l'aune des manières de parler européennes. Et même si Jean a écrit son Évangile en grec, néanmoins il hébraïse ») (*Spinoza. Correspondance.* Traduction par Maxime Rovere. Paris : Flammarion, 2010, p. 369).

70 Voir Xavier Léon-Dufour, *Lecture de l'Évangile selon Jean*, tome I (Paris, Éditions du Seuil, 1988), « L'élévation du Fils de l'Homme (3 :13-15) », p. 233.

71 Sur la réciprocité de la gloire en *Jean* 17 :1-26, voir les analyses de Johannes Beutler, *Das Johannesevangelium. Kommentar* (Freiburg im Breisgau, Verlag Herder GmbH, 2013), « L'adieu de Jésus ».

que Jean donne de l'*élévation* du Christ à la croix, représentée comme le moment précis de l'autoglorification de l'amour de Dieu dans le monde (*Jean*, 17 :24 ; 14 :30 ; 10 :17), c'est-à-dire comme l'instant où le Fils est élevé *pour qu'ils contemplent sa gloire*[72], ainsi qu'on pourrait le faire avec un tableau, suspendu pour être mieux regardé par tout le monde, serait tout à fait conforme au goût de Spinoza pour les lectures littérales des Écritures.

On pourrait douter que Spinoza ait réussi à éliminer toutes les difficultés liées à l'idée d'une gloire impersonnelle. Peut-être que l'expression définitive de cette idée a dû attendre plus de cent ans avant qu'un des plus importants lecteurs de Spinoza au XIXe siècle, Novalis, puisse la *redire* (c'est-à-dire la répéter et, partant, la *transformer*) en des mots plus clairs et distincts :

> Revenir en soi signifie, chez nous, s'abstraire du monde extérieur. De manière analogue, la vie terrestre correspond chez les esprits à une contemplation intérieure, à un retour en soi-même, à un agir immanent. Ainsi surgit la vie terrestre d'une réflexion originelle [*ursprünglichen Reflexion*], d'un retour en soi-même initial [*primitiven Hineingehn*], d'un rassemblement en soi-même aussi libre que notre réflexion. Inversement, la vie spirituelle en ce monde surgit d'une rupture de cette réflexion originelle [*primitiven Reflexion*]. L'esprit se déploie une nouvelle fois, sort à nouveau de lui-même, à nouveau dépasse [*aufhebt*] en partie cette réflexion, et à cet instant il dit pour la première fois *je*. On voit ici combien les actions consistant à sortir de soi-même ou à retourner en soi-même sont relatives. Ce que nous appelons retourner en soi-même est en vérité [*eigentlich*] sortir, une reprise de cette figure initiale[73].

Ulysses PINHEIRO
Universidade Federal
do Rio de Janeiro / CNPq

72 *Cf.* Alberto Casalegno, *Perché contemplino la mia gloria (Gv 17,24)* (Cinisello Balsamo, Edizioni San Paolo s.r.l., 2006), chapitre 12 (« Gloire, élévation, heure »).

73 *Grains de Pollens*. Traduit par Laurent Margantin. In : *Œuvres ouvertes. Depuis 2000*. http://oeuvresouvertes.net/spip.php?article172 (consulté le 19 octobre 2017). Pour l'original en allemand, voir Novalis, *Blüthenstaub*, 45 (*Novalis. Band 2. Das philosophisch-theoretische Werk*. Herausgegeben von Hans-Joachim Mähl. München ; Wien, Carl Hanser Verlag, 1978, p. 245).

AFFECTIO ET *AFFECTUS*

Commentaires sur l'unité architectonique de l'*Éthique*[1]

Les textes de Jean-Marie Beyssade sur la philosophie de Spinoza ne sont pas très nombreux et, pour la plupart, développent des approches comparatives avec la philosophie de Descartes. Contrairement à ce que l'on peut penser, compte tenu de l'importance et de l'étendue de son travail sur Descartes, ses lectures de Spinoza soulignent, toujours avec sa finesse d'esprit et son attention aux textes, les marques distinctives de la pensée spinoziste par rapport à celle qui a été l'une de ses principales influences.

J'aimerais lui rendre hommage en essayant de mettre en lumière la force exégétique de ses thèses sur l'*Éthique*[2], en particulier de deux thèses qui portent sur la théorie spinoziste de l'*affectus* :

1. Le concept d'affect désigne une réalité plus fondamentale que celui d'affection, dans le sens où celui-ci serait un affect dont la variation de puissance qu'il implique tend vers zéro[3].
2. Tout affect passif, joyeux ou triste, contient un élément de joie qui rend possible le passage de la servitude à la liberté, au moins en ce

---

1 Je tiens à remercier Chantal Jaquet pour sa lecture rigoureuse, ses corrections et ses suggestions très pertinentes, qui ont beaucoup contribué à améliorer la version originale de ce texte.

2 Pour l'*Éthique*, nous utilisons l'édition et la traduction de Bernard Pautrat, Paris, Seuil, 1988.

3 J.-M. Beyssade « *Nostri Corporis Affectus* : can an affect in Spinoza be "of the body" ? ». In : Yovel, Y. (éd.). *Spinoza by 2000. vol III : Desire and affect : Spinoza as psychologist.* Little Room, (1999), 113-128 : « *Since its essence is power, every affection of the body is de jure an affect* (*donec corpus afficiatur affectu*, E2pl7). *This establishes a broad sense of the word* affectus *– in fact, its broadest sense* » (p. 123). Son argument en faveur de cette thèse repose sur les analyses de E3d3, E3dga, E2p17, et les démonstrations de E3p14, E3p15 et E3p18. Du point de vue conceptuel, il met en évidence les rapports entre les concepts d'*affectus* et d'*affectio* par l'intermédiaire de leur rapport avec le concept de *constitutio*.

qui concerne la force de l'esprit en tant qu'il est l'idée d'un corps existant en acte dans la durée (E5p1-Ep20)[4].

Puisque ces deux thèses sont, à mon avis, soutenues de façon assez convaincante dans les articles, je me permets de supposer leur correction. Car il ne s'agit pas ici de proposer des arguments supplémentaires en leur faveur, mais de montrer qu'elles suffisent à répondre à des objections dirigées contre elles et servent à éclairer d'autres textes que ceux qu'elles étaient censées expliquer.

Je propose d'examiner un problème soulevé par la démonstration de la proposition 3 d'*Éthique* V et qui a été analysé par Jean-Marie Beyssade dans son article de 1988, « De l'émotion intérieure chez Descartes à l'affect actif spinoziste ». Sa solution a reçu à l'occasion une objection de la part de Margaret Wilson[5], dont l'essentiel est repris dans un texte récent de Lilli Alanen[6] par des raisons différentes et appuyées uniquement sur l'analyse de la démonstration elle-même.

Ce problème peut être formulé, en gros, de la manière suivante : la proposition 3 d'*Éthique* V établit la possibilité d'annuler le caractère passif d'un affect (« *affectus, qui passio est, desinit esse passio* ») par sa connaissance claire et distincte. La démonstration suppose que cette connaissance ne peut réaliser la tâche que Spinoza lui confère que parce qu'elle est la même que l'idée qui constitue la passion, c'est-à-dire qu'elle ne se distingue de la passion que par une distinction de raison. Or, comment Spinoza peut-il justifier cette thèse ? M. Wilson et L. Alanen maintiennent qu'il ne peut pas la justifier et que donc sa thérapeutique est perdue d'avance. J.-M. Beyssade, pour sa part, assume la position contraire[7] : le

4 J.-M. Beyssade, « De l'émotion intérieure chez Descartes à l'affect actif spinoziste », in : Curley, E. & Moreau, P.-F. (éd.), *Spinoza : issues and directions : Proceedings of the Chicago Spinoza Conference*. Leiden : Brill, 1988, p. 176-190. Voir p. 186 à 188.

5 « Comments on J.-M. Beyssade : "De l'émotion intérieure chez Descartes à l'affect actif spinoziste" », In : Curley, E. & Moreau, P.-F. (orgs.), *op. cit.*, p. 191-195.

6 « Affects and Ideas in Spinoza's Therapy of Passions », n A. Cohen & R. Stern (éd.), *Thinking about the emotions : a philosophical history*, Oxford University Press, 2017, p. 83–108.

7 J.-M. Beyssade (1988) : « [...] la connaissance des affects passifs, "le plus excellent qui soit en notre pouvoir" » (VP4S, 11/283-284). Car former d'une passion un concept clair et distinct, ce n'est pas seulement lui surajouter une idée adéquate et les affects actifs qui s'y rapportent, joie de comprendre, désirs sans excès, etc. « Elle cesse d'être une passion. » (VP3) « Son double réflexif l'attire en quelque sorte avec lui dans sa sphère d'activité. »

philosophe peut parfaitement justifier cette thèse et, ce faisant, il arrive à dépasser la dualité de notre affectivité, conception qu'il partageait avec Descartes, ce que celui-ci n'a pas réussi dans sa morale[8].

J'aimerais montrer comment la lecture que J.-M. Beyssade propose de la philosophie de Spinoza, telle qu'elle se laisse appréhender dans les articles de 1988 et de 1999, fournit des éléments pour une réponse satisfaisante aux objections que M. Wilson formule à son texte de 1988, et aussi aux critiques de L. Alanen contre l'ensemble de la proposition 3 d'*Éthique* V, avec sa démonstration et son corollaire. En particulier, je soutiens que l'articulation des deux thèses énoncées antérieurement peut rendre compte du sens de la proposition 3 d'*Éthique* V et du caractère probant de sa démonstration. Par ailleurs, ce faisant, j'espère pouvoir établir, de façon préliminaire, la plausibilité d'une hypothèse plus générale, qui reconnaît aux rapports entre les concepts *d'affectio* et d'*affectus* un rôle central pour l'unité architectonique de l'*Éthique*, dans le sens où ils peuvent expliquer comment ses cinq parties, avec leurs thèmes propres, tiennent ensemble pour constituer une *éthique*.

Il est possible, évidemment, de rendre compte de cette unité, comme le suggère la conception synthétique à la façon des géomètres[9], par l'enchaînement qui va de ce qui est premier dans l'ordre de l'être et dans l'ordre du connaître à ce qui en découle. Pour qu'il remplisse ce rôle, il n'est pas besoin de penser cet enchaînement comme une suite linéaire[10], mais on peut le concevoir comme étant structuré sous la forme d'un arbre (soit selon le modèle séfirotique[11], soit selon d'autres

(p. 185). Il est vrai que ce point a été discuté par des spécialistes de la pensée spinoziste, comme A. Matheron dans *Individu et communauté chez Spinoza.* (2a éd.), Paris, Les Éditions de Minuit, 1988, et P. Macherey, *Introduction à l'*Éthique *de Spinoza. La troisième partie : La vie affective*, Paris, P.U.F., 1994. Macherey mentionne la source du problème, mais n'y voit pas de difficulté : « Il s'agit de faire qu'entre l'affect et la connaissance que nous en formons "il n'y ait plus qu'une distinction de raison" (*non nisi ratione distinguetur*), autrement dit que l'affect s'identifie à sa propre idée, à son concept, au point de perdre le caractère d'une représentation confuse et inadéquate » (p. 58). Matheron, à son tour, identifie la difficulté et propose une solution, qui sera examinée plus tard.

8 J.-M. Beyssade (1988), p. 188-189.

9 Voir la Préface des *Principes de la philosophie de Descartes*, écrite par Louis Meyer (G II, 127-133). Pour une étude de cette préface et de la conception spinoziste du *mos geometricus*, voir F. Audié, *Spinoza et les mathématiques*. Paris, Presses Paris Sorbonne, 2005.

10 Comme le propose M. Gueroult, *Spinoza*, Paris, Aubier-Montaigne, 2 vols, 1968/1974.

11 Comme le propose A. Matheron (1988).

modèles déductifs[12]). L'unité d'enchaînement, toutefois, ne nous révèle que le *parcours* sans mettre en lumière la conception éthique à laquelle ce parcours nous conduit et comment elle est *formée* par *ces* parties.

De ce point de vue, disons statique et rétrospectif, l'unité architectonique est celle qui résulte de l'organisation des concepts et des thèses que l'on a l'habitude d'étudier dans chacune des parties de l'*Éthique* sous l'égide d'un seul principe herméneutique qui les agence. Dans ce sens, toute interprétation de cette œuvre, comme d'ailleurs de tout texte philosophique, pose la question du principe de cette unité et, par conséquent, y répond, même de façon implicite. Les thèses soutenues par J.-M. Beyssade sur *l'Éthique* supposent, donc, une prise de position sur son unité architectonique. Et puisqu'il ne l'a pas rendue explicite, j'avance ici l'hypothèse que le principe herméneutique de sa lecture de Spinoza peut être trouvé dans sa thèse selon laquelle le concept d'*affectus* désigne une réalité plus fondamentale que celui d'*affectio*. Ce serait, donc, dans ce sens que le concept d'*affectus* (avec sa variante *affectio*), trouverait sa place centrale dans l'unité architectonique de l'*Éthique*[13].

La thèse du caractère plus fondamental de l'*affectus* a été soutenue par J.-M. Beyssade (1999) à travers des analyses des démonstrations des propositions 14, 15 et 18 de la troisième partie et de l'explication de certaines substitutions lexicales (*affectio/constitutio/affectus*) repérées dans le texte de l'*Éthique*[14]. Du point de vue doctrinal, cette thèse, comme

12 Comme le propose D. Steinberg, « Method and the Structure of Knowledge in Spinoza », *Pacific Philosophical Quarterly*, 79(2), 1998, p. 152–169. Pour une formalisation axiomatique de la structure logique de la première partie de l'*Éthique*, voir C. Jarrett, « The logical structure of Spinoza's *Ethics*, Part I », *Synthese* 37(1), 1978, p. 15-65.

13 L'hypothèse développée ici va dans la même direction que celle soutenue par R. Leo dans « Affective Physics : *Affectus* in Spinoza's *Ethica* », In : B. Cummings & F. Sierhuis (éd.), *Passions and Subjectivity in Early Modern Culture*, Ashgate Publishing, 2013, p. 33–50 : « *As Spinoza proceeds from Part I to Part V he develops an expansive definition of* affectus *in order to express the connections and continuities between God and individuals, between ontology and the experience of being.* Affectus *ties the* Ethica *together, as Spinoza delivers an affective physics beginning with a treatment of bodies—examining how they are affected and, in turn, proceed to affect other bodies—and subsequently elaborating the experience of this affection in terms of* affectus. *In this way, the* Ethica *may be read as Spinoza's attempt to render the most basic ontological principles and categories intelligible in terms of* affectus » (p. 33).

14 À ce propos, il faut souligner l'analyse et l'explication de l'occurrence du terme « *affectus* » dans la seconde partie de l'*Éthique*, à savoir dans la formulation de E2p17 : « [...] *corpus afficiatur affectu* [...] ». Cette occurrence inattendue du terme qui ne sera défini que dans

J.-M. Beyssade lui-même l'indique[15], est une conséquence de la thèse spinoziste selon laquelle la puissance de Dieu est son essence même (*E*1p34).

En effet, les propositions 4 à 8 de la troisième partie, considérées d'ordinaire comme développant la théorie spinoziste du *conatus*, ne font que montrer comment et pourquoi les *affections* de la substance sont, en principe (*de jure*) des *affects.* Nous ne le voyons pas tout de suite parce que Spinoza dans ces propositions parle des choses et de natures de choses, toujours au pluriel. Mais il faut juste que l'on y applique la définition qu'il donne des choses particulières, qui « ne sont rien que des affections des attributs de Dieu » (*E*1p25c)[16] pour en voir ressortir des thèses sur la nature et la puissance des affections (modes finis). Néanmoins, ainsi formulée, cette thèse peut soulever des questions.

Tout d'abord, la proposition 7 d'*Éthique* III, qui applique la thèse de la proposition 34 d'*Éthique* I aux cas de modes finis existant dans la durée, ne contient aucune référence aux concepts d'affection ou d'affect, mais au *conatus* d'une chose et à l'essence de cette chose : « L'effort par lequel chaque chose s'efforce de persévérer dans son être n'est rien à part l'essence actuelle de cette chose ». Ainsi, c'est l'identité entre l'essence actuelle et le *conatus* des choses particulières existant dans la durée qui, dans la lettre du texte, découle de l'identité entre essence et puissance en Dieu, et non pas l'identité entre *affectio* et *affectus*, et encore moins le caractère premier de l'*affectus* sur l'*affectio.*

---

la troisième partie (E3déf.3) a été aussi repérée et interprétée par Lisa Shapiro (« Spinoza on Imagination and the Affects », in : Ebbersmeyer, S. (éd.), *Emotional Minds. The Passions and the Limits of Pure Inquiry in Early Modern Philosophy*, Berlin, Walter De Gruyter, 2012, p. 89–104). Dans son analyse, L. Shapiro y voit le point de départ pour comprendre pourquoi, chez Spinoza, l'imagination prend la place de la sensibilité dans sa théorie de la connaissance, mais aussi en quel sens l'imagination devient le paradigme de formations des idées à partir des signes. À cette occurrence d'*affectus* dans la seconde partie, il faut ajouter celle de E2a3 : « *Modi cogitandi, ut amor, cupiditas vel quicunque nomine affectus animi insigniuntur, non dantur…* ».

15 *Cf.* J.-M. Beyssade (1999) : « *Spinoza finds in Descartes the thesis that man "is a single person that has both [et simul?] a body and thought"* (Letter to Elisabeth, June 28, 1643, ATIII 694) *; as well as the thesis that passion disposes the mind to will the very same things that passion disposes the body to perform* (PA I : 40 ; II : 52 ; see also II : 74 and II : 137)*–in short, that it makes mind and body concur. (…) Only a Spinozan body can lead this accord up to equality and identity, because its essence is potentia, so that it internalizes it both as force (conatus) and standard for its variations of power (affectus)* » (p. 123).

16 C'est ce que fait Spinoza dans la démonstration de E3p6.

De la conception spinoziste de l'esprit et du corps humains (*E*2p10), toutefois, il suit que nos affections sont « *des affections des affections*[17] ». Si les affections finies existantes en acte de la substance sont des manières particulières par lesquelles la puissance divine s'exprime (*E*1p25c), alors nos affections sont des manières particulières par lesquelles notre puissance (notre *conatus*) s'exprime. Nos affections doivent donc être conçues comme des modifications de notre *conatus*, c'est-à-dire, de notre puissance d'agir (*E*3p9s) et, par conséquent, elles sont, en principe, des *affects* (*E*3déf3).

L'identification entre les concepts d'affection et d'affect pose néanmoins un autre problème : les affections, en tant qu'elles sont des manières d'être (*E*1déf5), semblent être des *états*, tandis que les affects, en tant qu'ils sont des modifications ou des variations de puissance, semblent être des *transitions*[18]. Encore que l'on doive considérer l'affection comme un « état » du *conatus* et donc de la puissance d'agir, il reste que cela ne nous autorise pas à la concevoir comme une *transition*, mais seulement comme une *disposition* de cette puissance. L'explication qui suit la Définition Générale des Affects, à la fin de la troisième partie, contribue, pourtant, à résoudre cet embarras, car Spinoza y affirme que « l'idée qui constitue la forme de l'affect affirme du corps quelque chose qui enveloppe en fait plus ou moins de réalité qu'auparavant » (G II, 371). Ainsi, comme l'a montré A. Matheron[19], en s'appuyant sur ce passage, puisque la puissance *devient* plus ou moins intense, le concept d'*affectus* n'indique pas seulement la variation de puissance, mais aussi ce qui en résulte. L'affect peut donc désigner aussi l'état final de la variation de puissance, ce qui justifie qu'il soit conçu, de même que l'affection, comme une disposition de cette puissance.

La définition d'*affectus* (*E*3déf.3), à son tour, pose de nouveaux problèmes à l'hypothèse du caractère plus fondamental de l'affect, car elle le définit en renvoyant au concept d'*affectio* suivi d'une restriction[20].

17 Il s'agit d'une formule de L. Vinciguerra (*Spinoza et le signe : la genèse de l'imagination*. Paris, J. Vrin, 2005, p. 95-96).

18 H. F. Hallet formule cette objection dans son livre *Benedict de Spinoza : The elements of his Philosophy* (The Athlone Press, University of London, 1957 ; réimpression chez Bloomsbury Publishing, 2013), p. 96-97.

19 A. Matheron, « L'amour intellectuel de Dieu, partie éternelle de l'*amor erga Deum* ». *Les Études Philosophiques* (2), 1997, p. 231–248 ; en particulier, la p. 246.

20 *E*3déf3 : "Par Affects, j'entends les affections du Corps qui augmentent ou diminuent, aident ou contrarient, la puissance d'agir de ce Corps, et en même temps, les idées de ces affections ». Spinoza présente aussi une autre définition à la fin de la troisième partie, la

Spinoza, par cette définition, indique expressément que, si tout affect est une affection, l'inverse n'est pas vrai. D'où il suit que la définition rend l'hypothèse textuellement fausse, et l'hypothèse rend la définition circulaire : car elle implique que l'*affectio* doit être défini par l'*affectus*, mais la définition 3 d'*Éthique* III définit l'*affectus* par l'*affectio* et, du coup, on finit par n'en avoir aucune connaissance, puisqu'on ne pourrait savoir ce qui est l'un sans savoir ce qu'est l'autre et *vice-versa*.

Cependant, ces objections ne sont valables qu'à condition de considérer que la définition 3 d'*Éthique* III est une définition *réelle* par laquelle on apprend ce qu'est l'*essence* de l'affect[21]. Si la définition est prise comme une définition *nominale*, alors elle ne fait qu'instituer le sens dont le terme sera employé à partir de la troisième partie. S'il en est ainsi, cette définition par elle-même n'exclut pas, *ab initio*, notre hypothèse, puisque celle-ci porte sur ce qu'est l'affect et non pas sur le sens du terme.

Finalement, on peut objecter que la thèse sur le caractère plus fondamental de l'affect semble mettre en question les choix terminologiques de Spinoza dans l'*Éthique*. Encore que leur racine soit la même, l'usage que Spinoza fait d'*affectio* et d'*affectus* est souvent présenté comme une prise de distance vis-à-vis d'une longue tradition, dont les frontières varient, mais qui est toujours censée être bien définie. Il faut, ainsi, faire quelques observations terminologiques préliminaires sur l'histoire des mots "*affectus*", "affect" et "*passio*".

Une observation faite en passant par Beyssade, dans son article de 1999, mérite d'être soulignée et même amplifiée : « *Spinoza studied with special attention the* Passions of the Soul *of 1649 (no doubt in the Latin translation of 1650), which is the only work explicitly mentioned in the* Ethics » (p. 115). Or, la traduction latine des *Passions de l'âme* a pour titre *Passiones, Sive Affectus Animae*[22], et le terme "*affectus*" réapparaît à plusieurs reprises à l'intérieur du texte.

Définition Générale des Affects. Sur le caractère restrictif de cette définition, qui rend problématique son utilisation pour expliquer E3déf3, je renvoie aux excellentes analyses de C. Jaquet, *L'unité du corps et de l'esprit. Affects, actions, passions chez Spinoza*. Paris, P.U.F., 2004.

21 Sur la façon dont Spinoza conçoit les différences entre les genres de définitions, voir la Lettre IX à Simon de Vries (G IV, 42-44).

22 Descartes, R. *Passiones animae per Renatum Descartes Gallice ab ipso conscriptae, nunc autem in exterorum gratiam Latina ciuitate donata*, Ab H. D. M. Amsterdam : Ludovicum Elzevirium, 1650. Sur la couverture de l'édition, on lit seulement "*Passiones animae*", cependant, à la première page, on lit "*Passiones sive affectus animae*".

Il est vrai que cette traduction emploie "*affectus*" comme synonyme de "*passio*", et traduit l'expression "émotions intérieures" par "*commotionibus internis animae*". Cependant, le traducteur se sent dans l'obligation d'expliquer pourquoi il a choisi le mot "*passio*" pour traduire "passion"[23], ce qui nous semblerait aller de soi. Par contre, il ne fait aucun commentaire sur l'introduction du mot "*affectus*", qui n'était pas présent dans le titre de Descartes. Son explication suggère que la conjonction (*sive*) est un artifice pour rendre plus clair au lecteur le sens que Descartes attribue au mot français "passion" dans son traité. Il semble donc que, au moins de l'avis d'Henri des Marets, le mot latin "*affectus*" exprimait mieux le sens de Descartes dans les *Passions de l'âme* que le mot latin "*passio*".

Par ailleurs, le choix du traducteur des *Passions* n'est pas excentrique et ne justifie pas, par lui-même, la thèse selon laquelle la théorie de Spinoza s'appuie sur celle de Descartes. Des études récentes ont établi que l'histoire des termes "*passio*", "*affectus*" et "*affectio*" est beaucoup plus instable, riche et nuancée dans la tradition philosophique latine que l'on ne suppose[24]. "*Affectio*" a été choisi pour rendre en latin le terme grec "*pathos*" dans l'œuvre de Cicéron et "*passio*" « n'a pris un ascendant que tardivement, à partir du XIIIe siècle, après de longs siècles de domination des "affects" et autres "mouvements de l'âme"[25] ». Au seizième siècle, on a vérifié que, s'il y a un mot de préférence pour désigner ce qui relève de l'ordre des émotions, c'est plutôt "*affectus*" qui vient sous la plume des auteurs. Mais ce fait est plutôt un détail, car, comme l'a constaté l'analyse des œuvres d'Érasme, Melanchthon et Calvin, qui sont parmi les plus influentes de la période, aussi bien que des dictionnaires de l'époque, il n'y a pas d'indices d'un usage systématique ou même consistant de "*affectus*",

23 Noté par R. Leo (2013) et T. Nyden, « Affectus », in : Bunge, W. van, *et alii* (eds), *The Bloomsbury Companion to Spinoza*, Bloomsbury Academic, 2014, p. 151-154. *Cf. Passiones animae*, "*Interpretis praefatiuncula ad lectorem*" : "*Id me movit ut cum nomen Affectuum Latinius forte posset usurpari, maluerim tamen Passionum vocem retinere, quo Authoris ipsius principiis magis inhaererem*".

24 *Cf.* T. Dixon, *From Passions to Emotions : The Creation of a Secular Psychological Category*. Cambridge University Press, 2003 ; D. Boquet et P. Nagy : « Une histoire des émotions incarnées », *Médiévales* 61, 2011 ; M. Champion, R. R. Garrod, Y. Haskell et J. Ruys : "But were they talking about emotions ? *Affectus*, *affectio* and the history of emotions". *Rivista Storica Italiana*, 2(2), 2016, 521–542 ; D. Boquet et P. Nagy : *Histoire intellectuelle des émotions, de l'Antiquité à nos jours*. L'Atelier du Centre de recherches historiques, 16, 2016 ; K. Essary, "Passions, Affections, or Emotions ? On the Ambiguity of 16th-Century Terminology". *Emotion Review*, 1-8, 2017.

25 D. Bouquet et P. Nagy, 2011, p. 1.

"*affectio*" et "*passio*", ainsi que leurs variantes à l'époque[26]. En passant en revue l'histoire de l'usage de ces termes depuis l'antiquité tardive jusqu'à certains philosophes de la République des Lettres (Regius), il est possible de conclure aussi que cet usage varie largement, se répercutant dans plusieurs domaines (théologie, philosophie, éthique, rhétorique et médecine) et mobilisant des champs sémantiques divers : dispositions de caractère, sensations corporelles, inclinaisons (physiques, mentales ou volitives), maladies et passions[27].

Le simple fait d'avoir adopté le mot "*affectus*" pour désigner un concept plus fondamental que "*passio*" ne sépare pas autant Spinoza de Descartes[28] ou de la tradition que l'on suppose[29]. Dès lors, des arguments d'ordre terminologique deviennent largement insuffisants pour déterminer le sens des concepts de *affectio* et *affectus* (passif ou actif) chez Spinoza. Au contraire, il appartient plutôt aux arguments systématiques et doctrinaux d'éclairer ces choix terminologiques. Il en résulte aussi que la thèse avancée par J.-M. Beyssade, selon laquelle ces concepts gardent entre eux des rapports de significations beaucoup plus étroits que ceux qu'énonce la définition 3 d'*Éthique* III, n'est pas en désaccord avec l'usage courant de ces termes.

---

26 À ce propos, voir K. Essary (2017).

27 À ce propos, voir M. Champion *et alii* (2016).

28 P. Macherey, dans son livre sur la troisième partie de l'*Éthique* (1994) avait soutenu l'hypothèse que le choix du terme "*affectus*" signalait « la nécessité du déplacement théorique justifié ensuite dans la préface » (p. 15) de cette partie. Plus tard, toutefois, il revient sur ce point : « [...] Spinoza n'a pas élaboré sa théorie de l'affectivité contre Descartes, dans le sens d'une opposition frontale aux vues développées par celui-ci dans *Les Passions de l'âme*, mais à partir de Descartes, ce que confirme la lecture de certains passages du *Court Traité*, comme le chapitre 19 de la IIe partie, dont J.-M. Beyssade avait proposé une analyse détaillée dans sa communication sur la *fluctuatio animi* chez Descartes et Spinoza présentée en 1987 au Colloque de L'Aquila » (« Descartes et Spinoza devant le problème de l'usage des passions », in : Christian Lazzeri (éd.), *Spinoza. Puissance et impuissance de la raison*, P.U.F., p. 93-114, p. 94.

29 H. Wolfson (*The Philosophy of Spinoza. Unfolding the latent process of his reasoning*, Vol. 2. Nova York, Schocken Books, 1969) l'avait déjà bien noté ; de même, Chantal Jaquet (2004), Russ Leo (2013) et L Vinciguerra (2005). Pour une étude circonstanciée de l'emploi du terme "*affectio*" dans l'*Éthique*, voir la troisième section du livre de L. Vinciguerra (2005), p. 93-96, en particulier, la note 5 de la p. 93. En tout cas, les études sur l'histoire des émotions, auxquelles je me réfère ici, montrent que les références classiques sont plus variables en ce qui concerne la fixation de la signification des termes en question. Il s'ensuit que la démarcation de Spinoza par rapport à ces références, dont parle Vinciguerra, (p. 94) n'est pas encore bien déterminée.

Revenons donc au problème exégétique : en quel sens la thèse selon laquelle le concept d'*affect* est plus fondamental que celui d'*affectio* nous permet de mieux comprendre les démarches de l'*Éthique* ? Et quelle est son articulation avec la thèse qui reconnaît, dans tout affect, actif ou passif, joyeux ou triste, un fond inéliminable de joie ? Comment tester la force interprétative de ces hypothèses ?

Dans le cadre de ce bref exercice spéculatif, il s'agira d'examiner si elles sont capables de résoudre la difficulté soulevée par une proposition de l'*Éthique* en particulier, la proposition 3 d'*Éthique* V par l'analyse du scolie de la proposition 4 d'*Éthique* V. En discutant le texte de Jean-Marie Beyssade (1988), Margaret Wilson (1988) concède que « [...] *an interpretation along the lines proposed by Beyssade can help us make interesting sense of the general view that distinct understanding can relate a passion of sadness to intellectual love* » (p. 194). Cependant elle lui objecte que sa lecture ne réussit pas à débarrasser la proposition 3 d'*Éthique* V de la difficulté qui menace sa validité, et sur laquelle il a pertinemment attiré l'attention. Car si l'idée claire et distincte de l'affect, dont parle la proposition[30], est une idée de la raison, c'est-à-dire, une idée de propriété commune que l'affect partage avec d'autres choses, comme le suggère J.-M. Beyssade en s'appuyant sur la démonstration de la proposition 4 d'*Éthique* V, alors elle ne porte pas sur le *même objet* que l'idée qui constitue l'affect passif et, à ce moment-là, ni ne l'affirme, ni ne la contrarie – ce qui est requis pour que les idées vraies soient efficaces pour modérer les affects passifs (*E*4p1-*E*4p7). En plus, cette idée claire et distincte, dans la mesure où elle porte sur une propriété commune ne peut pas non plus être considérée comme l'idée de l'idée qui constitue la passion. Mais cela est requis par la démonstration, car l'argument de Spinoza dépend de la thèse selon laquelle la connaissance claire et distincte de la passion ne se distingue pas de celle-ci, sinon par une distinction de raison[31]. Par contre, si la connaissance à laquelle se réfère l'énoncé de la proposition 3 d'*Éthique* V est bien l'idée de l'idée qui constitue la passion, de laquelle elle se distingue par une

30 *E*5p3 : « Un affect qui est une passion cesse d'être une passion sitôt que nous en formons une idée claire et distincte ».

31 *Cf.* M. Wilson (1988) : « [...] *how the distinct idea of the passion can be "one and the same thing" as the passion itself* (*cf.* IIP21S), *or how it can be the case that the two are distinguished "only by reason." Yet this assumption must hold up in an intelligible way if the proof is to work at all* » (p. 193).

distinction de raison et qui est une idée obscure, alors elle ne peut pas être *claire et distincte.*

Il s'agit d'un problème de taille, car il met en question non pas l'un des remèdes, parmi d'autres, pour modérer nos affects passifs (*E*5p4s et *E*5p20s), mais l'une des assises sur lesquelles Spinoza érige sa thérapeutique du moins dans la première moitié de la cinquième partie[32]. En effet, si Spinoza ne peut établir qu'il est possible de changer réellement nos affects passifs, alors aucun des autres remèdes ne servira à rien : nous resterons soumis au pouvoir des choses extérieures, dont la force surpasse infiniment la nôtre (*E*4p3), et la liberté promise serait illusoire.

Récemment, Lilli Alanen (2017) a repris ce problème, en l'exprimant de façon assez proche de la formulation de Margaret Wilson et en soulignant sa portée doctrinale. D'après ces lectures, la proposition 3 d'*Éthique* V pose une difficulté insoluble, car sa démonstration suppose la satisfaction de deux conditions irréconciliables : la possibilité de former une idée claire et distincte d'une idée confuse *et* que ces deux idées se distinguent seulement par une distinction de raison[33]. Toutes les deux en concluent que cette proposition ne peut pas être lue comme démontrant la possibilité de *transformation* ou de *conversion* de la passion, c'est-à-dire de changement réel de l'affect passif en actif. Au mieux, la proposition établit ou bien (a) la possibilité de *remplacer* le premier par le second, ou bien (b) la possibilité de le neutraliser en l'intégrant dans un complexe d'idées adéquates. Or, la première option, nous dit L. Alanen, ne peut pas être acceptée, car elle enveloppe *l'élimination* de la passion et cela est explicitement refusé par Spinoza dans le cas de l'idée imaginative du soleil (*E*2p35, *E*4p1 et son scolie). L'alternative est compatible avec la doctrine, mais, toujours selon L. Alanen, ne fonde pas la liberté promise

32 Les raisons de cette affirmation deviendront plus claires dans la suite. F. Mignini, dans son édition des *Œuvres de Spinoza*. Éd. trad. et notes par Filippo Mignini, Milan, Arnaldo Mondadori Editore, 2007, p. 1668-1669, n. 5), soutient que ce sont plutôt *E*5a1-a2 et *E*5p1 qui fondent la thérapeutique développée dans les propositions *E*5p2-*E*5p20. Je ne conteste pas son interprétation ; je propose simplement que *E*5p1 à *E*5p4 fassent aussi partie des fondements de la thérapeutique présentée dans l'ensemble de la cinquième partie. À propos de l'unité des deux « parties » de cette thérapeutique, voir A. Matheron (1997).

33 Cette difficulté a été aussi repérée par J.-M. Beyssade (1988) : « [...] la coexistence est impensable entre un affect passionnel (une idée confuse) et une idée de l'idée claire et distincte (une réflexion rationnelle, cognitive ou affective, sur cette passion) » (p. 186).

par Spinoza dans la préface de la cinquième partie, qui doit être une liberté d'action et non pas seulement la liberté de penser.

La difficulté que pose la démonstration de la proposition 3 d'*Éthique* V n'a pas été ignorée par A. Matheron (1997), mais il ne fait aucune allusion à la question des rapports entre l'idée imaginative (passion) et les notions communes dans son explication du passage : « [...] lorsque l'idée d'une idée confuse est adéquate, cette idée confuse, elle aussi, devient nécessairement adéquate en connaissant clairement nos sentiments, nous connaissons clairement les modifications corporelles correspondantes, et nos passions se font actions[34] ». En revanche, dans la suite immédiate de ce texte, il envisage la même objection qui a été avancée par L. Alanen concernant l'apparente opposition entre cette lecture et ce qui est dit dans les propositions 35 de d'*Éthique* II et 1 d'*Éthique* IV et son corollaire :

> Bien entendu, cela ne remet nullement en question la proposition 1 du livre IV : rien de ce qu'une idée fausse a de positif n'est supprimé par la présence du vrai en tant que vrai. Mais le *quid positivum* de la passion peut se trouver avec la connaissance vraie dans deux sortes de rapports : ou bien subsister à côté d'elle comme un résidu opaque, ou bien être assimilé par elle. Et c'est ce deuxième type de rapport qui, à partir de maintenant, va commencer à prévaloir : non pas dissipation d'un mirage, mais achèvement de ce qui, jusqu'à présent, restait fragmentaire et incomplet. (*idem*)

J.-M. Beyssade propose donc une solution qui se rapproche de celle de A. Matheron : il faut reconnaître, même dans la tristesse, quelque chose de positif qui ne disparaît pas lorsque l'affect passif cesse d'être passif. Beyssade va jusqu'à caractériser ce *quid* comme une *joie* (1988, p. 186-187) ; Matheron ne va pas si loin. Mais aussi bien l'un que l'autre y voit le point de départ du chemin vers la béatitude : si ce *quid positivum* n'était pas présent même dans les passions les plus accablantes, et si la thérapeutique de la cinquième partie ne le préservait pas, alors L. Alanen aurait raison et la béatitude promise serait celle de l'ascète, et la liberté, seulement celle de penser.

M. Wilson et L. Alanen ont bien raison de réclamer les raisons qui autorisent Spinoza à supposer que l'idée obscure du départ *soit la même* à l'arrivée. Il faut bien qu'elle le soit, car autrement Spinoza ne pourrait

34 A. Matheron (1997), p. 549.

pas dire que la réflexion (l'idée de l'idée) ne fait qu'un avec l'affect passif et que c'est, pour cette raison, qu'elle réussit à enlever au moins en partie son caractère passif. Apparemment donc la thérapie spinoziste se retrouve devant un embarras, tel que J.-M. Beyssade, M. Wilson et L. Alanen l'ont signalé : si la passion cesse d'être une passion, ne disparaît-elle pas entièrement ? Et si elle disparaît entièrement, pourquoi Spinoza peut parler en termes de changement de degré (*E*3p3c : « l'esprit en pâtit moins ») ?

Voilà le nœud à dénouer : il ne suffit pas de reconnaître qu'il y a quelque chose de positif dans la passion qui est préservé par le travail de l'entendement, ni de la caractériser en termes de variation positive de puissance (une joie), il faut avancer dans la détermination de ce *quid* pour montrer ce qu'il est et comment il explique que la passion qui cesse d'être une passion garde son *identité*. C'est ici que je crois que la thèse selon laquelle l'*affectus* est un concept plus fondamental que l'*affectio*, avancée par J.-M. Beyssade en 1999, peut venir à notre secours, et nous permet de spéculer sur sa réponse à l'objection de M. Wilson.

Dans son texte de 1988, il aborde la question de la façon suivante : « [...] une fois soigneusement dissociées les deux affectivités [passive et active], comment penser leur réunification requise par l'éthique en certains passages décisifs... ? » (p. 185) Cette réunification, propose-t-il, sera couronnée par l'Amour de Dieu, dans la mesure où celui-ci « prolonge directement le rôle de la réflexion » (*idem*). Mais pour que cette intégration échappe au paradoxe,

> [...] il faut dégager une continuité entre imagination et entendement : entre idées générales, notions communes et idée de Dieu ; entre rencontres passionnelles, joies rationnelles, et amour de Dieu. (...) il faut qu'il y ait un élément de joie à produire ou à extraire de la tristesse, comme il y a une notion commune à extraire ou à former à partir de l'imagination, là où elle s'égare en idées générales et abstraites. (p. 186-187)

Cette continuité, il la voit déjà affirmée dans les propositions 29 à 31 d'*Éthique* IV, dans lesquelles Spinoza démontre que rien ne peut nous affecter, soit positivement, soit négativement, sans avoir quelque chose en commun avec nous. Voilà ce quelque chose de positif qu'il fallait retrouver ; il est bien là, de fond en comble, dans les racines métaphysiques de l'éthique : le principe de causalité et l'intelligibilité intégrale du réel

(E1a4-a5), selon la formule d'Alexandre Matheron (1988). Mais ce qui est commun ne constitue l'essence d'aucune chose particulière (*E*2p37), et il nous faut montrer que la connaissance vraie d'une passion, qui fait qu'elle cesse d'être une passion, a pour objet cette passion *elle-même.*

Spinoza, il me semble, reconnaît le problème, car il revient sur l'ensemble des propositions 2 à 4 d'*Éthique* V dans le scolie de cette dernière pour montrer comment elles s'articulent pour composer un « remède » aux passions et la façon dont ce remède agit. Si dans les propositions précédentes Spinoza a établi ce qui rend possible cette thérapeutique, c'est dans le scolie qu'il va montrer comment chaque condition remplit son rôle médicinal. Cette articulation apporte des éclaircissements supplémentaires significatifs. Un élément qui n'était pas manifeste dans les preuves précédentes est introduit, la connaissance de soi, et l'ordre des trois propositions est renversé : la proposition qui traite de la dissolution des affects objectaux (comme l'amour, la haine, la fluctuation de l'Esprit) précède celle qui établit les conditions sous lesquelles un affect passif cesse d'être passif, mais, dira Spinoza dans le scolie, c'est cette transformation qui rend possible le redressement de ces affects.

Concentrons-nous sur le premier éclaircissement, car il permettra de défaire le paradoxe apparent dont il est question ici, à la condition que la thèse de J.-M. Beyssade sur le caractère plus fondamental de l'affect (1999) y soit ajoutée.

En s'appuyant sur la proposition 36 d'*Éthique* I et sur la proposition 40 d'*Éthique* II, Spinoza commence le scolie en affirmant que « chacun a le pouvoir de se comprendre clairement et distinctement, ainsi que ses affects, sinon absolument, du moins en partie, et de faire par conséquent qu'il en pâtisse moins ». C'est là un tournant inattendu, car les démonstrations de la connaissance claire et distincte que nous pouvons avoir de la passion (*E*5p3) et de l'affection du corps (*E*5p4) ne faisaient aucune allusion à la connaissance de soi. La justification de la possibilité de former un concept clair et distinct de n'importe quelle affection du corps (*E*5p4d) est fondée sur la théorie des notions communes (*E*2p38). Cette thèse, donc, est une nouveauté apportée par le scolie dans la discussion et a des répercussions rétrospectivement sur le sens des propositions 3 et 4 qui la précèdent : la connaissance claire et distincte dont il était question dans la proposition 3 d'*Éthique* V, et même dans la proposition 4 d'*Éthique* V, n'est plus censée porter seulement sur la passion (ou sur l'affection du corps), mais doit envelopper aussi la connaissance du rapport de la passion à l'esprit.

Cet éclaircissement, qui associe la possibilité de la connaissance claire et distincte des affects à la possibilité de connaissance de soi, débouche sur la découverte du *mécanisme* qui explique la thèse de la proposition 3 d'*Éthique* V et de l'affect qui, ayant origine dans les connaissances claires et distinctes (*E*3p58d), fait front à la passion : lorsqu'on s'applique à connaître adéquatement une passion, celle-ci *détermine* l'esprit à « penser ce qu'il perçoit clairement et distinctement, et en quoi il trouve pleine satisfaction [*plane acquiescit*][35] ». L'affect qui compose avec la passion et la fait cesser d'être passion est donc l'*acquiescentia*[36], c'est-à-dire, la joie née de ce que l'homme se contemple lui-même et sa puissance d'agir (*E*3da25). Ce mécanisme fait que la passion cesse d'être une passion sans l'annihiler, car l'*acquiescentia* ne lui est pas contraire (*E*4p7c), mais l'intègre[37] dans la connaissance de soi comme cause : l'idée de l'idée qui

---

35 Cette même expression "*plane acquiescit*" se retrouve aussi dans le chapitre 32 de l'Appendice de la quatrième partie (G II, 524), qui porte sur ce à quoi nous pouvons aspirer étant donnée la force des affects et des choses extérieures comparée à la nôtre. Il faudra alors examiner, dans un autre moment, les rapports entre la thérapeutique qui est établie en E5p1-p20 et ce qui est décrit dans ce chapitre, car cela peut, à mon avis, éclairer le sens problématique du scolie de *E*5p18, discutée par L. Alanen (2017, en particulier, p. 98-99) et dont Jean-Marie Beyssade a donné une belle formulation « quand la passion doit "symboliser" avec la vertu » (1988, p. 185).

36 Cet affect peut aussi bien être passif (*E*3p30s, *E*3p51s et *E*3p53) et actif (*E*3p58, *E*3da25, *E*4p52 et s). Dans le cas de ce scolie, puisqu'il s'agit de connaissance claire et distincte, il s'agit de sa forme active. Sur les variations de sens du terme "*acquiescentia*", il est important de bien saisir la distinction entre *acquiescentia in se ipso* et *acquiescentia mentis*, qui remplace la première à partir du chapitre IV de l'Appendice de la quatrième partie et qui est la seule à être mentionnée dans la cinquième partie (avec la variante *aquiscentia animi*). Cependant, je ne peux le faire dans le cadre de ce texte. Je renvoie, donc, aux études de G. Totaro : « "*Acquiescentia*" dans la cinquième partie de l'*Éthique* de Spinoza », *Revue philosophique de la France et de l'étranger*, 184(1), 1994, p. 65-79 ; D. Rutheford : « Salvation as a state of mind. The place of "*acquiescentia*" in Spinoza's *Ethics* », *British Journal for the History of Philosophy*, 7(3), 1999, 441–473 et de C. Carlisle « Spinoza's *acquiescentia* », *Journal of the History of Philosophy*, 55(2), 2017, p. 209–236. Je suppose ici que leur distinction, si importante soit-elle, n'interfère pas avec mes arguments.

37 Je soutiens ici, donc, la seconde option d'interprétation de *E*5p3 proposée par L. Alanen (2017), la neutralisation de la passion par son intégration dans un ensemble d'idées adéquates. J'y reviendrai dans le texte.

constitue la passion, et qui ne se distingue d'elle que par une distinction de raison (*E*2p20d et p21s), la rend un objet de connaissance pour l'esprit, ce qui veut dire qu'elle le détermine à la connaître clairement et distinctement, devenant ainsi la source de satisfaction (*acquiescentia*). Mais quelle est la forme de cette connaissance claire et distincte de la passion qui satisfait l'esprit ?

Spinoza tire de ce premier pas deux conséquences dans la suite du texte : (i) « l'affect lui-même se trouve séparé de la pensée de la cause extérieure, et joint à des pensées vraies ; par où il se fera que (...) l'Amour et la Haine, etc. seront détruits (*par la Prop. 2, de cette p.*) », et (ii) « que les appétits ou Désirs qui naissent habituellement d'un tel affect ne pourront pas être excessifs (*par la Prop. 61, p. 4*) ».

La première conséquence suggère que la connaissance claire et distincte des passions objectales n'est capable de les détruire, comme le démontre la proposition 2 d'*Éthique* V, que parce que l'affect qu'elle engendre, *l'acquiescentia*, est *contraire* à ces affects (*E*4p7 et c). Mais pour qu'il en soit ainsi, les idées auxquelles l'affect lui-même est intégré doivent le présenter comme étant *causé* par l'esprit, parce que c'est à titre de *causes* que les objets d'amour et de haine sont liés à l'affect. Il est vrai que ces idées claires et distinctes ne peuvent affirmer que l'esprit est sa cause *adéquate* (*E*3déf.1). Cependant, puisque la passion, en tant qu'elle indique l'état actuel de notre corps (*E*3dga expl.), sa connaissance claire et distincte mentionnée dans la démonstration de la proposition 3 d'*Éthique* V est, donc, sa connaissance en tant que mode ou affection de l'esprit, ou encore, la connaissance de l'esprit en tant qu'affecté ou modifié par la passion.

Le renversement de l'ordre entre les thèses des propositions 2 et 3 d'*Éthique* V, énoncé dans (i) ne pose pas de problèmes parce que leurs démonstrations sont indépendantes. Mais aussi parce que le texte de ce scolie vise, non pas à les prouver, mais à les articuler pour montrer pourquoi et comment la connaissance dont elles parlent peut être un remède effectif pour modérer nos passions. De ce point de vue, d'après le scolie, la destruction des affects objectaux (amour, haine, fluctuations de l'âme et leurs diverses formes) suppose que leur connaissance claire et distincte, en tant qu'ils sont des passions, les ait associés d'abord à l'esprit comme à leur cause. Ainsi, la proposition 3 d'*Éthique* V formule une étape préalable du processus d'élimination des affects objectaux

(*E*5p2), qui sont, pour la plupart, à la base de notre soumission aux lois des rencontres, bonnes ou mauvaises.

C'est pourtant dans l'explication de (ii) que nous verrons Spinoza se prononcer sur le problème de l'identité de l'affect qui cesse d'être une passion, lequel menace le bien-fondé de la proposition 3 d'*Éthique* V. La connaissance claire et distincte de nos affects associée à la connaissance de notre esprit comme leur cause, et l'*acquiescentia* qui en provient, a aussi pour effet que les « appétits ou Désirs qui naissent habituellement d'un tel affect ne pourront pas être excessifs (*par la Prop. 61, p. 4*) ». La compréhension de cette formulation soulève un problème : à quel affect Spinoza se réfère-t-il ?

Le renvoi à la proposition 61 d'*Éthique* IV indique qu'il s'agit d'un affect actif (et, donc à une connaissance claire et distincte) puisque, selon cette proposition, « un désir qui naît de la raison ne peut être excessif ». En ce sens, on peut penser ici à l'*acquiescentia*, mentionnée un peu auparavant et associée à une connaissance claire et distincte. Mais l'affect dont il était question au début de l'énoncé était un affect passif : « *l'affect* lui-même se trouve séparé de la pensée de la cause extérieure, et joint à des pensées vraies ; par où il se fera que (…) "appétits ou Désirs qui naissent habituellement d'un *tel affect* ne pourront pas être excessifs" ».

Le passage suppose donc que c'est *un seul et même affect* qui, au départ, était passif et qui, une fois « joint à des pensées vraies », *devient* un affect qui ne peut être à l'origine des appétits ou des désirs qui n'ont pas d'excès. Cela signifie-t-il que l'affect passif est devenu un affect actif ? Avançons avant d'essayer de répondre à cette question.

Ce qui est certain, c'est que la proposition 3 d'*Éthique* V, lue à la lumière de ce passage, porte sur un *changement réel*[38] subi par un affect passif lorsqu'on connaît celui-ci clairement et distinctement. L'énoncé de la proposition 3 était seulement négatif (la passion cesse d'être une passion) et, par conséquent, laissait ouverte la possibilité d'élimination complète de la réalité passionnelle, c'est-à-dire de l'affection causée par une chose extérieure, ainsi que de l'idée de cette affection. Ici, dans le

---

38 Les thèses alternatives sur la thérapeutique spinoziste, à savoir, si elle implique ou non un changement réel dans la passion, sont considérées par Jean-Marie Beyssade (1988, p. 185-188) dans l'analyse des rapports entre l'*amor erga Deum* et la tristesse, traités dans le scolie d'E5p18. Le risque de paradoxe qu'il y repère ne serait surmonté, à son avis, qu'avec l'amour de Dieu, qui fait que la « passion triste subsiste, mais, si l'on ose dire, moins triste et moins passive » (p. 187).

scolie, cette possibilité est écartée : car Spinoza considère que l'affect qui cesse d'être une passion peut être à l'origine des appétits ou désirs bons (dans la mesure où ils n'ont pas d'excès). La préservation de *la même affection en tant qu'elle est un affect* [« *tali affectu* »] est un point décisif de l'efficacité de la thérapie qu'il propose.

Revenons au problème de la démonstration de la proposition 3 d'*Éthique* V. Jusqu'ici le scolie nous apporte deux renseignements significatifs à ce propos. D'abord, il indique que l'idée claire et distincte que nous formons d'une passion, et qui n'a avec elle qu'une distinction de raison (*E*5p3d) est une idée qui *la* conçoit comme un effet de notre esprit. Dès lors la difficulté initiale devient : pourquoi doit-on affirmer que l'idée d'un affect comme un effet de notre esprit est l'idée de l'idée de *ce qui fonde l'identité de cet affect* ? Voilà une question qui mérite d'être examinée, mais que, dans le cadre de cet article, je laisserai de côté. Il suffit, je crois, de renvoyer à la démonstration de la proposition 23 d'*Éthique* II : « …les idées [des affections du corps] conviennent avec la nature de l'esprit ; et donc la connaissance de ces idées enveloppera nécessairement la connaissance de l'esprit ». Ce passage montre que les idées des affections du corps, et, par conséquent, les affects de l'esprit, enveloppent nécessairement la connaissance de l'esprit. En ce sens, la connaissance claire et distincte de l'affect, dont parle la proposition 3 d'*Éthique* V, est au moins une partie de la connaissance réflexive de l'affect, c'est-à-dire, de l'idée de l'idée qu'il est. Elle le présente *comme* une variation de la puissance de notre esprit, dont il dépend au moins en partie (*E*3déf.1 et *E*3déf.2, *E*4p59d), et, ce faisant, elle porte sur l'affect lui-même et non pas sur une autre chose, comme le suggère L. Alanen (2017).

Ensuite, le scolie nous apprend que « cesser d'être passion » n'implique pas que la passion soit anéantie, mais, au contraire, qu'il y a quelque chose d'elle qui reste et qui autorise Spinoza à s'y référer comme étant *le même affect*. Mais pourquoi peut-on dire qu'il s'agit du *même affect* si, apparemment, celui-ci cesse d'être ce qui le caractérisait (à savoir, être une passion) ? La suite du scolie, qui signale la valeur *éthique* de cette thérapie, nous l'explique :

> […] il faut avant tout remarquer que c'est par un seul et même appétit que l'homme est dit tant agir que pâtir. (…) Et de même tous les appétits ou Désirs ne sont des passions qu'en tant qu'ils naissent d'idées inadéquates ;

> et ces mêmes Désirs viennent s'adjoindre à la vertu quand ce sont des idées adéquates qui les excitent ou les engendrent. Car tous les désirs qui nous déterminent à faire quelque chose peuvent naître aussi bien d'idées adéquates que d'idées inadéquates *(voir la Prop. 59, p. 4).*

La connaissance claire et distincte de nous-mêmes et de nos affects nous fait donc agir et désirer par vertu sans avoir à les transformer en quelque chose d'entièrement autre, ni les annihiler. Spinoza insiste expressément sur le fait que la distinction entre être actif et être passif (*E*3d2), ainsi que celle entre vice et vertu (*E*4p20-*E*4p26), ne sont pas déterminantes pour *l'identité des appétits* et, de ce fait, des désirs : « c'est par un seul et même [*unum eundemque*] appétit que l'homme est dit tant agir que pâtir ». Et le renvoi à la proposition 59 d'*Éthique* IV, à son tour, indique que le même doit être dit des actions : « à toutes les actions auxquelles nous détermine un affect qui est une passion, nous pouvons être déterminés sans lui par la raison ». Or, puisque ce scolie et la proposition 59 d'*Éthique* IV prolongent ce qui a été prouvé dans les propositions 29 à 31 d'*Éthique* IV, tirant, à partir de la conception spinoziste du principe de causalité et celui de l'intelligibilité intégrale du réel (*E*1a4-a5), des conséquences pour les valeurs, pour les appétits et pour les actions, on peut les appliquer aussi aux affects : *un seul et même affect* peut être dit passif ou actif. D'où il suit que, si l'on comprend le sens des concepts actif et passif, la thèse selon laquelle c'est un seul et même affect qui est passif, lorsqu'il est connu inadéquatement, et cesse d'être passif lorsqu'il est connu adéquatement ne pose aucun problème : l'identité de l'affect n'est pas fondée sur son caractère passif ou actif, et ainsi, lorsqu'un affect cesse d'être une passion, il ne cesse pas d'être lui-même.

La connaissance claire et distincte de la passion, la dépouillant de sa dimension passionnelle, la réduit à sa réalité la plus fondamentale, celle qui répond pour son identité. On peut penser ici que cette réalité est, contrairement à ce que soutient J.-M. Beyssade, d'être une affection et non pas d'être affect. Cesser d'être une passion signifierait, partant, cesser d'être un affect. Cette hypothèse semble bien s'imposer parce que nous ne serons jamais une cause non-partielle de nos affects (*E*4p4).

S'il en était ainsi, pourtant, on ne pourrait pas expliquer ce que dit Spinoza en (ii) : qu'une telle affection, conçue comme n'étant pas un affect, ou encore dépourvue de tout pouvoir de faire varier notre puissance d'agir continue d'être à l'origine des *mêmes* appétits et désirs : « …les appétits ou Désirs qui naissent *habituellement* d'un tel affect ne pourront être excessifs ». Si ce que la proposition 3 d'*Éthique* V prescrit enlevait toute dimension affective de l'affection, ce remède serait celui de l'apathie, comme l'a argumenté L. Alanen (2017). Pour rendre compte du sens de ce scolie, il faut supposer que la connaissance claire et distincte de l'affect passif ne lui enlève aucun pouvoir, mais le *redresse* et en le convertissant en origine d'actions et d'appétits vertueux. Pour ce faire, Spinoza n'est pas obligé de supposer que l'affect, joint à des idées vraies, laisse d'être une passion et devient un affect actif : tout ce qu'il lui faut admettre c'est que lorsqu'on connaît clairement et distinctement une passion, sa dimension passive est neutralisée, mais elle continue à être un affect qui excite les mêmes appétits qu'auparavant.

Dès lors, la thèse soutenue par J.-M. Beyssade (1999), selon laquelle l'*affectus* désigne une réalité plus fondamentale qu'*affectio* rend ce passage plus intelligible : si l'affect, étant dépouillé de ce qui le caractérise comme passif, et garde son identité et préserve son pouvoir d'exciter des appétits ou désirs, c'est parce que sa réalité la plus fondamentale est celle d'affect, même si la variation qu'il produit dans notre puissance tend vers zéro, sans jamais être entièrement annulée. Elle permet aussi de faire face à l'objection de L. Alanen : la libération proportionnée pour ce premier remède aux passions ne nous mène pas seulement à une liberté de pensée ou de connaissance, mais à une liberté d'action. Car le scolie nous montre que, *le même affect*, lorsqu'on y réfléchit et conçoit sa nature de modification de la puissance de penser de l'esprit, cesse d'être une passion, mais ne cesse pas d'être le même et, donc, continue à déterminer les mêmes appétits (ou désirs) et les mêmes actions qu'auparavant, même si leurs valeurs sont redressées.

Cette étude montre, je l'espère, la plausibilité de placer les rapports entre les concepts d'*affectio* et d'*affectus* au centre de l'unité architectonique de l'*Éthique*. Spinoza opérerait avec le concept d'affection le même basculement qu'il fait subir au concept de substance : la définition initiale n'est que le point de départ pour construire sa conception plus achevée, qui est enracinée dans la dimension foncièrement agissante du réel. De même que la définition de la *causa sui* (E1déf1) permet de révéler la vraie nature de la substance, de même la définition d'*affectus* (E3déf3) nous permettrait de connaître la vraie nature de l'affection, montrant que ce concept ne peut pas signifier un *état* mais doit désigner une *disposition*, ou encore une *variation* de la puissance dont elle est l'affection. En revanche, d'une manière différente du couple substance / *causa sui*, le couple *affectio*/*affectus* articule toutes les parties de l'*Éthique*, en régissant non seulement la construction du *problème* éthique, mais aussi – et surtout comme nous l'avons vu – la *solution* que Spinoza lui donne.

Lia LEVY
UFRGS-CNPq

LA RECONNAISSANCE OU GRATITUDE CHEZ SPINOZA

À Jean-Marie Beyssade,
Toute ma reconnaissance.

Quiconque entend exprimer sa reconnaissance envers un bienfaiteur, qu'il prenne la figure d'un parent dévoué, d'un généreux donateur ou d'un maître à penser bienveillant, qui ne ménage ni sa peine ni son temps, ne peut manquer d'être surpris du sort que Spinoza réserve à ce sentiment. Selon la définition 34 d'*Éthique* III, « la reconnaissance (*gratia*) ou gratitude (*gratitudo*) est le désir ou zèle d'amour, par lequel nous nous efforçons de faire du bien à qui, pareillement affecté d'amour, nous a fait du bien ». Indifféremment nommé *gratia* ou *gratitudo*, cet affect est une forme d'amour réciproque qui se caractérise par un effort pour rendre le bien reçu. Il est donc tout le contraire de la vengeance entendue « comme effort pour rendre le mal qu'on nous a fait[1] ». Dès lors, par opposition à la vindicte qui est toujours mauvaise, la reconnaissance apparaît comme un affect joyeux, tout à fait louable, un amour zélé, juste et vertueux.

Pourtant Spinoza, loin d'en faire l'éloge, soutient contre toute attente dans le *Court Traité* qu'un homme parfait n'éprouve ni gratitude ni reconnaissance. Dans le chapitre XVIII de la partie II, il écrit ainsi à propos de la faveur et de la reconnaissance : « Je sais bien que pour la plupart, les hommes jugent ces passions bonnes ; mais j'ose dire, malgré cela qu'elles ne peuvent se rencontrer chez un homme parfait [...][2] ». Ainsi, ce n'est pas la présence mais l'absence de reconnaissance qui

1 *E*4p50s. Pour l'*Éthique*, la traduction utilisée est celle de Bernard Pautrat, Paris, Éditions du Seuil, 1998.

2 *CT* II, XIII, § 2. La traduction utilisée est celle de Joël Ganault dans *Spinoza, Œuvres I, Premiers écrits*, Paris, Puf, 2009.

indique qu'un homme est parfait. Éprouver de la gratitude, en somme, c'est prouver que l'on n'est pas parfait. Certes, Spinoza a conscience du caractère paradoxal, voire audacieux d'une telle affirmation, mais il la maintient fermement en prenant le contrepied des idées reçues. Alors que pour Descartes, la reconnaissance est toujours vertueuse[3], elle n'est pas loin d'être toujours vicieuse pour Spinoza. Il estime en effet dans l'*Éthique* qu'elle est « la plupart du temps un trafic, autrement dit une piperie, plutôt que de la reconnaissance[4] ». L'un des liens principaux de la société humaine d'après Descartes devient un jeu de dupes et le cercle vertueux fait place à un commerce mielleux qui tend à vicier les rapports sociaux. Comment comprendre une telle rupture avec les thèses cartésiennes largement approuvées par la morale commune ? Est-ce à dire alors que l'homme sage n'ait cure des bienfaits et soit un modèle d'ingratitude ? Force est de reconnaître que la position de Spinoza a des airs de provocation et semble peu compatible avec une vie sociale faite de services mutuels et d'échanges de bons procédés.

Il s'agira donc d'abord d'analyser les raisons pour lesquelles Spinoza émet de telles réserves à l'égard de la gratitude au point de la présenter comme étrangère à l'homme parfait dans le *Court Traité* et de mesurer l'évolution de sa pensée à ce sujet. Il s'agira ensuite de s'interroger sur la question de savoir s'il est possible de faire l'économie de cet affect et d'échapper à la logique sociale de la reconnaissance en revendiquant une philosophie de l'ingratitude.

LES VICISSITUDES DE LA GRATITUDE DU *COURT TRAITÉ* À L'*ÉTHIQUE*

À la différence de ce qui se passera dans l'*Éthique*, lorsque Spinoza aborde pour la première fois l'analyse de la gratitude dans le cadre du *Court Traité*, il jumelle sa définition avec celle de la faveur et lui oppose

3 Définie dans l'article 64 des *Passions de l'âme* comme un sentiment de faveur à l'endroit de ceux qui nous ont fait du bien, la reconnaissance, à la différence de l'ingratitude, « est toujours vertueuse et l'un des principaux liens de la société humaine. » *Passions de l'âme*, III, 194.

4 *E*4p71s.

ensuite son contraire l'ingratitude. « Nous en venons maintenant à la faveur (*Gunste*), à la reconnaissance (*Dankbaarheid*) et à l'ingratitude (*Ondankbaarheid*). Concernant les deux premières, elles sont l'inclination de l'âme à désirer et à faire quelque bien à son prochain. Je dis *à désirer* lorsqu'est fait du bien à celui qui a fait du bien ; je dis *à faire* lorsque nous avons nous-mêmes acquis ou reçu un bien[5] ». Spinoza reprend en cela la démarche de Descartes qui associe faveur et reconnaissance dans l'article 64 des *Passions de l'âme.* « Mais le bien qui a été fait par d'autres est cause que nous avons pour eux de la faveur, encore que ce ne soit point à nous qu'il ait été fait. Et si c'est à nous, à la faveur nous joignons la reconnaissance ». Chez les deux auteurs, il n'y a pas de différence fondamentale entre la faveur et la reconnaissance, si ce n'est que la première est généralement éprouvée à l'égard de quelqu'un qui a fait du bien en général, tandis que la seconde naît du bien qui nous a été fait. La reconnaissance apparaît donc comme une forme de faveur rapportée à soi et elle est à ce titre plus intense, car elle détermine l'âme non seulement à désirer dans l'avenir du bien pour celui qui en a fait, mais à lui en faire soi-même en retour pour lui rendre la pareille. Cette exigence de réciprocité en acte qui est au cœur de la gratitude spinoziste était déjà également présente chez Descartes. Dans des termes différents, on retrouve chez lui la distinction entre le désir qu'un bien advienne au bienfaiteur et celui de le faire advenir. Tandis que « la faveur est un *désir de voir arriver du bien* à quelqu'un pour qui on a de la bonne volonté[6] », la reconnaissance « contient tout le même [...] et cela de plus qu'elle est fondée sur une action qui nous touche et dont nous avons *désir de nous revancher*, c'est pourquoi elle a beaucoup plus de force, principalement dans les âmes tant soit peu nobles et généreuses[7] ».

L'EXCLUSION DE LA GRATITUDE DANS LE *COURT TRAITÉ*

Dès lors il est frappant de constater que des analyses similaires conduisent à des conclusions diamétralement opposées. Alors que pour Descartes, une âme généreuse éprouve de la reconnaissance au plus haut point et fait montre par là de sa vertu, Spinoza juge qu'un homme parfait, autrement dit libre et rationnel, ne saurait connaître

5 *CT*, II, XIII, 1.
6 *Passions de l'âme*, III, 192.
7 *Passions de l'âme*, III, 193.

ce sentiment et s'en explique dans le chapitre XVIII du *Court Traité.* Ni faveur ni gratitude « ne peuvent se rencontrer chez un homme parfait, car un homme parfait n'est conduit à aider son prochain que par la nécessité, à l'exclusion de toute autre cause. C'est pourquoi il se trouve d'autant plus contraint d'aider les pires dépravés qu'il voit en eux plus de misère et de besoin[8]. ». La raison énoncée est donc claire : un homme parfait fait le bien et aide son prochain non pas *par inclination*, mais par *nécessité.* Par conséquent, ce sont les besoins d'autrui qui déterminent son action et non les sentiments à son égard. Ce n'est pas la règle du donnant donnant qui régit son comportement, mais une loi de la raison qui prescrit de se conserver et de porter secours à autrui en veillant à son bien, comme si c'était le sien propre. L'homme parfait est conduit à aimer son prochain, non pas parce qu'il est touché par un sentiment de faveur ou de gratitude envers lui, mais parce qu'il sait qu'il n'est qu'une partie de la nature qui ne peut rien faire par elle-même pour son salut et qu'il dépend de Dieu et de sa providence universelle par laquelle chaque chose est produite et conservée[9]. C'est cette connaissance qui « en plus de nous apporter le véritable amour du prochain [...] nous dispose à ne plus jamais le haïr ni être en colère contre lui, mais au contraire à l'aider et à l'amener à un état meilleur[10]. » L'assistance mutuelle est donc une nécessité en raison de l'impuissance de chacun à s'en sortir seul et de la dépendance à l'égard de Dieu, dont l'homme est le serviteur, voire l'esclave[11].

Cette nécessité est la cause exclusive de l'acte de faire le bien, quels qu'en soient les bénéficiaires, les sentiments et les jugements à leur endroit. Si l'aide au prochain était conditionnée par la présence d'un sentiment de faveur et de gratitude, elle serait cantonnée à ceux qui ont fait du bien en général ou à soi en particulier et ne s'étendrait pas aux dépravés et autres scélérats qui (se) font du mal. Or ce sont eux qui, précisément en raison de leurs vices et de leur misère, ont le plus besoin d'être secourus. Un homme uniquement mû par des sentiments de faveur et de gratitude aurait donc non seulement l'aide sélective, mais inefficace et injuste, car il ne la distribuerait pas aux plus nécessiteux.

8 *CT*, II, XIII, 2.
9 *Cf. CT*, I, V, 2.
10 *CT*, II, XVIII, 4.
11 *Cf. CT*, II, XVIII, 1-2.

On comprend alors pourquoi faveur et reconnaissance ne peuvent pas être jugées bonnes. Un homme parfait ne saurait être généreux par choix électif, par désir d'être quitte ou refus de rester l'éternel obligé. Il ne fait pas le bien pour rendre mais parce qu'il est indispensable de donner. Il est étranger à la logique de la réciprocité et de la dette, car il n'attend rien en retour et ne cherche pas à se « revancher » du bien qu'on lui a fait, selon la formule de Descartes. Il inscrit ses actes sous le régime de la providence de Dieu[12] qui tend au maintien et à la conservation des êtres de la nature et non du traitement de faveur.

Faveur et gratitude n'ont pas leur place chez un homme parfait, car s'il les éprouvait, cela signifierait qu'il n'aimerait pas son prochain pour l'amour de Dieu de manière nécessaire, mais seulement de façon purement accidentelle, en s'attachant à lui ou s'en détachant à proportion du bien reçu et des aléas de l'existence. C'est ce que sous-entend Spinoza au § 4 du chapitre XIV du *Court Traité* II, consacré aux effets des amours périssables par opposition à l'amour immuable de Dieu :

> [...] toutes les fois que quelqu'un n'aime pas l'objet qui est seul digne d'être aimé, à savoir Dieu, comme nous l'avons dit plus haut, mais des choses qui par leur genre et leur nature sont éphémères, il s'ensuit nécessairement (parce que l'objet est soumis à tant d'accidents, jusqu'à sa propre destruction) de la haine, de la tristesse, etc., selon les changements de l'objet aimé. La *haine*, si quelqu'un lui retire l'objet qu'il aime : la *tristesse*, s'il vient à le perdre ; la *gloire* s'il s'appuie sur l'amour-propre ; la [*faveur*][13] et la *gratitude*, s'il n'aime pas son prochain pour l'amour de Dieu.

Spinoza place ainsi la faveur et la gratitude sous le sceau des sentiments fluctuants, passibles de se retourner en leur contraire en fonction des changements qui surviennent dans l'être aimé. Rien de solide ne peut être construit sur eux. La reconnaissance, par conséquent, est le propre de l'homme soumis aux passions qui n'a pas compris la nécessité inconditionnelle de secourir le prochain et, sans être qualifiée de mauvaise, elle n'est pas considérée comme bonne dans le *Court Traité.*

12 Voir *CT*, I, V, 1.

13 Traduction modifiée par nous. Nous remplaçons bienveillance par faveur. Le terme néerlandais est *gunste*, qui est précisément traduit par « faveur » au chapitre XIII.

LE RETOUR DE LA GRATITUDE DANS L'*ÉTHIQUE*

Un coup de théâtre se produit dans l'*Éthique* où Spinoza revient sur ses analyses de jeunesse et bouleverse les schémas établis. L'exclusion de la gratitude fait place à son inclusion, à tel point que cet affect devient l'apanage des hommes libres. C'est ce qu'établit la proposition 71 de l'*Éthique* IV. « Seuls les hommes libres sont très reconnaissants les uns envers les autres[14] ». Certes Spinoza ne parle pas ici d'homme parfait, mais d'homme libre. Cela revient cependant au même puisque l'homme libre, qui connaît les choses par le troisième genre de connaissance, est en vertu de sa puissance celui qui possède la plus grande réalité ou perfection humaine. Le revirement semble donc total. L'homme libre ne se reconnaît plus à l'absence, mais à la présence du sentiment de reconnaissance envers son semblable éprouvé au plus haut degré. Non seulement ce qui était impossible chez l'homme parfait devient possible, mais cela constitue sa propriété exclusive. Il en résulte que la reconnaissance au sens propre du terme ne se rencontre pas chez l'immense majorité des hommes en proie à la servitude des affects, comme le confirmera le scolie de la proposition 71 d'*Éthique* III. On est donc aux antipodes des thèses du *Court Traité*, puisque, d'une part, ce qui était incompatible avec l'homme parfait devient compatible avec lui, d'autre part, ce qui était le propre de l'homme soumis aux passions lui est à présent impropre. Comment expliquer un tel retournement ?

Afin de comprendre la mutation opérée, il faut prendre en compte les modifications sensibles apportées à la conception des affects dans l'*Éthique*. Spinoza opère non seulement une nette distinction entre deux genres d'affects, les actions et les passions, qui ne figure pas dans le *Court Traité*[15], mais il établit dans la proposition 4 de la partie V qu'un affect qui est une passion cesse d'être une passion dès que nous en formons une idée claire et distincte. Étant donné qu'il est possible de former un concept clair et distinct de toute affection du corps en vertu des propriétés communes qu'il partage avec d'autres, il s'ensuit qu'il n'y a aucun affect dont nous ne puissions former une idée adéquate[16].

14 *E*4p61.
15 *Cf. E3*déf. 3.
16 *Cf. E*5p5 et corollaire.

La généralisation de ce principe conduit donc à reconsidérer le statut particulier des affects de faveur et de gratitude et à ne plus les ranger d'emblée et exclusivement dans la catégorie des passions. Alors que dans le *Court Traité*, le sentiment de faveur ne peut se rencontrer chez l'homme parfait, dans l'*Éthique*, une telle éventualité est tout à fait envisageable. Spinoza va d'ailleurs accorder pour ainsi dire un traitement de faveur à cet affect puisqu'il lui confère un double statut passionnel et rationnel. Non seulement il cesse de dire que la faveur en tant que passion n'est pas bonne, mais il l'admet au rang des actions et la présente comme un affect compatible avec la raison et susceptible d'être engendré par elle. C'est ce qui ressort de la proposition 51 de l'*Éthique* IV : « la faveur ne répugne pas à la raison ; mais elle peut convenir avec elle, et naître d'elle. » Spinoza se montre moins loquace et démonstratif en ce qui concerne la reconnaissance, car il n'affirme jamais expressément qu'elle peut naître de la raison, mais il le sous-entend fortement dans la proposition 71 de la partie IV, puisqu'il impute aux seuls hommes libres la capacité à l'éprouver au plus haut point. Il est donc clair qu'il distingue un versant rationnel et passionnel de cet affect et lui assigne un nouveau statut.

De ce fait, il n'y a pas de contradiction ni même à proprement parler de revirement entre les analyses du *Court Traité* et celles de l'*Éthique*, parce qu'elles ne se situent pas sur le même plan. Le chapitre XVIII du *Court Traité* aborde la reconnaissance sous l'angle d'une inclination passionnelle, tandis que la proposition 71 d'*Éthique* IV se penche sur sa modalité affective chez un homme qui vit sous la conduite de la raison. L'évolution par rapport au texte de jeunesse ne conduit pas du reste Spinoza à revenir sur l'idée que l'homme libre porte secours à son prochain sous l'effet d'une nécessité rationnelle et non pas sous le coup d'une inclination passionnelle. Elle prend donc moins la forme d'un reniement que d'un élargissement.

Afin de mieux mesurer l'impact du changement, il est nécessaire de se pencher plus avant sur la définition de la reconnaissance dans l'*Éthique*. Il faut d'abord noter que faveur et reconnaissance qui étaient intimement liées dans le *Court Traité* en droite ligne de la pensée cartésienne sont dissociées et ne connaissent plus exactement le même sort. Outre le fait que leurs définitions sont légèrement modifiées, elles ne sont plus présentées de manière conjointe. La faveur, entendue comme amour envers celui qui a fait du bien à autrui[17], est mise en regard de son contraire, l'indignation, aussi bien au cours du scolie de la proposition 32 d'*Éthique* III, que des définitions 19 et 20 figurant à la fin de la partie III. La reconnaissance ou gratitude est évoquée plus tardivement de manière solitaire dans le scolie de la proposition 41 d'*Éthique* II, et fait l'objet de la définition 24 à la fin de la partie III, sans être référée à la faveur ni rapprochée d'elle.

Cette séparation est moins l'indice d'une mutation profonde de la pensée de Spinoza qui l'aurait amené à bouleverser de fond en comble la définition de ces affects que d'un réagencement de l'ordre de leur déduction en fonction de leur degré de complexité. Selon l'ordre géométrique, la faveur doit être examinée bien avant la reconnaissance car elle est une forme d'amour plus simple dans la mesure où elle n'implique pas la réciprocité des sentiments et la logique complexe du don / contre-don. On peut en effet éprouver des sentiments favorables à l'égard d'une personne, à sens unique, sans qu'elle nous ait directement affectés ou qu'elle nous aime en retour, pourvu qu'elle ait fait du bien à autrui. La gratitude, en revanche, est plus complexe, non seulement parce qu'elle suppose que du bien nous soit fait, mais parce qu'elle met nécessairement en jeu une relation à l'autre en miroir et obéit aux lois de l'amour réciproque et des bienfaits mutuels qui se nourrissent indéfiniment d'eux-mêmes et font de chacun le perpétuel obligé de l'autre.

---

17 En tant qu'il la rattache à l'amour, Spinoza ne définit plus la faveur comme une modalité du désir, ainsi qu'il le faisait dans le *Court Traité*, mais de la joie. Il ne la fait donc plus dériver du même affect primaire. Cette modification n'exclut pas que la faveur incline à désirer qu'advienne du bien pour celui qui en a fait, mais ce désir est une conséquence de l'amour, une propriété consécutive de la faveur, qui n'exprime pas son essence. La faveur implique par conséquent à la fois l'amour et le désir. Cette double dimension affective était déjà présente chez Descartes dans l'article 192 des *Passions de l'âme* : « La faveur est proprement un désir de voir arriver du bien à quelqu'un pour qui on a de la bonne volonté ; mais je me sers ici de ce mot pour signifier cette volonté en tant qu'elle est excitée en nous par quelque bonne action de celui pour qui nous l'avons. Car nous sommes naturellement portés à aimer ceux qui font des choses que nous estimons bonnes, encore qu'il ne nous en revienne aucun bien. La faveur, en cette signification, est une espèce d'amour, non point de désir, encore que le désir de voir du bien à celui qu'on favorise, l'accompagne toujours. » Alors que dans le *Court Traité* Spinoza retient davantage la première signification cartésienne de la faveur entendue proprement comme désir, dans l'*Éthique*, il privilégie la seconde qui en fait une espèce d'amour.

Plus que dans le *Court Traité*, Spinoza insiste sur la dimension de la réciprocité inhérente à la gratitude au point d'intégrer explicitement cette composante à la première définition qu'il en donne :

> De plus cet amour réciproque (*reciprocus amor*), et par conséquent (*par la Prop. 39 de cette p.*) l'effort pour faire du bien à qui nous aime, et (*par la même Prop. 39 de cette p.)* s'efforce de nous faire du bien s'appelle reconnaissance ou gratitude[18] .

S'il met en avant l'amour, cela ne signifie pas qu'il désavoue ses analyses antérieures en cessant de rattacher la reconnaissance à l'affect primaire de désir pour en faire un dérivé de la joie. En tant qu'espèce d'amour, la reconnaissance est certes une joie accompagnée de l'idée du bienfaiteur comme cause, mais elle est tout autant une espèce de désir dans la mesure où elle implique que l'obligé s'efforce de faire du bien en retour[19]. La réciprocité devient un moteur des échanges et métamorphose l'amour en désir d'agir. C'est ce qui ressort plus clairement encore de la définition finale figurant à la fin de la partie III de l'*Éthique* :

> La reconnaissance ou gratitude est le désir ou zèle d'amour, par lequel nous nous efforçons de faire du bien à qui, pareillement affecté d'amour, nous a fait du bien[20].

Spinoza n'introduit donc pas une concurrence entre les deux affects, puisqu'il assimile désir et zèle d'amour.

Pour mieux cerner la portée de cette équivalence, il faut remarquer qu'il ne s'agit pas simplement d'amour ici, mais de zèle d'amour (*amoris studium*), autrement dit d'une forme d'élan et de sentiment attentionné portés à leur acmé qui poussent à agir en vue du bien de l'autre avec empressement. *Studium* renvoie à l'idée d'une application zélée, d'une ardeur ou d'un soin diligent qui expriment l'attachement et le dévouement à l'autre. Le zèle d'amour en question implique donc un faire en tant qu'il s'efforce de procurer du bien à l'autre. Il est donc de même

18 *E*3p41s.

19 Cette composition affective de la reconnaissance qui combine amour et désir est déjà présente chez Descartes. Dans l'article 193 des *Passions de l'âme*, la reconnaissance est présentée comme une espèce d'amour, qui « contient tout le même que la faveur, et cela de plus qu'elle est fondée sur une action qui nous touche et dont nous avons *désir* de nous revancher. » Nous soulignons.

20 *E*3déf34.

nature que le désir, défini comme essence de l'homme déterminée à *faire* quelque chose à la suite d'une affection quelconque. Plus il est ardent, plus il décuple l'activité et constitue un puissant levier qui alimente le cycle de la reconnaissance et l'amplifie, transformant l'échange réciproque de bienfaits en un système de don / contre-don qui peut prendre la forme agonistique du potlatch décrite par Marcel Mauss[21].

Dans le cas de l'homme libre, ce zèle d'amour est particulièrement efficace et précieux, car il nourrit une dynamique d'accroissement de la puissance de comprendre. En effet, comme le fait valoir la démonstration de la proposition 71 d'*Éthique* IV, seuls les hommes libres sont très utiles les uns aux autres parce qu'ils vivent sous la conduite de la raison et conviennent en nature. Dès lors « ils font nécessairement ce qui est nécessairement bon pour la nature humaine, et par conséquent pour chaque homme[22]. » Ils ne peuvent donc discorder et sont unis par des liens solides d'amitié. Cet accord en nature, qui est au fondement de l'amitié, les conduit d'un commun élan à se faire du bien et à partager le même zèle d'amour. Se faire du bien prend ici le double sens d'un acte à la fois réfléchi et réciproque, parce que le bien de l'un est le bien de l'autre et que tout est commun entre amis. En effet, le souverain bien de l'esprit qui consiste à connaître ce qu'il y a de plus haut, à savoir Dieu, est commun à tous et tous peuvent en jouir[23]. Celui qui vit sous la conduite de la raison s'efforce de faire en sorte que le bien qu'il désire pour lui-même, il le désire aussi pour les autres hommes, et ce d'autant plus qu'il a une plus grande connaissance de Dieu[24]. Les hommes libres qui mettent tout leur zèle à faire le bien se renforcent donc mutuellement dans leur désir de connaître et accroissent leur jouissance à travers les échanges amicaux.

On peut alors comprendre qu'ils éprouvent la plus profonde gratitude les uns pour les autres et que cet affect soutienne l'effort intellectuel de chacun en augmentant sa puissance cognitive puisqu'il conduit à rendre la pareille sous la forme d'idées adéquates et à en recevoir en retour, indéfiniment. Ainsi il est clair que la reconnaissance a toute sa place chez un homme libre et qu'elle est l'indice d'une perfection. Voilà pourquoi

21 *Cf. Essai sur le don*, in *Sociologie et Anthropologie*, Paris, Puf, p. 149 et suivantes.
22 *E*4p35d.
23 *Cf. E*4p36.
24 *Cf. E*4p37.

Spinoza la réhabilite pleinement dans l'*Éthique* et modifie ses analyses de jeunesse en lui accordant le statut d'un affect qui peut naître de la raison et rentrer dans la catégorie des actions. Est-ce à dire qu'il revienne entièrement sur son premier jugement et qu'il la considère à l'instar de la joie comme directement bonne, y compris lorsqu'elle est une passion ?

UNE RECONNAISSANCE QUI N'EN EST PAS UNE

Loin s'en faut. L'indéniable perfection de la gratitude mutuelle éprouvée par les hommes libres n'empêche nullement Spinoza de continuer à être réservé, voire critique à son sujet dans l'*Éthique*. C'est du reste ce que suggère en creux l'affirmation selon laquelle « seuls les hommes libres sont très reconnaissants les uns envers les autres[25] », qui est très restrictive et concerne une infime minorité à l'exclusion des autres. Derrière sa tonalité positive, elle sous-entend, d'une part, que les hommes, en proie à la servitude des affects, sont incapables de vraie reconnaissance entre eux, d'autre part, qu'il ne saurait pas davantage y en avoir entre hommes libres et ignorants. Ce double sous-entendu souligne la précarité de cet affect et laisse entrevoir une possible ambiguïté que Spinoza va explicitement relever dans le scolie de la proposition 71 d'*Éthique* IV :

> La reconnaissance qu'ont les uns pour les autres les hommes qui sont menés par le désir aveugle est la plupart du temps un trafic (*mercatura*), autrement dit une piperie (*aucupium*), plutôt que de la reconnaissance[26].

Les hommes libres, mis à part, la gratitude est donc plus nominale que réelle. Étant donné leur rareté, la reconnaissance risque fort de n'être qu'un sentiment frelaté chez l'immense majorité des hommes. Certes, Spinoza n'exclut pas absolument qu'il puisse y avoir des formes de gratitude dignes de ce nom parmi les hommes en proie à des appétits aveugles, mais ce n'est généralement pas le cas, car la plupart du temps (*plerumque*) elle se ramène à un sentiment mercenaire. Qu'est-ce à dire ?

L'argumentation critique déployée dans l'*Éthique* est sensiblement différente des analyses du *Court Traité*, car c'est moins la reconnaissance en tant que telle qui est mise sur la sellette que ses avatars. Ordinairement, elle n'est qu'une pseudo-reconnaissance réductible à une

25 *E*4p71.
26 *E*4p71s.

forme de mercantilisme qui n'a rien d'un amour réciproque. Elle n'est rien d'autre pour les hommes qu'un trafic, un échange tacite de bons procédés destinés à ne pas insulter l'avenir et à ménager des opportunités pour pouvoir continuer à assouvir leurs appétits, voire une forme de marché secret et honteux où tout s'achète et se vend frauduleusement. Bien que le terme *mercatura* renvoie d'abord au négoce, le trafic en question ne vise pas uniquement les échanges économiques et les rapports marchands, tout entachés qu'ils puissent être parfois de pratiques douteuses et d'escroquerie. Il va bien au-delà du simple commerce destiné à satisfaire des intérêts, lequel requiert du reste davantage de probité que de gratitude à proprement parler. Il concerne plutôt l'ensemble des relations interhumaines et des rapports socio-politiques et repose sur un circuit affectif fondé sur la triade donner, recevoir, rendre.

Assimilé à un *aucupium*, une piperie, ce trafic s'apparente à un marché de dupes dans lequel il s'agit de piéger l'autre et prend un tour clandestin, illicite et trompeur. L'*aucupium*, au sens propre, désigne la chasse aux oiseaux et aux bêtes et, au sens figuré, la quête, la poursuite de quelque chose que l'on guette, en étant à l'affût. Il renvoie à l'*auceps*, l'oiseleur qui chasse à la pipée en imitant le cri de divers oiseaux pour les attirer dans des arbres recouverts de glu. Le terme de piperie exprime bien cette forme de tromperie qui consiste à leurrer les hommes en les appâtant et les entortillant dans des bons sentiments apparents. Les sirènes charmeuses du donateur calculateur et les trémolos reconnaissants de la voix qui chante les louanges du bienfaiteur pour continuer à s'attirer ses faveurs n'ont ainsi rien à envier aux appeaux de l'oiseleur. À son image, il s'agit d'imiter la générosité et la gratitude, de contrefaire les cadeaux de l'autre pour qu'il se reconnaisse dans cette reconnaissance et s'englue dans un commerce visqueux. En somme, les hommes se font des grâces mais tout n'est grimace ou simagrées.

La reconnaissance est ainsi profondément ambivalente chez Spinoza où elle peut tout aussi bien renforcer que vicier les rapports sociaux en s'apparentant tour à tour à une forme de gratitude vraie ou de tromperie. La gratitude suprême qui règne dans les rapports entre hommes libres cède le pas à des formes abâtardies. Le zèle d'amour qui accroit la puissance joyeuse des hommes libres prend alors la forme d'un calcul d'intérêts avec retour sur investissement et d'une compétition effrénée pour tenir son rang. Dévoyé par la passion, il est d'autant plus pernicieux qu'il est ardent et qu'il entraîne une débauche de sentiments et de présents, excitant la surenchère pour mieux ferrer les autres et les transformer en éternels obligés. Autant l'homme libre peut donner sans compter, autant l'homme mu par le désir aveugle est pris sans cesse dans une évaluation quantitative, mesurant mesquinement ce qui est donné et reçu pour n'être pas perdant, s'efforçant le plus souvent d'être avantagé sous couvert d'égalité. Cette logique comptable conduit nécessairement à des frictions car chacun redoutant d'être refait est prompt à soupçonner l'autre des pires méfaits. Que le bienfaiteur ne s'estime pas suffisamment payé en retour ou que l'obligé ne se sente pas tenu par une dette, le don devient dol et l'amour se commue en haine réciproque. La reconnaissance ordinaire couve en secret les passions tristes ; elle risque de donner naissance à un cycle de réciprocité négative sous l'effet de la rancune et de se renverser en son contraire, la vindicte.

En outre, le jeu de la reconnaissance érigé en système don/contre-don à l'infini peut devenir ruineux pour les échanges interhumains, non seulement parce qu'il conduit à des dépenses somptuaires et crée de la dette, en exacerbant les rivalités et en écrasant les plus faibles, mais parce qu'il est profondément corrupteur. Il n'est rien qu'un trafic intense de faveurs et engendre un clientélisme perpétuellement alimenté par la pratique des pots-de-vin et des passe-droits. Il a ainsi des effets socio-politiques préjudiciables parce qu'il peut déboucher sur la pire des servitudes, celle qui fait de l'esclave le complice aveugle du maître.

À travers l'assimilation de la reconnaissance ordinaire à une piperie, c'est tout autant l'hypocrisie sociale et les dérèglements passionnels que la concussion politique qui sont visés. Ce n'est pas un hasard si, dans le *Traité politique*, Spinoza s'attarde longuement sur les institutions à mettre en place pour déjouer le régime des faveurs, la dispense de grâce et l'exploitation des dettes de reconnaissance. Ainsi, dans la monarchie, il conçoit un dispositif tel que le conseil, qui est le pilier des institutions, ne puisse jamais donner prise à la corruption et devenir une assemblée d'obligés redevables à des donateurs pleins d'arrière-pensée, à des soutiens intéressés ou des suborneurs patentés. Il s'agit de prévenir le risque par des mesures drastiques qui tuent dans l'œuf la moindre idée de prévarication, comme la désignation des conseillers en nombre tel qu'il dissuade toute tentative de les acheter, même en rêve. C'est ce que souligne le paragraphe 9 du chapitre VII :

> Il ne viendra jamais à l'esprit de quiconque de corrompre ce conseil par des présents : cela est hors de question. Si quelqu'un en effet, parmi un si grand nombre d'hommes, en gagnait à soi un ou deux, il ne serait manifestement avancé en rien ; car comme nous l'avons dit, une opinion qui n'aura pas recueilli au moins cent voix ne sera pas retenue[27].

C'est du reste la possibilité de corruption qui conduit Spinoza à refuser la nomination à vie des conseillers du roi et à limiter la durée de leurs mandats à trois, quatre ou cinq ans. Il en vient même à estimer qu'« une période de cinq ans semble déjà trop longue : car dans cet intervalle de temps, il ne semble pas absolument impossible que la plus grande partie du Conseil (si nombreux fût-il) soit corrompue par des présents ou par des faveurs[28] ».

De manière plus générale, l'auteur du *Traité politique* met en garde contre les formes d'extorsion frauduleuse de la gratitude et son exploitation à des fins politiques. Nul ne doit dépendre des faveurs de quiconque sous peine de perdre sa liberté. Un système politique fondé sur des grâces et des faveurs est tyrannique par essence et ne peut qu'aboutir à la privation de liberté, car ce qui est octroyé peut être retiré. Ainsi il ne faut pas réclamer des grâces mais des droits. Quiconque bénéficie d'un pouvoir en vertu d'une grâce et non d'un droit a toujours une épée de Damoclès sur la tête. C'est ce que montre l'exemple historique des Aragonais. Initialement, les Aragonais avaient le droit de choisir le roi et de le priver de son pouvoir, mais « le roi Don Pedro, dit Poignard, à force de brigues, de largesses, de promesses et d'offices en tous genres vint à bout de faire abolir ce droit[29]. » L'histoire montre que les Aragonais eurent bien tort de se laisser endormir par des prébendes et des libéralités, car à force de dépendre de la grâce royale, ils finirent sous le joug :

> Les Aragonais conservèrent leur liberté après Ferdinand non pas par droit mais par la grâce des rois puissants, jusqu'à Philippe II, qui les opprima avec autant de cruauté et plus de succès que les Provinces Unies[30].

Le grand marché de la gratitude n'est donc rien d'autre qu'une foire aux esclaves. Voilà pourquoi Spinoza ne mâche pas ses mots à son endroit et débusque la reconnaissance contrefaite qui plombe les relations interhumaines.

27 *TP*7/9.
28 *TP*7/13.
29 *TP*7/30.
30 *Ibid.*

ÊTRE OU NE PAS ÊTRE RECONNAISSANT ? Les règles de la gratitude

Seule une société d'individus libres pourrait échapper à cette immense piperie qui entretient la servilité. En matière de gratitude, il convient donc d'adapter les règles de conduite en fonction des aptitudes des hommes et de la réserver à ceux qui sont libres. Mais être ou ne pas être reconnaissant selon qu'ils vivent ou non sous la conduite de la raison, est-ce bien la solution ? Une fois le don engagé, il semble difficile d'arrêter le processus de réciprocité et les renversements de l'amour en haine.

DÉCLINER LES BIENFAITS OU L'A-GRATITUDE DE L'HOMME LIBRE

Dans ces conditions, la seule issue est de s'abstenir de mettre le doigt dans l'engrenage et de s'en tenir à ce que l'on pourrait appeler une position *d'a-gratitude*, en évitant les bontés des fâcheux, pour ne pas être pris dans un commerce visqueux. C'est cette attitude radicale que préconise Spinoza à l'égard de ceux qu'il nomme les ignorants, menés par le désir aveugle, sans conscience d'eux-mêmes, des choses et de Dieu. « L'homme libre qui vit parmi les ignorants s'emploie (*studet*) autant qu'il peut à décliner leurs bienfaits[31]. » Malgré son caractère paradoxal, cette conduite est tout à fait compréhensible. Un homme libre et qui désire le rester a tout intérêt à se tenir à l'écart du trafic ordinaire et à mettre tout son zèle à décliner les services des ignorants pour court-circuiter un cycle infernal et échapper à la servitude des passions. Certes, cette attitude peut passer pour hautaine, mais entre deux maux la raison ne commande-t-elle pas de choisir le moindre ?

Le bienfait possède en effet un statut ambigu. D'une part, il recouvre un spectre très large de pratiques plus ou moins louables ou douteuses : menus services rendus, aide matérielle, intellectuelle ou morale, recommandation sociale et appui politique, octroi d'avantages et de passe-droits, distinctions honorifiques, etc. D'autre part, il peut être aussi bien un don gracieux qu'un cadeau empoisonné car sa nature dépend tout autant de son contenu effectif que de la complexion de ses auteurs et

31 *E*4p70.

bénéficiaires, de leurs attentes et leurs jugements de valeur. En effet, il n'y a pas de bienfait en soi, de sorte qu'un seul et même acte accompli à l'égard d'autrui pourra tour à tour être jugé bon, mauvais ou indifférent. Cela tient au statut ontologique des notions de bien et de mal qui sont de simples modes de penser formés par comparaison des choses entre elles et qui ne renvoient à rien de positif en elles[32]. Le bien et le mal ne sont pas des propriétés des choses, mais des dénominations décrivant la manière dont elles nous affectent et dont nous les classons selon qu'elles nous sont utiles ou nuisibles. À cet égard, il faut savoir distinguer ce que nous savons avec certitude nous être utile et que Spinoza appelle bien[33] de ce que nous croyons être utile et qui en réalité nous nuit. Un bienfait apparent peut donc être un réel méfait. Inversement un bienfait réel peut passer pour un méfait aux yeux de l'ignorant insatisfait. Le prix accordé à une action va donc varier en fonction du jugement et du tempérament de chacun, de sorte que les relations sociales risquent fort d'en être faussées et de s'envenimer.

L'ignorant, en effet, ne sait pas avec certitude ce qu'est un bien, à savoir ce qui est vraiment utile aux hommes. Dès lors, il se meut dans un univers de biens imaginaires en fonction de ses désirs singuliers, de ses habitudes et de sa complexion. Jugeant du tempérament des autres à partir du sien, il projette sur son semblable des désirs et des plaisirs analogues aux siens et s'imagine lui faire du bien en fonction de ce qu'il se représente comme tel pour lui. Dès lors, il s'expose à des déconvenues, parce qu'il est mû par une logique de la similitude et non de la convenance. C'est ce que démontre Spinoza dans la proposition 70 :

> Chacun juge d'après son tempérament de ce qui est bon (*voir le Scol., Prop. 39 p. 3*) ; donc l'ignorant qui a fait du bien à quelqu'un estimera ce bien d'après son propre tempérament, et s'il le voit tenu en moindre estime par celui à qui il l'a donné, il sera triste (par la Prop. 42 p. 3).

Autrement dit, si l'auteur d'un bienfait estime qu'il a fait un cadeau de prix et que le récipiendaire le méprise ou le juge d'une valeur moindre, il sera déçu dans son attente d'une reconnaissance proportionnelle à la qualité présupposée de son geste. Sa joie initiale liée à la satisfaction d'être l'auteur d'un bien se commuera alors en tristesse et se retournera

32 *Cf. E*4, préface.
33 *Cf. E*4déf.1.

en sentiment hostile envers la cause qui l'occasionne en nourrissant le désir de se venger.

C'est pourquoi l'homme libre s'efforce d'enrayer d'avance le cycle de cette réciprocité négative et de décliner les bienfaits de l'ignorant. Il s'agit d'une précaution nécessaire, d'une attitude préventive qui prend la forme de l'esquive plutôt que du refus frontal. L'homme libre sait qu'il sera nécessairement cause de tristesse et éveillera l'esprit de vindicte, s'il accepte les bienfaits de l'ignorant. En effet, soit il se conduit en suivant le libre jugement de la raison qui lui enseigne avec certitude ce qu'est vraiment un bien et ne se soucie pas « de rendre aux hommes des bienfaits qu'ils jugent égaux d'après leur affect[34] », auquel cas il s'expose à leur haine en passant pour un être arrogant, avare ou ingrat. Soit il se plie à leurs appétits et fait semblant d'être très reconnaissant, auquel cas il entre dans un jeu de dupes malhonnête qui ne peut que l'attrister parce qu'à son corps défendant, il participe à la piperie générale en alimentant la logique passionnelle du trafic des sentiments au détriment de la raison. « Donc l'homme libre, pour n'être pas haï des ignorants, et pour ne pas déférer à leur appétit mais à la seule raison, s'efforcera autant qu'il peut de décliner leurs bienfaits[35]. »

Cette conduite d'évitement n'a rien d'une fuite honteuse, elle est au contraire le fruit d'une stratégie rationnelle qui consiste à se garder des dangers avec la même force d'âme que celle qui est nécessaire pour les affronter, comme le montre la proposition 69 d'*Éthique* IV. L'empressement à décliner les bienfaits de l'ignorant s'inscrit dans cette droite ligne et n'est rien d'autre que l'application de la vertu de l'homme libre, de sa *fortitudo* à un cas particulier de danger. Certes cette conduite a ses limites, l'homme libre s'y efforce autant qu'il peut (*quantum potest*), nous dit Spinoza, sous-entendant qu'il y a des cas de figure où les bienfaits sont pour diverses raisons impossibles à écarter. Le zèle déployé se heurte donc à des obstacles. Mais avant de s'interroger sur la nature exacte de ces limites, on peut se demander quelle est la conduite à tenir lorsque le bienfait est inévitable. Faut-il s'abstenir de témoigner de la gratitude pour couper court à de futurs échanges viciés et se prémunir contre de nouveaux dangers ? Autrement dit, est-ce que l'homme libre doit réserver sa reconnaissance à ses pareils et se montrer ingrat à l'égard

---

34 *E*4p70d.
35 *Ibid.*

des ignorants, lorsqu'il ne peut pas éviter leurs bienfaits ? La question se pose donc de savoir s'il ne peut pas y avoir une forme d'ingratitude de type rationnel, propre à l'homme libre.

VERS UNE APOLOGIE DE L'INGRATITUDE ?

C'est une hypothèse à laquelle Pierre Macherey semble souscrire lorsqu'il évoque « l'ingratitude dont témoigne l'homme libre à l'égard de propositions qui ne l'intéressent pas et ne parviennent même pas à retenir son attention[36]. » Il paraît pourtant difficile de défendre jusqu'au bout la thèse d'une ingratitude rationnelle de l'homme libre. Si l'on en croit le *Court Traité*, une telle éventualité est clairement exclue :

> L'ingratitude est le mépris envers la gratitude comme l'impudence envers la honte, sans rapport avec la raison, qui provient seulement tantôt de l'avarice, tantôt d'un excès d'amour-propre. C'est pourquoi elle ne peut se rencontrer chez un homme parfait[37].

Tout comme l'impudence n'est qu'une absence ou un refus de la honte, dont l'origine n'est pas la raison mais l'ignorance[38], l'ingratitude est une forme de mépris consistant à ne faire aucun cas de la gratitude ou à la tenir pour peu de chose, non à la suite d'une réflexion rationnelle, mais sous le coup d'une inclination passionnelle : l'avarice sordide de celui qui ne veut pas rendre ou l'arrogance vaniteuse de celui qui estime que tout lui est dû. Pas plus que la gratitude, elle n'est donc compatible avec la vertu de l'homme parfait dans le *Court Traité.*

Bien qu'il révise en partie son jugement en admettant l'existence d'une gratitude rationnelle dans l'*Éthique*, Spinoza est, en revanche, loin de concevoir la possibilité d'une ingratitude propre à l'homme libre. Le statut de ce concept est du reste problématique dans cet ouvrage. L'ingratitude en effet n'est plus définie et opposée à la gratitude, parce qu'elle n'est pas considérée comme un affect[39]. Il n'existe pas en effet d'affection corporelle modifiant la puissance d'agir corrélée à une idée de l'esprit qui correspondent à l'ingratitude et lui soient propres. Spinoza

36 *Introduction à l'*Éthique *de Spinoza, La quatrième partie, la condition humaine*, Paris, Puf, 1997, p. 412.

37 *CT*, II, XIII, 3.

38 *Cf. CT*, II, XII, 1.

39 *E*4p71s.

suit en cela la leçon de Descartes qui estime que l'ingratitude n'est pas une passion mais un vice contraire à la reconnaissance[40]. Elle renvoie en réalité toujours à d'autres affects qu'elle dévoile ou signifie et sert d'indicateur, comme le souligne le scolie de la proposition 71 d'*Éthique* IV :

> L'ingratitude est pourtant déshonnête (*turpis*), parce qu'elle indique (*indicat*) en général, un homme affecté de trop de haine, de colère, ou d'orgueil et d'avarice.

L'ingratitude n'est donc pas un affect en elle-même, mais le révélateur d'autres affects portés à leur paroxysme. Elle est le marqueur d'un excès de haine qui empêche l'éclosion normale de l'amour réciproque et pousse à détruire le bienfaiteur, de colère qui, par définition[41], incite à faire du mal plutôt que du bien, d'orgueil qui amène à considérer que la chose donnée est due, ou d'avarice qui empêche de rendre en retour. L'ingratitude ne saurait donc être bonne et faire l'objet d'une apologie.

Loin d'en faire une vertu, Spinoza l'assimile à une forme de turpitude. Si la gratitude est souvent biaisée, l'ingratitude est déshonnête (*turpis*), parce qu'elle brise les liens amicaux de réciprocité qui unissent les hommes et engendre nécessairement des inimitiés. Est appelé déshonnête, en effet, pour Spinoza « ce qui s'oppose à ce que s'installe l'amitié[42]. » L'ingratitude est nécessairement source de tristesse, comme le démontre la proposition 42 d'*Éthique* III :

> Qui a, mû par amour ou espérance de gloire, fait du bien à quelqu'un, sera triste s'il voit son bienfait reçu d'une âme ingrate (*ingrato animo).*

40 *Cf. Passions de l'âme*, 194 : « Pour l'ingratitude, elle n'est pas une passion, car la nature n'a mis en nous aucun mouvement des esprits qui l'excite : mais elle est seulement un vice directement opposé à la reconnaissance, en tant que celle-ci est toujours vertueuse et l'un des principaux liens de la société humaine. C'est pourquoi ce vice n'appartient qu'aux hommes brutaux, et sottement arrogants qui pensent que toutes choses leur sont dues, ou aux stupides qui ne font aucune réflexion sur les bienfaits qu'ils reçoivent, ou aux faibles et abjects qui, sentant leur infirmité et leur besoin, recherchent bassement le secours des autres, et après qu'ils l'ont reçu, ils les haïssent ; pour ce que n'ayant pas la volonté de leur rendre la pareille, ou désespérant de le pouvoir et s'imaginant que tout le monde est mercenaire comme eux, et qu'on ne fait aucun bien qu'avec espérance d'en être récompensé, ils pensent les avoir trompés ».

41 *Cf.* E3déf.36 : « la colère est le désir qui nous incite, par haine, à faire du mal à celui que nous haïssons. »

42 *Ibid.*

L'amour appelle toujours la reconnaissance puisque celui qui aime désire faire du bien à l'être aimé et se glorifier par conséquent d'éveiller en lui de la gratitude en imaginant qu'il va louer le geste effectué à son intention. Si elle vient à manquer, les échanges risquent fort de s'envenimer sous l'effet de la rancune et de la vindicte.

Loin d'être prescrite, l'ingratitude est proscrite, car elle est mortifère, voire criminelle. Le matricide de Néron, évoqué dans la *Lettre XXIII*, est l'archétype de cette ingratitude jugée comme un crime et permet mieux de comprendre la nature et la signification de cette notion. L'objectif de Spinoza dans cette lettre adressée à Blyenbergh est, entre autres, de montrer qu'il n'y a pas d'essence réelle du mal et que Dieu, qui est cause de l'acte et de l'intention de Néron, n'est pas pour autant cause du mal.

> Le matricide de Néron, par exemple, en tant qu'il contient quelque chose de positif n'était pas un crime ; Oreste a pu accomplir un acte qui extérieurement est le même et avoir en même temps l'intention de tuer sa mère, sans mériter la même accusation que Néron. Quel est donc le crime de Néron ? Il consiste uniquement en ce que dans son acte, Néron s'est montré ingrat *(ingratum)*, impitoyable et insoumis. Aucun de ces caractères n'exprime quoi que ce soit d'une essence et par suite Dieu n'en est pas cause, bien qu'il le soit de l'acte et de l'intention de Néron[43].

Ainsi, dans le cas de Néron, ce n'est ni l'acte ni l'intention de tuer sa mère qui constituent un crime, puisque Oreste a visé et accompli extérieurement la même chose sans pour autant être accusé d'un forfait abominable. Ce n'est donc pas le contenu positif de l'acte, le matricide en lui-même, qui est criminel, mais ce qu'il montre *(ostendit)*, à savoir l'ingratitude, la cruauté, l'insoumission de Néron à l'égard de sa mère. Laissons ici de côté la cruauté qui pousse à faire du mal à qui nous aime et l'insoumission qui consiste à désobéir à sa mère pour nous focaliser sur l'ingratitude. Néron est un ingrat parce qu'il a fait assassiner Agrippine, laquelle avait pourtant favorisé son accession au trône, en empoisonnant l'empereur Claude. Il rend par conséquent un mal pour un bien, alors qu'Oreste rend un mal pour un mal, voire un bien pour un mal, puisque qu'il fait justice à son père Agamemnon en tuant ses assassins, sa mère Clytemnestre et son amant Égide. On a bel et bien affaire extérieurement aux mêmes actes et intérieurement aux mêmes

43 *Lettre XXIII*, p. 219.

intentions, considérés comme crime dans un cas et comme geste à absoudre dans l'autre ; c'est du moins ce que la déesse Athéna conseilla de faire au sujet de l'acte d'Oreste en raison de la difficulté de le juger.

La comparaison avec Oreste est éclairante pour mieux comprendre la nature de l'ingratitude. En tant que mal ou crime, l'ingratitude n'a pas d'essence et n'exprime rien de positif ou de réel puisque ce n'est ni une modification physique, le geste de tuer, ni une modification mentale, l'intention homicide, qui la constituent, faute de quoi Oreste serait aussi accusé d'en faire preuve. Elle n'est donc pas un affect, puisqu'elle ne consiste pas en une affection du corps ayant un impact sur sa puissance d'agir corrélée à l'idée de cette affection. Mais sans être un affect, elle fait signe vers un état affectif. L'ingratitude indique les passions à l'œuvre dans les entreprises humaines, à la manière d'un précipité historique qui condense toute une vie dans un acte. Dans le cas de Néron, elle révèle la haine féroce qu'il éprouve pour sa mère au point d'étouffer en lui toute piété filiale ainsi que l'orgueil impérial démesuré qui l'amène à penser que tout lui est dû et permis. Le crime n'est pas dans le matricide, mais dans ce qui est donné à voir à travers lui. Il est dans la monstration d'ingratitude, mais cette monstration n'est pas la révélation de quelque chose de réel, d'une propriété inhérente à l'acte qu'il serait possible d'exhiber comme un objet du crime. Le crime précisément est sans objet, il est dans la relation entre l'acte et l'arrière-fond historique qui va servir d'assise à la catégorisation. C'est cette relation seule qui permet la requalification de l'acte en crime. L'ingratitude est le résultat d'un jugement, d'un mode de penser, forgé par la confrontation d'une action et d'un contexte marqué par une succession d'événements. Elle présuppose nécessairement une opération mentale appréhendant la séquence sérielle, donner, recevoir et ne pas rendre. Elle n'est ainsi rien d'autre qu'une dénomination extrinsèque exprimant la relation entre un acte et ses antécédents qui lui confèrent une signification excédant la pure extériorité de son apparence ou l'intériorité de l'agent et de ses visées. Elle n'a pas d'existence en dehors de cette relation. Elle implique un témoin ou un interprète qui juge une action non pas de manière ponctuelle en l'isolant mais de manière processuelle en l'inscrivant dans un continuum temporel, un enchaînement de faits et d'actions corrélés qui lui donnent son sens et sa portée. Elle n'est pas attachée à un geste, elle est la geste des faits qui parlent d'eux-mêmes pour quiconque connaît les dessous de l'histoire. L'ingratitude, c'est le nom d'une épopée : celle du don renversé au lieu d'être reversé.

Dès lors, la question se pose de savoir quand on peut parler d'ingratitude. Est-ce que toute personne qui ne manifeste aucune reconnaissance pour un bienfait peut être dite ingrate et malhonnête ? Loin s'en faut. En effet, il ne s'agit pas de rendre systématiquement les cadeaux et de donner des témoignages de sa gratitude. Il faut savoir soigneusement distinguer les cas de figure en fonction de la nature du bénéficiaire et du présent. Spinoza ne s'épuise pas à recenser toutes les situations où l'ingratitude apparente n'est pas une ingratitude réelle ; il se borne à deux exemples aux antipodes l'un de l'autre : le premier reflète la bêtise, le second la sagesse du récipiendaire.

En premier lieu, « qui ne sait pas par bêtise rendre les cadeaux n'est pas un ingrat[44] ». L'homme bête ne sait pas ce qu'il doit et il ignore comment remercier. De deux choses l'une : ou bien il ne se rend même pas compte d'un bienfait et de ce fait ne se sent pas tenu de remercier, ou bien il en a conscience, mais ne sait pas l'évaluer et proportionner son cadeau en retour en minimisant ce qu'il doit. Dans ce cas, on ne peut pas parler d'ingratitude, car il n'y a pas de déni du bienfait et d'intention délibérée de ne pas rendre à la hauteur de ce que l'on a reçu. L'ingrat en effet est celui qui sait ce qu'il doit mais qui refuse de s'en acquitter, sous l'impulsion d'un affect de haine, de colère, d'orgueil ou d'avarice[45]. Tandis que le premier dans sa bêtise ne peut pas rendre, le second, ne veut pas rendre. En refusant de taxer les sots d'ingratitude, Spinoza prend ses distances avec Descartes qui considère que ce vice appartient non seulement aux hommes brutaux et arrogants, aux êtres faibles et abjects mais également « aux stupides qui ne font aucune réflexion sur les bienfaits qu'ils reçoivent[46]. »

Est encore moins ingrat en second lieu, « celui que les cadeaux d'une prostituée n'amènent pas à se mettre au service de sa lubricité, ni ceux d'un voleur à dissimuler ses vols, ni rien de tel[47] ». Celui qui refuse de se laisser corrompre par des cadeaux et d'être complice d'un trafic des biens et des personnes est au contraire un honnête homme. Son absence

44 *E*4p71s.

45 *Cf. E*4p71s.

46 *Passions de l'âme*, article 194.

47 *E*4p71s.

de gratitude n'est pas le signe d'un vice, mais d'une vertu. Il fait preuve de sa constance d'âme (*animum constantem*) en ne se laissant pas fléchir par des présents et « mener à sa perte, la sienne ou celle de tous[48] ». Nul n'est redevable à un voleur de ses cadeaux extorqués à autrui pour prix du silence. Il y va en effet de son propre salut ou du salut commun. Spinoza met en garde contre une forme de reconnaissance frelatée, ruineuse aussi bien pour les particuliers que la société, qu'elle gangrène souterrainement. Lorsqu'elle mène au recel et à la dissimulation de crime, la logique de la réciprocité est viciée. Il ne s'agit pas de se laisser enfermer dans le cycle infernal don / contre-don jusqu'à devenir un recéleur de turpitudes et de s'enferrer dans une servitude mortifère, qui peut coûter très cher. L'obligation d'être reconnaissant envers qui nous oblige n'est donc pas inconditionnelle. Il faut savoir être désobligeant sans pour autant être un ingrat.

La question qui se pose alors est celle du critère permettant de déterminer quand il est nécessaire ou pas de jouer le jeu de la reconnaissance avec les ignorants. Lorsque Spinoza précise que l'homme libre s'efforce de décliner leurs bienfaits *autant qu'il peut*, il apporte une nuance de taille à son propos, en soulignant les limites de cette attitude. Il est clair qu'il ne prône pas le rejet de tous les services ou le refus de faire des cadeaux. C'est pourquoi il importe aussi bien de savoir donner que recevoir et rendre les cadeaux afin de n'être ni très ingrat ni trop obligeant.

DU BON USAGE DE LA GRATITUDE

Dans le scolie de la proposition 70 d'*Éthique* IV, Spinoza revient sur les limites de la stratégie de la dérobade face aux bontés des ignorants et définit la sphère d'une reconnaissance nécessaire à leur endroit. Aussi zélé soit-il, l'homme libre ne peut totalement s'exempter des bienfaits et des dettes de reconnaissance pour deux raisons, qui tiennent à une nécessité vitale et sociale. En raison de son statut ontologique de mode fini, l'homme libre est susceptible, comme tout un chacun, d'être menacé et détruit par des causes extérieures et, à ce titre, il peut avoir besoin de l'aide des autres hommes pour se conserver. Certes, parmi les choses singulières, ce qui est le plus utile dans l'absolu, c'est l'homme vivant sous la conduite de la raison, puisqu'il s'accorde parfaitement en

48 *Ibid.*

nature[49], mais, à défaut, l'aide de ses congénères, quels qu'ils soient, est la plus précieuse, car il convient davantage en nature avec eux qu'avec les animaux ou les autres modes environnants. C'est ce qui ressort du scolie de la proposition 70 d'*Éthique* IV :

> Car encore que les hommes soient ignorants, ce sont pourtant des hommes, qui dans les cas de nécessité peuvent apporter un secours d'homme, qui est le plus précieux de tous ; et par suite arrive-t-il souvent qu'il est nécessaire d'accepter d'eux un bienfait, et par conséquent de les remercier en retour selon leur tempérament.

Nécessité fait loi, de sorte que l'application systématique à fuir les bienfaits de l'ignorant ne vaut guère que pour l'homme libre vivant en totale sécurité, ce qui est pour le moins une rareté. Est-ce à dire alors que le seul critère déterminant soit l'utilité et qu'il suffise que le bienfait soit superflu ou inapproprié pour que l'homme libre puisse s'en dispenser et faire l'économie de sentiments reconnaissants envers l'ignorant ?

Si l'inutilité du bienfait est une condition nécessaire, il n'est pas certain qu'elle soit toujours une condition suffisante pour déterminer la conduite à tenir et nettement trancher. À supposer qu'il puisse exister des hommes libres vivant toujours en sécurité sans nul besoin du secours des ignorants, il n'en demeure pas moins qu'ils devraient faire montre d'une grande prudence en déclinant leurs bienfaits afin de ne pas les offenser et ne pas susciter une haine supérieure à celle dont ils se croyaient se garder en s'abstenant du jeu pipé de la reconnaissance. C'est pourquoi, au-delà de l'utilité, il faut prendre en compte un second critère :

> Même en déclinant leurs bienfaits, nous devons faire attention à ne pas donner l'impression de les mésestimer, ou d'avoir peur, par avarice, de leur rendre la pareille, car alors fuyant leur haine, nous irions tout droit les offenser. Et donc il faut tenir compte de l'utile et de l'honnête en déclinant les bienfaits[50].

Caute ! La devise est de mise car il faut prendre ses précautions et faire preuve d'une grande prudence pour se prémunir contre l'imaginaire interprétatif de l'ignorant et ses projections possibles. En effet, il ne comprendra pas que le refus provient d'une absence de besoin et d'un souci de se consacrer exclusivement à ce qui est utile, mais il l'interprétera selon sa complexion

49 *Cf. E*4p35c 1 et 2.
50 *E*4p70s.

et imputera de manière mimétique à l'homme libre des sentiments calqués sur les siens. S'il est lui-même orgueilleux, il verra dans son attitude un signe de mésestime ou de mépris et sera offensé en s'imaginant renvoyé à l'insignifiance ou injustement dévalué. S'il est lui-même un tantinet avare, il soupçonnera l'homme libre de refuser les bienfaits par crainte d'avoir à les payer en retour et sera blessé de sa mesquinerie supposée. Dès lors l'homme libre se devra d'être très vigilant, car il lui faut discerner à qui il a affaire, anticiper les réactions possibles pour éviter de tomber de Charybde en Scylla et devenir le jouet de la haine en croyant la déjouer. Il lui faut donc connaître les lois de l'imaginaire affectif et accepter parfois des bienfaits dont il n'a nul besoin pour ne pas blesser inutilement.

C'est pourquoi à la fin du scolie de la proposition 70 d'*Éthique* IV, Spinoza met en place deux critères sur lesquels l'homme libre doit se fonder, lorsqu'il entreprend de décliner les bienfaits : *l'utile et l'honnête.* Si les commentateurs se sont abondamment penchés sur le premier, ils se sont peu arrêtés en revanche sur le second. L'honnêteté, rappelons-le, est « le désir qui tient l'homme vivant sous la conduite de la raison de s'attacher tous les autres par l'amitié[51] ». Ainsi, est « honnête ce que louent les hommes vivant sous la conduite de la raison, et, au contraire, déshonnête ce qui s'oppose à ce que s'installe l'amitié[52]. » Au-delà de l'exigence vitale, c'est une exigence éthique qui se fait jour, car l'homme libre ne cherche pas simplement à s'abstenir du mal, il désire pour tous les autres hommes le bien auquel il aspire, à savoir la vie sous la conduite de la raison[53]. Il s'efforce donc autant qu'il peut de lier amitié avec les autres, tout ignorants qu'ils soient.

Ce second critère est à mettre en relation avec la première règle de conduite que le philosophe se doit d'observer avec la foule dans le *Traité de la réforme de l'entendement* :

> Nous mettre à la portée de la foule dans nos paroles et dans toutes nos actions qui ne nous empêchent pas d'atteindre notre but. Car nous pouvons en obtenir bien des avantages pourvu que nous restions autant qu'il est possible à sa portée. Ajoutez que nous rencontrerons ainsi des oreilles bienveillantes pour écouter la vérité[54].

---

51 *E*4p37s1.
52 *Ibid.*
53 *Cf.* *E*4p37.
54 *TRE*, § 24, traduction Michelle Beyssade, *Spinoza Œuvres I, Premiers écrits*, Paris, Puf, 2009, p. 73.

La prudence n'est pas la méfiance, il ne coûte rien à l'homme libre d'accepter de menus services et de donner des marques de reconnaissance, lorsqu'ils ne sont pas contraires à son désir de vivre rationnellement. Bien au contraire, en s'adaptant aux ignorants, et favorisant un amour réciproque, il trouvera des oreilles bienveillantes pour entendre le vrai. Ces deux critères, l'utile et l'honnête, opèrent comme une norme permettant de délimiter la sphère d'une reconnaissance possible de l'homme libre vis-à-vis de l'ignorant. Mais ils sont délicats à appliquer et demandent beaucoup de doigté parce qu'un homme libre ne peut pas caresser l'illusion qu'il parviendra à faire vivre l'ensemble des hommes sous la conduite de la raison. Il doit donc toujours savoir fuir à temps les bienfaits de l'ignorant et discerner quand il faut s'incliner devant les offrandes ou les décliner prestement.

En définitive, la conduite à tenir à l'égard des bienfaits n'est pas une sinécure, elle demande au contraire beaucoup de soin. C'est ce que rappelle le chapitre XVIII de l'*Éthique* IV qui insiste sur cette idée d'un soin (*cura*) tout particulier à apporter aussi bien dans l'acceptation des bienfaits que dans les témoignages de reconnaissance. S'il est des cadeaux empoisonnés destinés à forger d'éternels obligés, il est des gratitudes viciées propres aux esprits mercenaires entièrement mus par l'avidité. Comme le souligne La Rochefoucauld, « la reconnaissance de la plupart des hommes n'est qu'une secrète envie de recevoir de plus grands bienfaits[55] ». C'est pourquoi la vraie gratitude est l'apanage des hommes libres, dépourvus de calculs sordides et d'arrière-pensées de boutiquiers. Après sa mise au ban dans le *Court Traité*, le retour en grâce de la gratitude dans l'*Éthique* s'explique par une refonte de la conception des affects et l'élaboration d'une véritable anthropologie en situation. Il ne s'agit plus de définir la reconnaissance *in abstracto* comme une passion en soi, incompatible avec la nature de l'homme parfait, mais de la ressaisir *in concreto* au sein des relations humaines et des interactions complexes entre bienfaiteurs et obligés. Régie par les lois de l'amour réciproque et la logique du don/contre-don, la reconnaissance se joue dans l'entre-deux des échanges singuliers. Elle est ainsi tributaire de la variété des complexions et de la dynamique des rencontres qui lui

55 Maxime 298, *Réflexions ou sentences et maximes morales, Moralistes du 17e siècle*, Paris, éditions Robert Laffont, 1992.

donnent un tour actif ou passif, suivant que l'on a affaire à des hommes libres ou mus par le désir aveugle. La nature vicieuse ou vertueuse de la reconnaissance n'a donc rien d'un caractère a priori, elle se fait jour à travers les relations interhumaines et dépend de leurs modalités. Entre la vraie gratitude que les hommes libres éprouvent les uns pour les autres et l'ingratitude malhonnête des esprits fielleux, avares et arrogants s'étage toute une gamme de sentiments peu ou prou reconnaissants, qui vont de la rouerie au plus fidèle dévouement. Miroir des relations humaines, la reconnaissance reflète les inter-complexions, elle donne à voir tour à tour quand le lien se fait chaîne et l'amour réciproque, prison, ou quand il unit sans peine des hommes attachés librement à se faire des dons. Dans sa forme purement active, elle n'est rien d'autre que l'amitié vraie à l'œuvre qui fait éclore la grande joie du bienfait mutuel.

Chantal JAQUET
Université Paris 1
Panthéon-Sorbonne

PRÉFÉRENCE ET JUSTIFICATION

Propositions spinozistes pour une séparation du théologique et du politique

Les propositions qui vont suivre s'inscrivent dans le prolongement de recherches antérieures, publiées ou inédites, sur Spinoza, la politique et plus précisément la démocratie. Elles s'appuient au plus loin sur la lecture quantitative-extensive des choses singulières que je proposais dans ma thèse de 1995 sur *Qualité et Quantité dans la philosophie de Spinoza*[1] ; puis sur ma traduction du *Traité politique*[2], dans le cadre des œuvres complètes de Spinoza dirigées par Pierre-François Moreau aux Presses Universitaires de France, dans laquelle j'avais essayé de mettre en valeur l'obsession quantitative bien présente dans la dernière œuvre écrite par Spinoza, obsession particulièrement significative à mes yeux dans un traité politique qui devait culminer dans la théorie de la démocratie, régime quantitatif par excellence ; elle s'appuie également sur des analyses que j'ai proposées par la suite, et pour la plupart reprises dans mon récent *Spinoza contemporain*[3], sur la valorisation spinozienne de la démocratie en lien avec sa valorisation de la durée (« Pour une immortalité vulgaire ») ; sur la question de l'obéissance et de la résistance chez Spinoza (« Ne pas se tromper d'insoumission ») ; et sur la proposition spinoziste d'une « démocratie sans valeurs ». Les présentes analyses prolongent également une intervention inédite prononcée à Liège en octobre 2015 dans le cadre du colloque *L'idée du commun. Autour de la pensée d'André Tosel* exposé consacré à une discussion de l'ouvrage de Tosel

---

1 Paris, PUF (Collection « Philosophie d'aujourd'hui »).

2 Spinoza, *Œuvres* V (Édition publiée sous la direction de Pierre-François Moreau), *Tractatus Politicus / Traité politique*. Texte établi par Omero Proietti ; traduction du latin, introduction, notes, glossaires, index et bibliographie par Charles Ramond ; avec une notice de Pierre-François Moreau, et des notes d'Alexandre Matheron, Paris, Presses Universitaires de France (Collection « Épiméthée »), 2005.

3 *Spinoza Contemporain – Philosophie, Éthique, Politique*, Préface de Alain Séguy-Duclot, Paris, L'Harmattan (Collection « La philosophie en commun »), 2016.

Nous, Citoyens laïques et fraternels[4] *?*, et qui proposait déjà dans son titre les deux notions sur lesquelles je souhaite concentrer ici mon propos, puisqu'il s'intitulait « la laïcité entre préférence et justification ». Sous le titre « Préférence et justification – Propositions spinozistes pour une séparation du théologique et du politique », le présent exposé s'inscrit enfin dans une réflexion critique en cours, que je mène depuis plusieurs années, sur la question des « sentiments moraux[5] », au cœur de ce qui peut encore rester de « théologique » dans notre conception du « politique », et vis-à-vis de quoi la philosophie de Spinoza, me semble-t-il, offre de puissantes ressources émancipatrices.

Ce retour généalogique me conduit à évoquer ici, non sans émotion, la figure de Jean-Marie Beyssade, qui avait accepté de reprendre la direction de ma thèse après le décès du regretté Claude Bruaire. Durant toute la rédaction de ce travail, Jean-Marie Beyssade avait été un Directeur exemplaire, me renvoyant entièrement annotés au crayon les extraits que je lui communiquais au fur et à mesure de son avancement, accompagnés de lettres pleines de minutieuses et profondes remarques. À fréquenter ce Maître pendant toutes ces années, puis par la suite dans différents colloques ou séminaires où nous nous retrouvions, je me suis convaincu et toujours plus conforté dans la nécessité d'une lecture précise et approfondie des textes, comme fondement à une lecture aussi logique et démonstrative que possible. Il me semble que j'ai constamment essayé de suivre cette impulsion initiale, dans la conjonction toujours visée de la rigueur philologique et de la rigueur logique, sans oublier une dimension audacieuse, voire héroïque, de la lecture des textes. J'avais été frappé en effet par les dernières lignes de l'Avant-Propos de la *Philosophie première de Descartes*, où l'Auteur, de façon inattendue, semblait offrir son livre comme on se jette à l'eau au péril de se noyer : « Au lecteur d'apprécier », écrivait Beyssade, « si la vérité a échappé à ces tourbillons, et si l'auteur, seul, s'y est laissé

4 Kimé, 2015.

5 Voir C. Ramond, « La prière, la demande et la question – remarques sur la nature et l'évolution de notre civilisation », revue *Forum Bosnae* (Sarajevo), nº 30/2005 (*La philosophie politique contemporaine en Europe – Un aperçu Français*), p. 113-129 ; « Égalité des chances et reconnaissance – Sur une surprenante contradiction des méritocraties démocratiques », *Cités* 35, Paris : PUF, 2008, p. 143-151 ; « Le retour des sentiments moraux dans les théories de la reconnaissance – De la "grammaire morale des conflits sociaux" à la grammaire des sentiments moraux », *Índice*, Revista Eletrônica de Filosofia, vol. 3 nº 1 - 2011/1, p. 1-26 ; et *Sentiment d'Injustice et Chanson Populaire*, avec Jeanne Proust, Sampzon : Delatour France, 2017.

prendre, et s'y est perdu ». Une telle déclaration me semblait devoir être prise tout à fait au sérieux (un peu comme les premières pages du *Discours de la Méthode* ou du *Traité de la réforme de l'entendement*) : jusque dans les provocations apparentes que ne peut jamais manquer de contenir une intervention philosophique, fût-elle la plus rigoureuse – car il n'y a pas de progrès sans forçage –, j'éprouve encore aujourd'hui la nécessité de prolonger dans mes propres travaux les échos de cette parole.

On pourrait rapprocher, du point de vue de leur immanentisme et de leur caractère anti-théologique communs, la philosophie politique de Spinoza, la théorie darwinienne de l'évolution, et l'épistémologie de Popper. Ces rapprochements peuvent surprendre : je ne les propose qu'à titre de mise en évidence de schémas de pensée communs à ces trois doctrines, et qui reviennent tous à soutenir que la « valeur » de quelque chose que ce soit ne doit pas s'apprécier *a priori*, mais seulement *a posteriori*. Il me semble en effet (pour résumer d'un coup tout ce que je vais essayer de développer dans la suite de cet exposé) que nous ne parviendrons à séparer le théologique du politique que si nous parvenons à admettre qu'il n'existe pas de valeurs *a priori*. C'est sans doute plus difficile qu'on ne pourrait le croire, et c'est pourquoi nous avons tant de mal à nous délivrer complètement du théologique même dans les formes les plus contemporaines de la politique.

Chez Darwin comme chez Popper, tout se vaut en effet a priori : toutes les espèces chez Darwin, toutes les hypothèses chez Popper, ont à l'origine leur chance et leur légitimité. C'est le moment joyeux du foisonnement. Ensuite intervient la phase de sélection : chez Popper, par l'expérience cruciale, chez Darwin, par la mort ou la disparition des individus ou des espèces dans la lutte pour la vie. Dans un cas comme dans l'autre, qu'il s'agisse des lois scientifiques ou des espèces survivantes, n'interviennent aucune finalité, aucune transcendance, aucun schéma pré-établi, même si rétroactivement on peut toujours avoir l'illusion que la nature était bien organisée, dans la simplicité des lois qui permettent de la prévoir, ou dans l'équilibre harmonieux des espèces. Darwin et Popper proposent au contraire des mécanismes explicatifs strictement immanentistes et anti-théologiques, qui me semblent pouvoir jeter en cela quelque lumière sur ceux que l'on trouve dans la philosophie de

Spinoza, en ce qui concerne les « choses singulières » en général et la politique (et la démocratie) en particulier.

Dans les *choses singulières*, le schème spinoziste type est la dualité *conatus*/destruction. Sans doute une chose singulière considérée en elle-même, si petite et faible soit-elle, pourrait durer indéfiniment ; mais de fait elle a beaucoup plus, statistiquement, de chances de faire une « mauvaise rencontre », et donc d'être « détruite », qu'une chose plus puissante. D'un autre côté, si l'Axiome d'*Éthique* IV déclare que toute chose singulière sera détruite par une autre chose singulière plus puissante, il n'en reste pas moins qu'à l'échelle humaine, à l'échelle d'une vie, voire de plusieurs générations, la destruction en question peut se voir très longtemps différée, donnant ainsi à certaines structures singulières, par exemple les corps politiques démocratiques, une très grande stabilité et une très grande pérennité de fait (même si elles sont toujours en droit susceptibles d'être détruites). Or cette stabilité, cette pérennité, ne sont que d'autres façons de dire que ces « choses singulières » qui durent, qui sont « durables », sont plus puissantes, et de ce fait plus rationnelles, que la plupart de celles qu'elles sont amenées à rencontrer, puisque, comme le souligne Spinoza, la rationalité est le lieu de l'accord (comme je le dis à ma manière, dans le spinozisme « toute existence est alliance ») tandis que l'irrationalité est le lieu du désaccord et donc de l'impossible alliance et donc de la faiblesse. De là la célèbre déclaration de Spinoza selon laquelle, si le Diable existait, il faudrait le plaindre, parce qu'il serait très impuissant et très misérable…

Pour nous qui recherchons tout ce qui est « durable » (notamment le « développement durable »), l'indexation spinoziste de la rationalité sur la durabilité offre de ce fait une ressource conceptuelle remarquable. L'ampleur du phénomène mérite qu'on y insiste. La définition de la « durée », ainsi, en *Éthique* II déf 5 :

> La durée est la continuation indéfinie de l'exister <*Duratio est indefinita existendi continuatio*>.

laisse clairement, apparaître, on le voit, l'idée de « continuation indéfinie ». D'autre part, la définition de « l'effort pour persévérer dans l'être » dans la proposition 6 d'*Éthique* III :

> Chaque chose, autant qu'il est en elle, s'efforce de persévérer dans l'être <*Unaquaeque res, quantum in se est, in suo esse perseverare conatur*>

fait de la « persévérance dans l'être » une prolongation ou une durée, si bien que les choses singulières sont très exactement hiérarchisées, chez Spinoza, par leurs degrés de puissance, c'est-à-dire au fond par leur capacité à « persévérer dans l'être » *plus ou moins longtemps*. Par ailleurs, Spinoza précise explicitement, dans la proposition 8 d'*Éthique* III, que

> L'effort par lequel chaque chose s'efforce de persévérer dans son être n'enveloppe pas un temps fini, mais indéfini <*Conatus, quo unaquaeque res in suo esse perseverare conatur, nullum tempus finitum, sed indefinitum involvit*>

– par où la « finitude », si l'on entend par là la « limitation dans le temps », est expressément niée du *conatus*, tandis que Spinoza envisage explicitement, dans la démonstration de cette *proposition*, la possibilité d'une prolongation indéfinie, dans la durée, d'une telle existence :

> Si aucune cause extérieure ne vient détruire <une chose>, par la même puissance qui fait que maintenant elle existe, elle continuera d'exister toujours : c'est donc que cet effort enveloppe un temps indéfini <*Si nullâ externâ causâ destruatur, eâdem potentiâ, quâ jam existit, existere perget semper ; ergo hic conatus tempus indefinitum involvit*>.

Bien plus, Spinoza donne tous les éléments nécessaires pour illustrer une telle possibilité de prolongation indéfinie de l'existence de modes finis (et ce malgré la présence de l'axiome d'*Éthique* IV). Dans le scolie de la proposition 42 d'*Éthique* V, c'est-à-dire la conclusion même de l'*Éthique*, Spinoza dit bien du sage que,

> Conscient et de soi, et de Dieu, et des choses avec une certaine nécessité éternelle, *il ne cesse jamais d'être* <*nunquam esse desinit*>.

Et d'ailleurs, les sages des temps anciens n'ont-ils pas toujours été représentés comme jouissant d'une vie particulièrement longue ?

Cette valorisation de la durée se retrouve au plan de la théorie de la connaissance. Spinoza fait de la possibilité de poursuivre un raisonnement sans l'interrompre un critère de sa valeur rationnelle :

> *TRE* § 104/60[6] : « Si l'esprit s'attache à une pensée quelconque, afin de l'examiner soigneusement et d'en déduire en bon ordre ce qui s'en déduit

6 Pour le *Traité de la réforme de l'entendement*, nous donnons une double référence : le premier numéro correspond à la numérotation (la plus généralement adoptée aujourd'hui) proposée

> légitimement, en cas qu'elle soit fausse, il en découvrira la fausseté ; si au contraire elle est vraie, *alors il continuera avec succès <sin autem vera, tum feliciter perget>* à en déduire *sans aucune interruption* des choses vraies ».

Spinoza avait d'ailleurs déjà déclaré, au § 44/29 du *Traité de la réforme de l'entendement* :

> Afin de prouver la vérité et le bon raisonnement, nous n'avons besoin d'aucun instrument si ce n'est de la seule vérité et du bon raisonnement : en raisonnant bien j'ai conforté le bon raisonnement et m'efforce encore de prouver *<nam bonum ratiocinium bene ratiocinando comprobavi, et adhuc probare conor>*.

La persévérance dans l'être est donc, dans le raisonnement comme dans la vie, un critère de rationalité et de puissance indissociablement : une chaîne indéfinie de conséquences atteste elle-même sa propre validité, tout comme, sans doute, la prolongation indéfinie d'une vie attesterait elle-même d'une puissance incomparablement accrue.

Le schéma spinoziste « *conatus*-destruction » est donc très comparable, en son principe strictement immanent, au schéma darwinien « mutation-sélection par la mort », ou au schéma poppérien « essais et erreurs », ou « conjectures et réfutations », ou « hypothèses » sélectionnées par des « expériences cruciales » : qu'il s'agisse d'expériences cruciales, de sélection par la mort, ou de destruction par une autre chose singulière, il s'agit dans tous les cas de dire que rien ne « vaut » a priori, mais seulement face à un certain type d'épreuves sélectives : affronter des prédateurs (Darwin), affronter des expériences cruciales (Popper), affronter la destruction, c'est-à-dire la fin de la durée ou de la persévérance dans l'être (Spinoza).

Le même schéma se retrouve dans la politique. Il y a en effet chez Spinoza une valorisation de la *durée* des régimes politiques. Sans doute Spinoza déclare-t-il dans la préface d'*Éthique* IV :

> Aucune chose singulière [...] ne peut être dite plus parfaite pour la raison qu'elle a persévéré plus longtemps dans l'exister *<Nam nulla res singularis potest ideo dici perfectior, quia plus temporis in existendo perseverarit>*.

---

par Bruder dans son édition de 1843 à Leipzig, le second donne la numérotation suivie par Charles Appuhn dans sa traduction du *Traité de la réforme de l'entendement* (Paris : Garnier Frères, 1904), à savoir celle de l'édition van Vloten et Land (La Haye, M. Nijhoff, 1882-1883).

Mais pour Spinoza la durée effective d'un État, comme de toute chose singulière, dépend en dernier ressort de sa « vertu », c'est-à-dire de sa « puissance » (voir *Traité politique* 5/3 et 10/1). Si donc, idéalement parlant, les choses singulières sont égales en ce qu'elles enveloppent toutes une durée indéfinie, et non finie, de fait, selon leur degré de puissance, elles pourront plus ou moins facilement résister aux rencontres et aux accidents de la fortune, autrement dit dureront plus ou moins selon qu'elles seront plus ou moins puissantes.

De ce point de vue, on pourrait argumenter en faveur de la démocratie, d'un point de vue spinoziste, non pas pour des raisons de supériorité morale ou de valeurs, mais parce qu'un tel régime instaure, par la loi du compte, le règlement permanent et constant des conflits qui pourraient l'affaiblir de l'intérieur – la démocratie se révélant ainsi, malgré la faiblesse et l'indécision qu'on croit souvent pouvoir lui reprocher, le régime le plus *durable* et le plus puissant, plus durable et plus puissant même que les régimes les plus despotiques.

Mais de façon frappante, la démocratie présente dans son fonctionnement même, comme en miroir, le schéma immanentiste que nous venons de voir à l'œuvre dans les choses singulières. Au schéma « *conatus*/ destruction » qui caractérise en effet toute chose singulière, correspond ou répond, dans le fonctionnement démocratique, le schéma « opinions/ vote » ou « préférences / sélection politique », qui comprend un premier temps de stricte « équi-valence » en droit, où toutes les opinions ou préférences se valent, suivi d'un deuxième temps de « sélection politique », où seules les préférences ayant recueilli le plus grand nombre de suffrages (le vote ou sélection politique étant ici l'équivalent de l'expérience cruciale poppérienne ou de la sélection naturelle darwinienne) peuvent « persévérer dans leur être » sous la forme des lois de la Cité (de même que les espèces l'ayant emporté dans la lutte pour la vie poursuivent leur destin, ou que les hypothèses non encore réfutées continuent à être utilisées par les savants).

Tout ceci nous a déjà introduit à la distinction entre « préférence » et « justification », au cœur de ce que j'essaie d'avancer ici.

Je proposerai en effet de définir le « théologique » par l'attachement à des « valeurs » *a priori*, c'est-à-dire à une forme de transcendance, à laquelle on accèdera soit par la « croyance » religieuse, soit par la consultation par chacun de sa « conscience » ou de sa raison, qui constitueront dans tous les cas des « justifications » ou des « légitimations » de l'action (la raison tout autant que la morale peut en effet se trouver à la source de la dimension théologique dans la politique ; et selon un paradoxe seulement apparent, Spinoza nous aidera peut-être à délivrer la politique aussi bien de la raison que de la morale). En revanche, le politique se caractérisera, toujours selon un tel point de vue, par le refus de toute valeur transcendante comme de toute finalité connaissables a priori, et, ne pouvant offrir de « justifications » ultimes ou a priori à l'action, s'en tiendra strictement au schéma immanent « préférences indifférentes / sélection politique par le vote ».

Envisagée de la sorte, une bonne partie de la politique contemporaine garde quelque chose de théologique, par l'appel constant qu'elle fait à des « valeurs » qui seraient au-dessus de tout, que l'on devrait respecter, et qui légitimeraient ou justifieraient nos choix politiques. En ce sens, la séparation du théologique et du politique est encore loin d'être effective ou achevée dans nos sociétés, malgré les lois sur la laïcité qui ont séparé l'Église et l'État. La séparation du théologique et du politique ne serait complète, telle serait la proposition spinoziste de cette intervention, que lorsque nous aurions collectivement renoncé à toute valeur transcendante, ou du moins (car, pour suivre Spinoza, il est absurde de vouloir traiter de politique sans vouloir prendre les hommes comme ils sont), lorsque nous aurions collectivement déclaré (et lorsque nous rappellerions souvent, de façon solennelle) que les valeurs que nous respectons et inscrivons aux frontons de nos monuments publics sont relatives, temporaires, changeantes selon les temps et les lieux, et surtout choisies et décidées de façon collective et démocratique, et qu'elles sont donc non pas au-dessus de tout vote démocratique, mais au contraire qu'elles dérivent et dépendent des votes démocratiques. Le politique sera séparé du théologique lorsque sera proclamée l'immanence et la relativité des valeurs.

Les « valeurs » que nous respectons (comme par exemple « liberté/égalité/fraternité ») sont souvent considérées comme la « justification » profonde de l'action individuelle ou publique, et constituent une sorte de « ligne rouge », de limite à ne pas franchir, une transcendance que même le vote ne devrait pas pouvoir remettre en question. C'est pourquoi sans doute la « justification » conserve une telle importance dans nos sociétés et nos pensées, à tel point qu'il nous est devenu difficile, pour ne pas dire honteux, d'agir ou de penser sans « justifications ».

Bien sûr, très peu d'entre nous en appelleraient explicitement et directement à une théologie ou à une religion constituée pour donner des justifications ultimes à leurs choix politiques. Cela est encore en vigueur dans d'assez nombreux pays, mais pas dans les nôtres. En ce sens, nous avons incontestablement commencé à séparer le théologique du politique. Mais nous avons, sous la double forme de la « conscience morale » ou de la « démocratie délibérative », trouvé d'assez bons substituts à cette théologie explicite quelque peu démodée. Du côté de la « conscience morale », nombre de citoyens se déclarent par exemple heureusement pourvus de « sentiments moraux » (honte, colère, indignation, sympathie) qui les mettent en prise directe avec des « valeurs » qui ne sauraient de ce fait être l'objet de leur part d'aucune négociation ni d'aucun compromis (un peu comme certains mystiques avaient la chance de voir Dieu directement et étaient prêts au martyre pour lui), valeurs qui par conséquent donnent lieu inévitablement à des violences de la part de ces citoyens lorsqu'elles sont jugées par eux bafouées ou non respectées par d'autres citoyens, quand bien même ces derniers respecteraient les lois de la Cité. Du côté de la « démocratie délibérative », un peu plus amène, chacun se voit enjoint (dans les innombrables débats et discussions auxquels nous participons ou dont nous sommes témoins) de justifier ses positions ou ses votes par des « arguments », comme si une position politique ne pouvait être légitime que si elle était rationalisable, argumentable, résultant d'une délibération dans laquelle les meilleurs arguments l'auraient emporté.

Cependant, qu'elle se fasse par référence à des valeurs morales ou par rapport à des délibérations rationnelles, cette valorisation constante de la « justification », dans nos démocraties délibératives et morales ne peut se faire qu'à condition de soigneusement masquer l'autre pôle, l'autre pilier, de ces mêmes démocraties : à savoir le fait que le vote y est par définition *injustifié* et *préférentiel*. Dans l'isoloir, je vote pour qui je veux, pour quelque raison que ce soit, même la plus stupide. J'y suis le peuple souverain. Au moment où je vote, je n'y obéis pas à la loi, mais je la fais. La démocratie est le contraire de la technocratie : il n'y a pas de « permis de voter », on ne passe pas d'examens pour voter. La démocratie est par définition, c'est tout son paradoxe et toute sa grandeur, le règne des incompétents, qui votent selon leurs « préférences », de telle sorte que le vote de la personne la plus inculte vaut exactement autant (une voix) que celui de la personne la plus savante et la plus cultivée, et le vote de la personne la moins morale exactement autant (une voix) que le vote de la plus morale, à supposer qu'il y ait un sens à parler de « degrés de moralité », question que je laisserai ici de côté.

Nos démocraties délibératives et morales ne se contentent pas de laisser dans l'ombre le pôle de la « préférence » autant qu'elles mettent en lumière celui de la « justification » : elles cherchent à nous faire honte de nos préférences. De façon très frappante, le terme de « préférence », en tant que préempté ou simplement utilisé par le Front National dans l'expression « préférence nationale », est en effet en lui-même, depuis plusieurs années, l'objet d'une sorte de tabou – comme si exprimer simplement une « préférence » était en soi suspect, ce qui est tout de même particulièrement étrange, je me permets d'y insister, avant d'aggraver peut-être mon cas en essayant d'expliquer bientôt pourquoi nous devrions préférer la « préférence » à la « justification »... Nous sommes sommés, sans cesse et partout, de dire pourquoi nous allons voter dans tel sens plutôt que dans tel autre. On cherche à nous faire honte de notre sentiment intime. On nous oblige à être cohérents. Le seul discours inacceptable, irrecevable, est « parce que je préfère qu'il en soit ainsi », ou, comme disent parfois les enfants, « parce que oui », ou « parce que parce que ». Comme dans l'explication de la tuile qui tombe, dans l'appendice d'*Éthique* I, on veut nous réduire à *quia* à force de questions. Cette inquisition douce est tout de même très étrange. Que le vote soit rationnel ou irrationnel, il vaut toujours une voix. On installe donc une espèce de schizophrénie chez les citoyens, en essayant de leur faire croire que le seul vote valable est un vote justifié, ou justifiable, au moment même où l'organisation du vote envoie le message contraire : vous votez comme bon vous semble, selon votre « préférence », nous ne vous demanderons aucune « justification ».

Reprenons dans l'ordre ces deux sources de la justification, et voyons ce que pourrait être un point de vue spinoziste à ce sujet.

1) La justification par référence à des « valeurs », dans la mesure où elle enveloppe le refus de la discussion et de la délibération, est d'abord logiquement contradictoire avec la justification délibérative. On devrait donc, si l'on était cohérent, choisir entre la justification par les valeurs et la justification par la délibération, car ce sont deux principes

antinomiques. D'autre part, la justification par les « valeurs » ressemble bien plus qu'elle ne le voudrait à une justification par la « préférence », c'est-à-dire à une absence de justification. La justification par des valeurs, auxquelles on accède par sa conscience morale, ou par des sentiments moraux déclarés irrécusables, est en réalité, c'est évident, une « bonne préférence » qui s'oppose à la « mauvaise préférence » de ceux qui vont voter en suivant leurs instincts, leurs pulsions, leurs égoïsmes, leurs intérêts, leurs peurs ou leurs haines, ou les suggestions intéressées du système (la publicité, les puissances de l'argent, la propagande, la communication, les sondages). Cette position d'une « bonne préférence » par opposition à une « mauvaise préférence », si fragile soit-elle au fond, comme toute opposition d'un « bon x » à un « mauvais x » (bonne et mauvaise volonté, bon et mauvais capitalisme, bonne et mauvaise violence, remède et poison, religion et superstition...), n'en est pas moins au cœur des justifications morales auxquelles bon nombre d'entre nous entendent souvent soumettre la politique.

La justification par la conscience morale et par référence à des valeurs intouchables, supérieures même à la loi, en un mot, le libre examen et la capacité individuelle de résister à toute injonction politique au nom d'injonctions supérieures, la capacité à désobéir, à se rebeller, à résister, sont sans doute au cœur de notre conception de la modernité et de la politique. Nous avons fait de la liberté de conscience, si j'osais ce paradoxe, un nouveau sacré... Nos figures tutélaires sont des rebelles, des résistants, des insoumis, des indignés : Antigone, Jeanne d'Arc, Gandhi, De Gaulle, Rosa Parks, L'Abbé Pierre, Mandela... Personne ne s'aviserait de toucher à un tel dogme ou à de tels personnages, sans prendre le risque de se voir unanimement rejeté et détesté. Les artistes l'ont très bien compris : Vous voulez une subvention ? Soyez rebelle, innovant, inquiétant, dérangeant... L'injonction contradictoire « désobéissez-moi » est sans doute un peu fatigante à appliquer à la longue, mais les artistes sont souvent malins et endurants...

Dans cette position de résistance et d'insoumission, aurions-nous Spinoza pour allié ? Le *Traité théologico-politique* s'achève et se parachève, du moins nous plaisons-nous à le croire (et bien sûr c'est vrai en un sens), sur le tableau de l'homme libre qui résiste aux prêtres, jusque sur l'échafaud, et pour nous ces pages magnifiques sont devenues une sorte de schéma affectif structurant. On veut y voir la défense de la liberté d'examen, voire de la liberté de conscience, contre tous les dogmes, tous les obscurantismes religieux. Pour nous c'est une figure à la fois de la liberté, de la conscience, et de la résistance, tellement attirante et tellement forte que nous avons du mal à y voir la naissance de ce sacré de substitution, de ce nouveau sacré, que j'évoquais à l'instant. Mais il me semble que ce serait là faire un contresens sur les positions de Spinoza. Spinoza, en effet, bien loin de valoriser une conscience individuelle appuyée sur des « valeurs » et capable de contester les lois de la république (ce qui revient à faire de cette conscience un nouveau sacré et donc à réintroduire le théologique dans le politique), ne sépare le théologique et le politique que par une théorie complète de l'obéissance.

L'obéissance est en effet le cœur du *Traité théologico-politique*, même si cela ne peut manquer de gêner quelque peu notre culte de la pensée rebelle, du libre examen, et du sacré des valeurs morales… Il m'arrive parfois de me demander si, au cas où Spinoza reviendrait aujourd'hui parmi nous, il ne subirait pas de notre part un nouvel *Herem* (inverse du premier) pour culte déplacé de l'obéissance, malpensance, immoralisme et relativisme, manque de foi dans tout ce à quoi nous voulons absolument croire… d'ailleurs, s'il a été victime du *Herem* dans sa communauté, pour « insoumission », on voit souvent naître, chez les lecteurs de Spinoza, de petits *herems*, à propos de ce qu'il a dit des femmes, des serviteurs, des fous, des enfants, d'un « brésilien noir et crasseux », des enragés qu'il serait légitime d'étrangler, des aveugles qui se plaindraient à tort de leur sort, du non-sens des « excuses », et ainsi de bien des passages où Spinoza ne serait pas aussi proche de nos valeurs que nous le souhaiterions peut-être.

Spinoza, dans le *Traité politique*, sa toute dernière œuvre, porte de façon constante et cohérente un jugement très sévère sur la « sédition ». Il conçoit en effet le bon régime politique comme capable d'abord de « conserver sa forme » le plus longtemps possible :

> *TP* 6/2 : « Par "moyens requis pour la conservation de l'État", j'entends donc ceux qui sont nécessaires à la conservation de la forme de l'État en dehors de toute modification notable de celle-ci » <*Quare media, quae ad imperium conservandum requiri dixi, ea intelligo, quae ad imperii formam absque ulla ejus notabili mutatione conservandam necessaria sunt*>.

Ce conservatisme apparaît avec une particulière clarté au chapitre 8/7 du *Traité politique*, où Spinoza indique le plus clairement et le plus expressément son ambition de construire des régimes pérennes, qui « n'aient rien à craindre de la multitude » et dans lesquels « toutes les causes de *sédition* seront éliminées ». En cela, le *Traité politique* tire les leçons des analyses du *Traité théologico-politique* qui développe de façon centrale une théorie de la sédition et de la contre sédition.

Les prêtres, au sens le plus général du terme, ont intérêt aux séditions et à leur déclenchement, parce qu'ils ont intérêt à diviser l'État pour l'affaiblir et pour y être plus puissants. La foule <*vulgus*> hystérique, inconsciente, aveugle, manipulée, inconstante et furieuse, est l'acteur des séditions. Pour provoquer les séditions, il suffit aux prêtres de proclamer que les textes sacrés enseignent quelque chose de théorique sur Dieu (par exemple, sur sa nature), ou sur tout autre sujet, et qu'il importe au plus haut point d'avoir sur ces sujets telle ou telle croyance plutôt que telle ou telle autre. D'un coup alors l'État se divise et se fragilise. Si en effet ce que l'on croit, ou ce à quoi l'on croit, importe à la chose publique, les spécialistes des textes sacrés et donc des croyances auront de plus en plus d'influence. Certaines opinions, ou croyances, deviendront valables, voire saintes, tandis que d'autres opinions seront interdites, voire maudites. La liberté d'opinion étant ruinée, on verra apparaître des menteurs, des tartuffes, des hypocrites, des dissimulateurs, mais aussi nécessairement des résistances acharnées à une telle oppression, et donc des discordes, des querelles sans fin, des séditions, la division et finalement la ruine de l'État.

Après avoir décrit le mal de la sorte, le remède imaginé et proposé par Spinoza dans le *Traité théologico-politique* (qui est donc bien en cela un traité de l'anti-sédition) consistera à montrer que, contrairement aux apparences, les Écritures et les textes sacrés n'enseignent rien de particulier en matière de foi, d'opinions et de croyances, mais délivrent seulement un enseignement pratique, qui consiste à vivre selon la « vraie règle de vie ». Comme la phrase du Christ devant la foule masculine prête à lapider la femme adultère (« Que celui qui n'a jamais péché jette la première pierre »), la thèse de Spinoza selon laquelle *les croyances n'ont aucune importance* désarme la foule hostile et séditieuse. En effet, si l'on admet que les Écritures n'enseignent rien sur la nature de Dieu, ni sur aucun sujet spéculatif, alors les opinions et les croyances, d'un seul coup, sont libérées. La « liberté de penser ce que l'on veut et de dire ce que l'on pense », qui est l'objet du *Traité théologico-politique*, devient effective. Les « prêtres » perdent toute emprise sur les opinions. Il n'y a plus d'opinions sacrées ni d'opinions hérétiques. Il n'y a donc plus de motif de se battre pour des opinions, et l'État cesse d'être affaibli ou divisé. Au fond, dit Spinoza, peu importent les croyances, seuls importent les comportements. Or les comportements relèvent du seul pouvoir politique, qui seul peut déterminer quel comportement est conforme ou non au pacte ou aux lois, sans égard aux motifs ou aux mobiles. La question n'est donc pas de savoir ce que *croient* les gens, mais de savoir s'ils *obéissent* ou non aux ordres ou commandements du souverain. Tout est donc ramené par Spinoza à la question de l'obéissance, question à ce point centrale dans le *Traité théologico-politique* qu'elle fait explicitement le lien entre les chapitres consacrés à l'interprétation des Écritures, et les chapitres consacrés à la liberté de penser.

L'Écriture enseigne essentiellement l'obéissance. Ce sont des passages très connus, sur lesquels je me permets d'insister :

> *TTP* XIII [2] : « La visée de l'Écriture n'a pas été d'enseigner les sciences ; car [...] elle n'exige des hommes que l'obéissance seule <*nihil praeter obedientiam eandem ab hominibus exigere*>, et qu'elle ne condamne que la seule *insoumission*, non l'ignorance <*solamque* contumaciam, *non autem ignorantiam damnare*>. Or, puisque l'obéissance envers Dieu consiste dans le seul amour du prochain [...], il s'ensuit que l'Écriture ne demande pas d'autre science que celle qui est nécessaire à tous les hommes pour pouvoir obéir à Dieu selon ce précepte, et dont l'ignorance rendrait nécessairement les hommes *insoumis*, ou du moins indisciplinés <*et qua ignorata homines necessario debent esse* contumaces *vel sine disciplina obedientiae*>. »

Inversement, la fin du chapitre XIII du *Traité théologico-politique* ramène toutes les croyances à deux catégories seulement de comportements : ceux qui montrent de l'obéissance, et ceux qui montrent de l'insoumission. C'est le critère suprême, et la condamnation de l'insoumission est sans équivoque dans ce passage particulièrement remarquable :

> *TTP* XIII [9] : « Il ne faut donc nullement croire que les opinions considérées en elles-mêmes, sans relation aux œuvres, aient quelque pitié ou impiété : ce qu'on a seulement le droit de dire, c'est que les hommes croient quelque chose avec piété ou impiété, selon que leur opinion les incite à l'obéissance ou qu'ils en tirent licence pour pécher et se rebeller <*licentiam ad peccandum aut rebellandum sumit*>. Ainsi donc, si quelqu'un qui croit des choses vraies devient rebelle <*si quis vera credendo fiat contumax*>, sa foi est véritablement

impie ; si à l'inverse, croyant des choses fausses, il est obéissant <*obediens*>, alors sa foi est pieuse ».

La désobéissance est ainsi le « péché » principal que l'on puisse commettre dans l'État. Le terme *peccatum* est synonyme de « désobéissance civile » :

> *TP* 2/19 : « C'est pourquoi le péché ne peut se concevoir que dans l'État, c'est-à-dire là où, selon le droit commun de l'État tout entier, se décide ce qui est bon et ce qui est mauvais, et où personne [...] n'agit à bon droit s'il n'agit selon le décret ou consentement commun. Est en effet "péché" <*peccatum*> ce qui (*comme nous l'avons dit dans l'article précédent*) ne peut pas être fait de droit, autrement dit ce que le droit interdit, tandis que "l'obéissance" <ob*sequium*> est la volonté constante d'accomplir ce qui est bon selon le droit et doit être fait selon le décret commun. »

C'est d'ailleurs exactement le sens du seul passage de l'*Éthique* où apparaît le terme *inobedientia*, « désobéissance », et où, une fois encore, le « péché » est associé à la « désobéissance » tandis que « l'obéissance » est tenue pour un « mérite » :

> *E* IV 37 sc 2 : « Et donc le péché n'est rien d'autre que la désobéissance <*est itaque peccatum nihil aliud, quam inobedientia*>, qui pour cette raison est punie par le seul droit de la Cité, et au contraire l'obéissance est comptée au Citoyen comme un mérite <*et contra obedientia Civi meritum ducitur*> parce qu'on le juge par là même digne de jouir des commodités de la Cité. »

Cette sur-valorisation de l'obéissance, inattendue voire incongrue pour nous, citoyens des démocraties libérales contemporaines, qui avons l'insoumission pour valeur sinon suprême, du moins très haut placée dans la hiérarchie de nos valeurs (qu'on pense par exemple aux notions de « désobéissance civile », d'« objection de conscience » ou aux « clauses de retrait »), permet seule de comprendre que Spinoza fasse de la désobéissance, dans l'épisode du matricide de Néron, le cœur même de ce que l'on peut imaginer de pire dans un comportement humain. Évoquant en effet l'assassinat par Néron de sa mère Agrippine, Spinoza écrit, dans la *Lettre* 23 à Blyenbergh :

> Le matricide de Néron, par exemple, en tant qu'il contient quelque chose de positif, n'était pas un crime ; Oreste a pu accomplir un acte qui extérieurement est le même et avoir en même temps l'intention de tuer sa mère, sans

> mériter la même accusation que Néron. Quel est donc le crime de Néron ? Il consiste uniquement en ce que, dans son acte, Néron s'est montré ingrat, impitoyable et *insoumis* <*inobediens*>.

Il est très frappant, me semble-t-il, de voir que le terme *inobediens*, insoumis ou désobéissant, soit considéré par Spinoza comme ce qu'il y a de spécifiquement criminel dans le crime de Néron, plus encore que ses dimensions ingrate et impitoyable.

Spinoza ne peut donc en aucune façon, dans le *Traité théologico-politique* et dans le *Traité politique* (mais j'ai évoqué aussi un passage important de l'*Éthique*), être considéré comme un théoricien de la « justification » de l'action politique par référence à des « valeurs » que pourrait atteindre une « conscience éclairée », ou « morale » et qui pourraient être opposées par cette même conscience aux lois de l'État, de la Cité ou de la République. Les « hommes remarquables » de la fin du *Traité théologico-politique* n'opposent pas leur liberté de conscience au pouvoir civil, mais aux foules séditieuses qui veulent le renverser. Le terme « séditieux » est jugé en lui-même tellement dévalorisant par Spinoza qu'il lui arrive de s'excuser de l'employer[7] :

> *TTP* XIX [14] : « Il est un seul point que je ne puis passer sous silence : c'est l'erreur misérable de ceux qui, pour soutenir leur opinion séditieuse (qu'on me pardonne la dureté du terme) <*hanc seditiosam opinionem (veniam verbo duriori precor)*>, invoquent l'exemple du souverain pontife des Hébreux ».

Les « séditieux » essaient de rendre les Magistrats odieux « à la foule[8] ». La « dévotion » de la foule est facilement tournée en « rage » par les séditieux qui ne peuvent supporter les « hommes de libre complexion[9] ». Ce qu'aiment les justes, enfin, est haï des séditieux, ce qui revient à

7 G III 234 10-13 ; LM 619 17-20.

8 *TTP* XX [7] : Si quelqu'un se prononce pour l'abrogation d'une loi « pour accuser d'iniquité le Magistrat et *pour le rendre odieux à la foule* <*vulgo odiosum reddendum*>, ou s'il essaie de faire abroger cette loi de façon séditieuse, contre le gré du Magistrat, alors c'est sans conteste un perturbateur et un rebelle » (G III 241 26-29 ; LM 639 20-24).

9 *TTP* XX [12] : « De semblables lois, qui ordonnent ce que chacun doit croire et qui interdisent de parler ou d'écrire contre telle ou telle opinion, ont souvent été instituées comme un présent ou plutôt comme un abandon face à *la colère de ceux qui ne peuvent supporter les hommes de libre complexion* <*eorum ira, qui libera ingenia ferre nequeunt*> et qui peuvent par quelque autorité torve, *facilement changer en rage la dévotion de la plèbe séditieuse* <*seditiosae plebis devotionem facile in rabiem mutare*> et la dresser contre qui ils veulent » (G III 27-32 ; LM 647 6-14).

opposer les « justes » et les « séditieux », ou à poser qu'aucune sédition ne peut être « juste[10] ». Aucune « sédition » ne peut ainsi, aux yeux de Spinoza, entraîner des hommes réfléchis, courageux, lucides, pondérés, et sincères. La foule veut le supplice de l'homme raisonnable, la foule veut la croix – la foule poussée par des prêtres à tuer ou à lyncher pour des croyances[11]. L'homme droit obéit au souverain, mais résiste à la foule. Il ne se trompe pas d'insoumission.

Spinoza nous permet ainsi de poursuivre, en chacun de nous, la séparation entre le théologique et le politique. Il ne valorise en effet d'aucune façon l'idée d'une justification morale de nos actions politiques, justification au nom de laquelle nous pourrions entrer en désobéissance ou en sédition par rapport au Souverain de la République. Émanciper par l'obéissance est évidemment paradoxal. D'ailleurs, comme l'a admirablement montré Alexandre Matheron dans *Le Christ et le Salut des Ignorants*, la philosophie de Spinoza, c'est-à-dire la rationalité, se révèle incapable, aux yeux mêmes de Spinoza, de comprendre, c'est-à-dire de démontrer le salut des ignorants par l'obéissance, qui est le seul message qu'elle reconnaît pourtant aux Écritures une fois correctement interprétées. Mais Spinoza nous aide tout de même à comprendre qu'on ne se délivre du théologique qu'en se délivrant du sacré sous toutes ses formes, y compris la valorisation absolue de la conscience morale ou des sentiments moraux. Il ne s'agit pas de faire de Spinoza un fataliste ou un conservateur au sens le plus ordinaire, c'est-à-dire qui accepterait dans tous les cas l'ordre des choses, voire enjoindrait d'y obéir (même si cette dimension d'acceptation de la nécessité et de l'ordre des choses, disons, stoïcienne, existe dans le spinozisme, par exemple dans le chapitre 32 de l'appendice d'*Éthique* IV). Ce serait contraire au bon sens même et à la sensation unanime de force libératrice et émancipatrice que l'on ressent à la lecture de cette philosophie. Contrairement à ce qu'on pourrait croire, il ne s'agit donc pas ici d'une valorisation de l'obéissance pour

---

10 *TTP* XX [13] : « Quel exemple peut donner la mort de tels hommes, dont la cause est ignorée des lâches et des hommes sans force morale, *haïe des séditieux, aimée des justes <seditiosi oderunt, et honesti amant>* ? » (G III 245 13-14 ; LM 647 36 – 649 1).

11 *TTP* XX [15] : « Tout cela établit avec plus de clarté que la lumière du jour que les schismatiques sont ceux qui condamnent les écrits des autres *et excitent séditieusement la foule effrontée contre eux <et vulgum petulantem in scriptores seditiose instigant>*, plutôt que les auteurs mêmes de ces écrits, qui le plus souvent ne s'adressent qu'aux savants et n'appellent à l'aide que la raison » (G III 246 19-23 ; LM 651 14-19).

elle-même, mais de la vision d'une obéissance libératrice en ce qu'elle désacralise les lois en renonçant à les justifier.

Il y aurait là chez Spinoza, me semble-t-il, quelque chose de l'attitude pascalienne, pour ajouter un argument à ceux que l'on peut lire dans un volume récemment paru[12]. Les ignorants obéissent à la loi parce qu'ils la croient bonne ; les demi-habiles résistent à la loi lorsqu'ils la croient mauvaise ; les savants (ou les sages) obéissent à la loi bien qu'ils sachent (ou parce qu'ils savent) qu'elle n'est ni bonne ni mauvaise, mais seulement nécessaire. Ces trois figures ne désignent pas des individus distincts. Elles cohabitent et luttent en chacun de nous, selon les occasions et les moments. L'ignorant et le semi-habile, en chacun de nous, sont encore dans le théologico-politique, parce qu'ils règlent leur obéissance à la loi sur leur appréciation de la loi comme « bonne » ou « mauvaise ». Seul l'habile (ou le sage, pour reprendre le terme spinoziste), qui obéit à la loi sans la soumettre à un travail de « justification » extérieure, théologique ou morale, parvient de temps à autre à la libération engendrée par la séparation du théologique et du politique.

2) J'en viens maintenant à la deuxième source de justification que l'on oppose le plus souvent à la simple « préférence », à savoir la justification argumentative ou délibérative.

Il pourra sembler étonnant d'appeler un auteur comme Spinoza à l'appui de thèses anti-argumentatives et anti-délibératives, ou pour le dire plus positivement, à l'appui d'une tentative de réhabilitation de la « préférence » dans nos conceptions de la démocratie[13]. Et pourtant, par bien des traits, la philosophie politique de Spinoza se montre d'une

12 *Pascal et Spinoza – Pensées du Contraste : de la géométrie du hasard à la nécessité de la liberté*, Sous la direction de Laurent Bove, Gérard Bras et Éric Méchoulan, Paris, Amsterdam, 2007.

13 En *TP* 9/14, Spinoza semble même prendre la défense d'une certaine forme de démocratie délibérative. Il déclare en effet : « Les hommes [...] sont de complexion trop épaisse pour pouvoir tout saisir d'un coup ; mais ils s'affinent en délibérant, en écoutant et en discutant <*consulando, audiendo et disputando*> ; et, à force d'explorer toutes les pistes, ils finissent par trouver ce qu'ils cherchaient, qui recueille l'assentiment de tous, et à quoi personne n'avait pensé auparavant ». Spinoza décrit ici la production immanente d'une opinion commune, ou d'un assentiment, plutôt que le choc des valeurs. Surtout, le contexte montre bien qu'il s'agit pour lui de préconiser des assemblées suffisamment « nombreuses » pour que les décisions ne soient pas prises seulement par quelques-uns, qui, trop peu « nombreux » pour pouvoir envisager toutes les facettes d'un problème, n'en découvrent pas la solution. La production de l'assentiment par la discussion dérive donc

indifférence tout à fait frappante et significative à l'égard des justifications que nous pourrions être tentés d'apporter à nos opinions ou à nos préférences.

Deux sentences de Spinoza me semblent centrales pour bien comprendre son radicalisme en matière de séparation du théologique et du politique : d'une part *TP* 2/23 :

> De même donc que le péché et l'obéissance <*peccatum et obsequium*> pris au sens strict, la justice et l'injustice ne peuvent être conçues en dehors d'un État.

Dans ce passage en effet, Spinoza déclare explicitement l'antériorité du politique sur le moral ou le théologique ; autrement dit, qu'on ne peut jamais soumettre des lois à une appréciation morale qui leur préexisterait – ce qui revient de sa part à dénier toute transcendance du moral par rapport au politique, et donc toute subordination du politique au moral. Cette déclaration du *Traité politique* fait bien sûr écho à la fameuse déclaration du scolie de la proposition 9 d'*Éthique* III :

> Quand nous nous efforçons à une chose, quand nous la voulons ou aspirons à elle, ou la désirons, ce n'est pas parce que nous jugeons qu'elle est bonne ; mais au contraire, si nous jugeons qu'une chose est bonne, c'est précisément parce que nous nous y efforçons, nous la voulons, ou aspirons à elle, ou la désirons.

qui pourrait être le slogan d'une théorie de la « préférence » démocratique.

Le deuxième passage-clé pour la lecture que je vous propose ici serait le paragraphe 18 du chapitre 7 du *Traité politique* :

> On doit estimer [...] la puissance d'un État, et conséquemment son droit, d'après le nombre des citoyens <*Imperii potentia et consequenter jus ex civium numero aestimanda est*>.

L'obsession quantitativiste, présente partout chez Spinoza dans la doctrine des « choses singulières », présente au plus haut point dans le *Traité politique*, se concentre ici de façon explicite dans le repli de la puissance et du droit de l'État sur le « nombre » des citoyens, c'est-à-dire sur une conception entièrement immanente, indifférente à toute question de « bien », de « mal », ou de « meilleur régime », conception dans

---

explicitement du « nombre » de discutants, ce qui suppose, à un moment ou à un autre, un ou des votes, bref tout un mécanisme délibératif dans lequel le compte intervient.

laquelle le nombre seul fait droit, c'est-à-dire puissance et loi, sans que soit même évoquée la nature de ce sur quoi pourrait se porter ce nombre, c'est-à-dire ce compte ou ces votes. La formule spinozienne selon laquelle la démocratie devrait être considérée comme l'*imperium absolutum*, c'est-à-dire « le régime absolu » ne peut s'apprécier que du point de vue d'une telle radicalité numérique.

Une telle indifférence à la justification ou aux fins de l'action politique a quelque chose de très frappant, et nous oblige, me semble-t-il, à reprendre ces questions pour elles-mêmes.

D'abord, les valeurs qui règlent nos actions, même au sein de notre république française actuelle, sont bien moins nettes et stables qu'on ne le penserait. La devise de la République Française est, comme chacun sait, « Liberté, égalité, fraternité », que l'on peut donc considérer comme nos « valeurs », même si sans doute ce ne serait pas les seules que nous considérerions comme nôtres, si nous cherchions à en dresser une liste plus complète, ce à quoi je vais m'essayer maintenant très brièvement. On trouverait donc dans une telle liste, sans doute, la « solidarité », la « laïcité » et le « respect », y compris de l'intégrité physique. Devrait-on y inscrire l'« honneur » et la « discipline » ? C'est moins sûr, encore que pour nombre d'entre nous ce sont des valeurs. De même, la « charité » ne saurait plus être, sans doute, une valeur de la République laïque, et pourtant la charité reste incontestablement une valeur morale ou religieuse très répandue, et qui a pour ainsi dire régné sur la civilisation chrétienne pendant près de 2000 ans. Il est peu probable qu'on inscrirait aujourd'hui la « vie » dans la liste de nos valeurs, à cause des lois sur l'avortement, même si la vie est sans aucun doute une « valeur » à nos yeux, puisque les meurtres sont chez nous les plus sévèrement punis des crimes. On ne voit pas non plus que la « beauté » puisse être mise officiellement au rang des « valeurs » de notre République (car le culte de la beauté a toujours quelque chose d'inquiétant et de discriminant, outre le fait que les avis divergent sur ce qui est « beau » ou ne l'est pas), bien qu'elle soit incontestablement une valeur pour nombre d'entre nous, au moment où les individus dépensent des sommes considérables pour améliorer leur apparence physique, tandis que les États dépensent de leur côté des sommes encore plus considérables pour l'art, les musées, la création, l'architecture, l'urbanisme, les paysages, montrant bien par-là que la « beauté » est une valeur qui pourrait prétendre au titre de valeur politique. Pourraient également être candidates au titre de valeurs la « transparence » ou la « sincérité », qui font incontestablement partie de nos attentes, puisque ceux qui y dérogent se voient sanctionnés politiquement et socialement. Nous avons enfin appris, presque comme un réflexe conditionné, à mépriser « travail-famille-patrie » (même si, prises séparément, ces trois valeurs conviendraient à bon nombre de républicains) autant que nous valorisons, c'est le cas de le dire, « liberté-égalité-fraternité ». Ce bref exercice d'écriture, ou d'inscription, aura suffi à montrer qu'il n'y a pas accord ni permanence, que ce soit dans le temps ou dans l'espace, sur la liste des valeurs. Un tel accord ne pourrait exister que si nous disposions de ce « sens de la justice » dont Rawls et quelques autres font grand cas, mais qui de toute évidence n'a rien d'infaillible, puisqu'il peut aussi bien conduire à la loi du talion qu'au pardon des offenses.

Le spinozisme politique s'accorde en profondeur (telle serait ma thèse) avec ce relativisme ou indifférentisme en matière de valeurs. S'il fallait n'en donner qu'un seul témoignage, il suffirait d'évoquer la déclaration fameuse entre toutes du paragraphe 1 du chapitre 4 du *Traité politique*, véritable manifeste ou testament philosophique de Spinoza :

> Donc, lorsque j'ai tourné mon esprit vers la politique, je n'ai pas cherché à démontrer quoi que ce soit de nouveau ou d'inouï, mais j'ai seulement tâché d'établir par des raisons certaines et indiscutables ce qui s'accorde le mieux avec la pratique, et de le déduire de la condition de la nature humaine elle-même ; et pour apporter à l'étude de tout ce qui concerne cette nouvelle science la même liberté d'esprit qu'on a coutume d'apporter dans les recherches mathématiques, j'ai tâché *de ne pas rire des actions des hommes, de ne pas les déplorer, encore moins de les maudire – mais seulement de les comprendre.*

Conformément à une tradition très ancienne, la philosophie de Spinoza se déclarerait ainsi incompatible avec toute valorisation de l'étonnement, de la moquerie, de la détestation… et par conséquent de toute forme de dévalorisation a priori d'une action humaine quelle qu'elle soit.

Si nous prenons maintenant pour elle-même cette question des finalités de la politique, dans toute sa généralité (ce à quoi nous incite bien sûr Spinoza), nous parviendrons sans doute à la conclusion qu'il y a antinomie entre « politique » et quelque finalité explicite que ce soit.

Au fond nous ne savons pas à quoi sert la politique (ou quelle est sa finalité). Se demander si nous sommes bien conscients de ce que nous attendons de la politique, ou comment nous la définirions, c'est poser une question mystérieuse. Toute réponse positive en effet (la politique a pour finalité « le bonheur », « la sécurité », « la liberté », « la puissance », « la richesse », « la santé » des peuples), ôterait immédiatement à la politique ce qui en fait la spécificité, à savoir pour un peuple la liberté et la capacité à changer, à renoncer à d'anciennes aspirations. Si l'on posait, par exemple, que le but ultime de la politique est la « richesse » d'une population, la « croissance » de son économie, l'augmentation de son Produit Intérieur Brut, etc., comme cela est presque constamment le cas de nos jours, alors la politique ne se distinguerait pas de l'économie et de la finance, et devrait se faire à la Corbeille. Si on posait comme finalité de la politique l'espérance de vie, ou l'allongement de la durée de la vie des citoyens, alors la politique ne serait pas tellement différente de la médecine, et devrait revenir à des médecins. Si c'était la « sécurité », la politique ne serait pas très différente du maintien de l'ordre, et devrait revenir aux policiers et aux militaires. Si c'était le « bonheur », elle ne serait pas très différente d'une religion ou d'une sagesse, et devrait revenir à des prêtres. On peut encore sans doute imaginer d'autres justifications, d'autres finalités. Mais toute justification positive sera une façon de supprimer la politique au moment même où on la posera. Si donc on veut maintenir une spécificité de la politique (question qui ne peut être résolue d'avance, que ce soit dans le cadre du spinozisme, ou en soi : on pourrait très bien imaginer que finalement, la politique n'ait pas à être maintenue – c'est par exemple la position de Matheron –, alors on ne pourra la maintenir que comme « négatif » de toutes les finalités évoquées ci-dessus, et à vrai dire de toute finalité.

La politique bien entendue devrait donc être définie par la possibilité laissée aux peuples de modifier leurs finalités selon leur gré. On peut avoir un jour envie de sécurité, un jour envie de liberté ; un jour envie d'aventures, voire de conquêtes, un jour envie de calme et de prospérité. En cela il y aurait une dimension intrinsèquement révolutionnaire de la politique démocratique. Ce point, qui hante aujourd'hui la pensée de Jacques Rancière, avait été à mon avis aperçu par Spinoza dans son refus de subordonner la politique à tout sens, à toute finalité ou à tout jeu de valeurs, ce qui lui avait permis de présenter dans le *Traité politique* une vision particulièrement pure et exacte de l'essence même (toute négative) de la politique. En ce sens, la radicalité immanentiste et seulement négative de Spinoza trouverait des échos dans les théories radicales de la démocratie, telles qu'on les trouve par exemple chez Jacques Rancière ou Chantal Mouffe, qui récusent eux-aussi les modèles délibératifs de la démocratie. La différence, me semble-t-il, viendrait du fait que Spinoza, par la loi du compte, offre toujours une possibilité de solution non-violente aux divergences fondamentales d'options qui caractérisent la démocratie, si bien qu'on ne demeure pas, chez lui, dans le différend (ou le mécompte, si bien nommé) de Rancière pas plus que dans l'agonistique de Mouffe et Laclau[14]

Je serais personnellement enclin à aller moi-même si loin dans cette critique de la démocratie délibérative, que la simple tentative de convaincre quelqu'un sur une question politique, en faisant pression sur son choix de quelque manière que ce soit (que ce soit par la peur, la publicité, mais même par la discussion rationnelle argumentée) me semblerait devoir être condamnée, en dehors bien sûr d'une demande explicite. On pourrait ouvrir à partir de là, toujours dans un esprit proche de celui de Rancière, une critique du militantisme et une défense de l'autodidaxie qui irait assez bien avec la défense de la « préférence ».

L'indécidabilité de la fin de la politique est d'ailleurs présente de façon significative dans les textes mêmes de Spinoza, puisque, s'il déclare dans le *Traité théologico-politique* (chapitre XX § [6]) que le but de l'État est la « liberté », il déclarera dans le *Traité politique* (1/6) qu'il s'agit plutôt de la « sécurité » :

> Peu importe à la sécurité de l'État dans quel esprit les hommes sont amenés à administrer correctement les affaires, pourvu qu'elles le soient en effet. La liberté d'esprit, ou force d'âme, est en effet une vertu privée, tandis que la vertu de l'État, c'est la sécurité.

À vrai dire, l'opposition n'est pas si tranchée entre les deux ouvrages : car il y a des indications en faveur de la « sécurité » dans le *Traité théologico-politique* (chapitre III § [6])[15], tandis qu'il y a des indications en faveur

14 Voir Chantal Mouffe et Ernesto Laclau, *Hegemony and Socialist Strategy : Towards a Radical Democratic Politics*, Londres/New York, Verso, 1985, 2001, Tr. fr. par Julien Abriel : *Hégémonie et stratégie socialiste : Vers une politique démocratique radicale*, Besançon, Les Solitaires Intempestifs, 2009, avec une préface de Étienne Balibar.

15 *TTP* III [6] : « En parcourant <l'écriture> même superficiellement, on voit avec clarté que les Hébreux l'ont emporté sur toutes les autres nations en cela seulement qu'ils ont mené leurs affaires avec succès en ce qui concerne la sécurité de la vie <*quod res suas,*

de la liberté dans le *Traité politique* (5/6, comme voie vers la sécurité)[16]. Mais ce flottement de Spinoza sur la finalité ou valeur suprême de l'État[17] est en lui-même intéressant. Quoi qu'il en soit, contrairement à ce qu'affirment Hardt et Negri[18], Spinoza n'a jamais fait de la joie (*gaudium*) « le but de la politique » – pas même, à vrai dire, celui « de la philosophie ». La république peut avoir des valeurs, et ne manque pas d'en avoir, d'ailleurs plutôt fluctuantes ; mais il semblerait que la démocratie n'en a aucune – ce qui pourrait peut-être éclairer dans une certaine mesure l'opposition parfois difficile à saisir entre « républicains » et « démocrates ».

J'aimerais évoquer, pour finir, l'objection ultime que l'on ne peut manquer d'élever contre les thèses que j'ai défendues dans le présent exposé : pourquoi « préférer » la démocratie, pourquoi « préférer » la loi du compte, pourquoi préférer la préférence à la justification ? La préférence pour la préférence peut-elle être justifiée sans contradiction patente ?

Pour répondre à cela, je n'aurai qu'un seul argument, mais que je crois fort. Il est impossible d'évaluer des opinions, c'est-à-dire de les hiérarchiser selon leur « valeur », mais en revanche il est toujours possible de compter des votes. Il y a donc une différence fondamentale entre le règne démocratique du compte, et toute autre façon d'envisager la politique. Le conflit sur les valeurs est absolument impossible à trancher, par définition, puisque chacun s'estime guidé par une sorte de Dieu qu'il nomme « sa conscience » lorsqu'il souhaite être respecté, et

---

quae ad vitae securitatem pertinent, feliciter gesserint> » (LM 157 13-16) ; et *Ibid.* : « La fin de toute société et de tout État est (c'est évident par ce que nous avons déjà dit et nous le montrerons plus amplement par la suite) de vivre dans la sécurité et commodément <*secure et commode vivere*> » (LM 159 2-5).

16 *TP* 5/6 : « L'État institué, comme je l'ai dit, en vue d'une telle fin [à savoir la sécurité et la paix, cf *TP* 5/2], est pour moi l'institution d'une multitude libre, et non une acquisition arrachée par droit de guerre à la multitude. ».

17 En *TTP* XX [6], Spinoza ne sépare pas la liberté de la sécurité : « Non, dis-je, la fin de la république ne consiste pas à transformer les hommes d'êtres rationnels en bêtes ou en automates. Elle consiste au contraire à ce que leur esprit et leur corps accomplissent en sécurité <*tuto*> leurs fonctions, et qu'eux-mêmes utilisent la libre Raison, sans rivaliser de haine, de colère et de ruse, et sans s'affronter avec malveillance. La fin de la république c'est donc en fait la liberté » <*Finis ergo reipublicae revera libertas est*>. Voir également *TP* 7/19 : *commune jus, seu libertas* (« leur droit commun, c'est-à-dire leur liberté »).

18 Michael Hardt et Toni Negri, *Commonwealth*, 2009, tr. fr. par Elsa Boyer, Paris, Gallimard « Folio », 2012, p. 535.

sa « préférence », lorsque ça lui est égal. Dans la mesure où ces valeurs sont par définition des sources de justification elles-mêmes injustifiables et incontestables, elles ne peuvent qu'entraîner la violence chez ceux qui s'en réclament. Le « sens de la justice » ou « de l'injustice » est ainsi toujours l'antichambre de la violence. Pour de très bonnes raisons, bien sûr : comment accepter que des gens dorment dans la rue, alors que d'autres se prélassent dans des palaces ? Il est donc « juste » de casser les portes des nantis, de les chasser, et d'installer les autres. Comment accepter que des assassins d'enfants restent en vie ? il est donc « juste » de les mettre à mort, etc., etc.

Si au contraire on accepte la loi du compte, on se place immédiatement dans la perspective d'une « obéissance » (nous retrouvons ici la cohérence spinoziste) aux décisions collectives. Nous pouvons librement exprimer toutes nos préférences, si loufoques soient-elles aux yeux de certains de nos concitoyens (par exemple que deux individus du même sexe puissent se marier), par nos votes. Et si la majorité l'emporte, eh bien, nous nous y rangerons. Ce n'est ni mieux ni moins bien, c'est la majorité. Comme toute majorité, elle changera peut-être un jour. On suivra ce jour-là d'autres lois qu'aujourd'hui : ce n'est pas parce que nous jugeons qu'une chose est bonne que nous la faisons, mais parce que nous la faisons que nous la jugeons bonne…

Nous sommes ainsi reconduits à une conception formaliste de la démocratie, qui a toujours suscité des réticences que je souhaiterais évoquer à titre de dernier point de cet exposé.

Dans une émission récente consacrée à la « rhétorique du populisme[19] », Pierre Rosanvallon avait émis le souhait de parvenir à une « démocratie post-électorale ». Il ne fallait pas, selon lui, s'attacher à la dimension « magique » du vote, c'est-à-dire croire que, de façon « magique », le vote pourrait concentrer la démocratie. Déclaration typique d'une sorte de grand-prêtre (un Professeur au Collège de France) : ceux qui croient aux élections croient à la « magie », ce sont des sauvages, des primitifs, des idolâtres, nous allons sagement gouverner à leur place, en leur indiquant le beau, le vrai et le bien… nous pourrons ainsi, peut-être, les convertir, les sortir de leur obscurantisme, les émanciper…

Spinoza nous aide à saisir le mépris et l'arrogance théologique de telles propositions, mais aussi leur violence latente. Car si nous sortons du

19 *L'Atelier du Pouvoir*, sur France-Culture, 21 janvier 2017.

règne de la quantité, c'est-à-dire des comptes démocratiques sanctionnés/sélectionnés par le vote, que restera-t-il pour faire triompher les préférences, sinon la violence ? Spinoza nous aide donc à ne pas nous laisser séduire par l'opposition entre une dimension seulement « formelle » de la politique, et une dimension soi-disant « réelle ». Du point de vue du *more geometrico*, le formel est l'essentiel, la réalité-même, et cela n'a aucun sens d'opposer une « démocratie formelle » à une « démocratie réelle », car la réalité de la démocratie apparaît justement comme son formalisme strict, dans la sélection par le vote de préférences d'abord toutes également légitimes.

Charles RAMOND
Université Paris 8 / EA 4008 LLCP

BIBLIOGRAPHIE DES ŒUVRES ET DES TRAVAUX DE JEAN-MARIE BEYSSADE

DESCARTES, *Histoire de la philosophie*, sous la direction de Fr. Châtelet, Paris, Hachette, 1972, t. 3, p. 89-126.

Discours de la méthode, commentaires et notes, Paris, Le Livre de poche, 1973.

« Mais quoi, ce sont des fous. Sur un passage controversé de la première Méditation », *Revue de métaphysique et de morale*, 1973/3, p. 273-294.

« L'analyse du morceau de cire. Contribution à l'étude des degrés du sens dans la seconde Méditation de Descartes », *Sinnlichkeit und Verstand*, Bohn, Bouvier Verlag, 1976, p. 9-25.

« L'ordre dans les *Principia* », *Les Études philosophiques*, 1976/4, p. 387-403.

« Du contrat social en général », *Revue philosophique*, 1978/3, p. 273-285.

La philosophie première de Descartes, XIII + 377 p. Paris, Flammarion, 1979.

« État de guerre et pacte social chez J.-J. Rousseau », *Kantstudien*, 1979/2, p. 162/178.

Méditations métaphysiques avec chronologie, présentation et bibliographie, en collaboration avec Michelle Beyssade, Paris, Garnier Flammarion, 1979, 2e édition 1981.

L'entretien avec Burman, édition, traduction, annotation – suivi d'une étude sur « RSP ou le monogramme de Descartes », Paris, PUF, coll. Epiméthée, 1981, 215 p.

« Création des vérités éternelles et doute métaphysique », *Studia cartesiana* 2, Amsterdam, Quadratures, 1982, p. 86-105 et (11 bis), « Note sur la théorie cartésienne de l'attribut », *ibid.* p. 189-192.

« Ou contrat social ou esclavage. Objections à Jean Lefranc », *Revue de l'enseignement philosophique*, 33e année, n° 2, 1982-1983, p. 41-53.

« Anthropologie et politique chez l'abbé de Saint-Pierre », *Revue de métaphysique et de morale*, 1983, p. 247-259.

« La classification cartésienne des passions et la troisième notion primitive », *Revue internationale de philosophie n° 146*, 1983, repris in *Histoire et Structure*, Paris, Vrin, 1985, p. 251-260.

« Réflexe ou admiration. Sur la mécanique sensori-motrice chez Descartes », in *La passion de la raison*, Paris, PUF, 1983, p. 113-130.

« E. Curley : Descartes against the Skeptics », *Archiv für Geschichte der Philosophie*, 1982/3, p. 323-329.

MARION, Jean-Luc, *Descartes et l'onto-théologie*, Bulletin Cartésien XIII, *Archives de Philosophie* 47/3, juillet-septembre 1984, p. 44-50.

« L'idée de tyrannie dans les *Mémoires du duc de Saint-Simon* : l'ordre, et les degrés de l'usurpation », *Actes du colloque de Caen*, 1984, n° 6, p. 127-146.

Berkeley, *Œuvres philosophiques*, t. 1, Notes philosophiques (présentation, traduction collective), Paris PUF, coll. Epiméthée 1985, p. 19-141.

Berkeley, *Œuvres philosophiques*, t. 2, *Trois dialogues entre Hylas et Philonous*, présentation et traduction, Paris, 1987, p. 19-149.

« L'expérience du rêve et l'extériorité. De Descartes à Berkeley », *Revue philosophique*, 1986/3, p. 339-353.

« Le soldat et le citoyen chez Jean-Jacques Rousseau », *La Guerre*, actes du colloque de Coëtquidan, mai 1986, *Cahiers de philosophie politique et juridique n° 10*, Caen, 1987, p. 165-187.

« Certitude métaphysique et évidence de la raison dans la quatrième partie du *Discours de la Méthode* », *Le Discours et sa méthode*, Paris, PUF, Epiméthée, 1987, p. 341-364.

« Développement et facultés virtuelles chez Jean-Jacques Rousseau », *Entre forme et histoire (Études sur la notion de développement aux XVIIe et XVIIIe siècles)*, Méridiens Klincksieck, 1988, p. 195-214.

« Descartes on freedom of the will », New York, *New school of social research*, vol. 13, n° 1, 1988, p. 81-96.

« Une journée dans la quête du sujet cartésien. La seconde Méditation ou les intermittences de l'ego », Paris, *Littoral* n° 25, avril 1988, p. 5-25.

Présentation de *Lettres* de DESCARTES : *Correspondance avec Elisabeth et autres lettres*, Paris, Garnier-Flammarion, 1989, (en collaboration avec Michelle Beyssade).

« Les passions de l'âme. » Présentation du numéro de la *Revue Philosophique* n° 4, 1988.

« La politique de Descartes ». Présentation du numéro des *Archives de Philosophie,* t. 53, cahier 3, juillet-septembre 1990.

« Sur les trois ou quatre maximes de la morale par provision », actes du colloque de Lecce *in Descartes : il Methodo e i Saggi*, Encyclopedia Italiana, Rome, 1990, p. 139-153.

« Du combat entre l'âme et le corps à la *"fluctuatio animi"* : Descartes et Spinoza, lecture du *Court Traité* II 19 11 », actes du colloque de *L'Aquilà in Dio, l'uomo, la liberta, Studi sul « Breve Trattato » di Spinoza* a cura di F. Mignini Japadre, éd. L'Aquila, 1990, p. 135-146.

« De l'émotion intérieure cartésienne à l'affect actif spinoziste », actes du colloque de Chicago, *Spinoza. Issues and directions,* Brill, Leyde, 1990, p. 176-190.

« Descartes et Corneille, ou les démesures de l'*ego* », *Laval théologique et philosophique 47/1*, Québec, février 1991, p. 63-82.

« Le sens commun dans la Règle XII : le corporel et l'incorporel », *Revue de métaphysique et de morale* n° 4, 1991, p. 497-514.

« La mort de Descartes selon Baillet. Du récit édifiant à ses composantes philosophiques », *Revue des sciences philosophiques et théologiques*, t. 76, janvier 1992, p. 14-27.

« The idea of God and the proofs of his existence », *The Cambridge Companion to Descartes*, éd. John Cottingham, Cambridge University Press, 1992, p. 174-199.

« On the idea of God : incomprehensibility or incompatibilities ? », *Essays on the philosophy and science of René Descartes*, éd. Stephen Voss, Oxford University Press, 1993, p. 85-94.

« Jean-Jacques Rousseau : le pacte social et la voix du gueux. Du *Discours sur l'origine de l'inégalité* au *Contrat social* : deux pactes opposés ou un seul ? », *L'État : philosophie morale et politique, Les Cahiers de Fontenay*, 1992, p. 31-47.

« Images du miracle au XIXe siècle. Du *Port-Royal* de Sainte-Beuve au *Lourdes* de Zola », *Pascal au miroir du XIXe siècle,* éd. Denise Leduc-Fayette, Marne, Paris, 1993, p. 161-187.

« Descartes on Material Falsity », *Minds, Ideas and Objects. Essays on the theory of representation in modern philosophy*, éd. Phillip D. Cummins and G. Zoeller, Ridgeview Publishing Company, USA, 1992, p. 5-20.

« Le duc de Saint-Simon et les États Généraux de 1715 : roman ou songe prophétique », *La philosophie et la Révolution française*, Paris, Vrin, 1993, p. 207-219.

« 1792-1992. République et régicide chez Kant », *Bulletin de la Société française de Philosophie.* Séance du 28 novembre 1992 (87e année n° 1), Armand Colin, janvier-mars 1993. Exposé p. 1-24 et discussion p. 24-44.

In *Encyclopédie Philosophique Universelle*, III, 1, *Œuvres philosophiques*, SPINOZA, p. 1474-1480, Paris, PUF, 1992.

« L'image de Descartes et du cartésianisme dans le *"Port-Royal"* de Sainte-Beuve », *Pour ou contre Sainte-Beuve. Le "Port-Royal",* chap. XV, p. 229-249, Chroniques de Port-Royal Labor et Fides, 1993.

« Sur le mode infini médiat dans l'attribut de la pensée. Du problème (lettre 64) à une solution (*Éthique* V 36) », *Revue philosophique*, n° I/1994, p. 23-26.

« La "querelle sur la folie" : une suggestion de Ferdinand Alquié », *Descartes*

metafisico. Interpretazioni del Novecento, Enciclopedia Italiana, Rome, 1994, p. 99-105.
DESCARTES, *Objecter et répondre,* collectif publié sous la direction de J.-M. Beyssade et J.-L. Marion, Actes du colloque d'octobre 1992, Paris, PUF, juin 1994, 483 p.
Avant-Propos. La raison partagée, p. VII-XI. *Méditer, objecter, répondre,* p. 21-38.
« *Vix* (*Éthique* IV appendice chapitre 7) ou Peut-on se sauver tout seul ? », *Revue de Métaphysique et de Morale* n° 4/1994, p. 493-503.
ARNAULD Antoine, *Philosophie du langage et de la connaissance*, « Sensation et idée : le patron rude », éd. J.-Cl. Pariente, Paris, Vrin, 1995, p. 133-152.
« "Sophie et mon champ" ou la politique des modernes », *Politique de Rousseau, Études Jean-Jacques Rousseau* 7, Montmorency, 1995, p. 143-159.
« La théorie cartésienne de la substance. Équivocité ou analogie ? », *Revue internationale de philosophie* 1/1996, n° 195, p. 51-72.
« La critique kantienne du "*cogito*"de Descartes », *Kant et la pensée moderne : alternatives critiques*, éd. Ch. Ramond, Presses universitaires de Bordeaux, 1996, p. 47-61.
ROUSSEAU Jean-Jacques, *Dictionnaire d'éthique et de philosophie morale*, Paris, PUF, 1996, p. 1316-1324.
DESCARTES, *Principia philosophiae* (1644-1994), « *Scientia perfectissima*. Analyse et synthèse dans les *Principia* », Vivarium, Naples, 1996, p. 5-36.
« Dieu et la nécessité des principes physiques chez Descartes », *A Kartezianizmus négyszaz éve*, Szeged, 1996, p. 7-17.
« Sobro o Circula Cartesiano », *Analytica volume 2 numero 1*, Rio de Janeiro, 1997, p. 11-36.
« "L'étendue n'est pas le corps" (AT X 444 l.18). Genres de l'être et façons de parler dans les *Regulae* », *Laval théologique et philosophique 53/3*, Québec, octobre 1997, p. 755-766.
« Descartes politique ? », *Chemins de Descartes*, Ph. Soual et M. Vetö coordinateurs, Paris, L'Harmattan, 1997, p. 121-134.
« D'un premier principe l'autre. Descartes entre l'*ego* du *cogito* et la véracité divine », *Descartes. Reflexão sobre a modemidade*, Fondation Eng. Antonio de Almeida, Porto, décembre 1998, p. 29-46.
« Descartes et la nature de la raison », *Verdade, conhecimento e ação*, éd. Loyola, São Paulo, 1999, p. 47-53.
« *Nostri corporis affectus* : Can an affect in Spinoza be "of the body" ? », *Desire and affect. Spinoza as Psychologist. Ethica III*, éd. Y. Yovel, Little Room Press, New York, 1999, p. 113-128.
« Ordre et mesure : Descartes aux limites de la raison », *L'Esprit cartésien*, Paris, Vrin, 2000, p. 61-71.

« Toute-puissance de Dieu et nécessité des principes physiques chez Descartes », *Potentia Dei : l'omnipotenza nel pensiero dei secoli XVI e XVII*, éd. Canziani, Granada, Zarka, FrancoAngeli Milan, 2000, p. 351-368.

« Quelles frontières pour l'Europe ? L'Islam pour l'abbé de Saint-Pierre et Jean-Jacques Rousseau », *Jean-Jacques Rousseau, politique et nation, II*, Colloque international de Montmorency, Paris, Honoré Champion, 2001, p. 859-870.

Descartes au fil de l'ordre, Paris, PUF, 2001, 328 p.

Études sur Descartes. L'histoire d'un esprit, Paris, Le Seuil, 2001, 394 p.

« Norme et essence chez Spinoza », *Spinoza et la norme*, éd. J. Lagrée, Presses Universitaires Franc-Comtoises, 2002, p. 13-21.

« Choix des principes et irréversibilité du temps chez Jean-Jacques Rousseau », *L'anthropologique et le politique chez Jean-Jacques Rousseau*, Études réunies par Michèle Cohen-Halimi, Les *Cahiers philosophiques de Strasbourg* Printemps, 2002, p. 131-147.

« Sul "circolo" di Descartes », *Letture cartesiane*, a cura di Mariafranca Spallanzani, Bologna CLUEB 2003, p. 135-154.

« Les deux Sosies ou l'individualité volée : de Plaute à Molière », *Du dialogue au texte : autour de Francis Jacques*, Paris, Kimé, 2003, p. 63-73.

« Les "Descartes" de Geneviève Rodis-Lewis et la pensée du développement », (*Revue philosophique* 2007 n° 3).

« Descartes' "I Am a Thing That Thinks" versus Kant's "*I* Think" », actes du Colloque de Princeton, mai 2004, in *Kant and the Early Moderns*, Princeton University Press, Princeton and Oxford, 2008.

« En quête d'une ontologie cartésienne : sur trois formules à corriger », *Revue de Théologie et de Philosophie*, vol. 141, 2009.

INDEX NOMINUM

RÉSUMÉS

Marcos GLEIZER, « Spinoza et la théorie cartésienne de la libre création des vérités éternelles »

L'article examine comment la thèse cartésienne de la libre création des vérités éternelles a été reçue et travaillée par Spinoza, aussi bien comme interprète de Descartes que comme philosophe. L'examen du travail critique et reconstructif par lequel Spinoza intègre dans son système ce qu'il juge être le noyau vrai de cette thèse illustre la complexité du rapport de proximité et distance qui lie ces deux philosophes, complexité sur laquelle Jean-Marie Beyssade a toujours attiré l'attention.

Yannis PRELORENTZOS, « Le rôle et les usages de Spinoza dans la philosophie de Bergson »

Bien que Spinoza ne compte pas parmi ses interlocuteurs principaux, qu'il récuse son influence et critique sévèrement sa méthode systématique et certaines de ses théories capitales (concernant Dieu, la nature, la durée, le parallélisme psycho-physique etc.), Bergson en fait un éloge appuyé. Y décelant « des poussées d'intuition qui font craquer le système », Bergson ressent chez lui « l'atmosphère où réellement le philosophe respire » et, en ce sens, ne craint pas d'affirmer que « tout philosophe a deux philosophies : la sienne et celle de Spinoza ».

Ulysses PINHEIRO, « La mort de Spinoza selon Lucas et ses enjeux philosophiques. La gloire en tant que définition génétique du salut »

À partir de certains passages contenus dans la biographie de Spinoza écrite par Jean-Maximilien Lucas, cet article examine en quel sens l'affect de la gloire est l'opérateur conceptuel qui expose la genèse de l'amour intellectuel de Dieu dans la cinquième partie de l'*Éthique*, c'est-à-dire, en quel sens il est l'élément central de la « définition génétique » de ce type d'amour.

Lia LEVY, « *Affectio* et *affectus*. Commentaires sur l'unité architectonique de l'*Éthique* »

Cet article vise à placer les rapports entre *affectio et affectus* au centre de l'unité architectonique de l'*Éthique*. La définition d'*affectus* permet de connaître la vraie nature de l'affection, montrant que ce concept ne peut pas signifier un état mais doit désigner une *disposition*, ou une *variation* de la puissance. Ainsi le couple *affectio*/*affectus* articule toutes les parties de l'*Éthique*, en régissant non seulement la construction du *problème* éthique, mais aussi sa *solution* chez Spinoza.

Chantal JAQUET, « La reconnaissance ou gratitude chez Spinoza »

Paradoxalement, dans le *Court Traité*, la gratitude ne se rencontre pas chez un homme parfait. Il s'agit d'en comprendre les raisons, d'analyser l'évolution de la pensée de Spinoza à ce sujet dans l'*Éthique* afin de déterminer s'il peut y avoir un bon usage des bienfaits et de la reconnaissance et si l'homme libre doit toujours s'efforcer de les éviter autant qu'il peut en allant jusqu'à revendiquer une forme d'ingratitude vis-à-vis de la foule ignorante.

Charles RAMOND, « Préférence et justification. Propositions spinozistes pour une séparation du théologique et du politique »

Un immanentisme spinoziste refuse de soumettre la politique à la morale. Si le « péché » ne peut se concevoir « que dans l'État », la politique doit être tout autre chose que le respect de « valeurs » supérieures. La démocratie n'est « absolue » que lorsque les « préférences » ont le pas sur les « justifications », qu'elles soient morales ou argumentatives. Nos républiques vertueuses ont encore un effort à faire pour atteindre à la loi démocratique des comptes immanents.

TABLE DES MATIÈRES

IMPRIM'VERT®

Achevé d'imprimer par Corlet Numéric,
Z.A. Charles Tellier, Condé-en-Normandie (Calvados), en juillet 2019
N° d'impression : 159288 – Dépôt légal : juillet 2019
Imprimé en France